CAUSERIES PATERNELLES

A LA MÊME LIBRAIRIE:

—

OUVRAGES DE Mᵐᵉ LOUISE PRIOU

—

Nouveau Syllabaire méthodique, par F. C. suivi de **Petites Leçons aux enfants,** par Mᵐᵉ L. P. 1 vol. in-18 cartonné...................................... 40 c.

Petites Fleurs, *Premier Livre de Lecture,* 1 vol in-18, imprimé en très-gros caractères, cart.......................... 50 c.

Les Violettes, *Deuxième Livre de Lecture,* 1 vol. in-18, imprimé en gros caractères, cart........................... 50 c.

Causeries Paternelles, *Livre de Lecture courante,* pour l'instruction et l'éducation de la jeunesse, 1 vol. in-12 cart. 1 fr. 25

Joyaux du Printemps. — *Choix de Fables et de Poésies* propres au développement du cœur et de l'intelligence de l'enfance, 1 vol. in-18, cart......................... 50 c.

Les Muguets, sept Dialogues ou petites scènes, à 40 c. chaque.

La Couronne d'Épis et de Bluets, *Poésies dédiées à la Jeunesse,* suivies de Récréations, Morceaux et Dialogues pour Distributions de Prix ; précédées d'une lettre de Monseigneur l'Archevêque de Paris. Un fort vol. in-12............. 2 fr.

VERSAILLES.— IMPRIMERIE CERF, 59, RUE DU PLESSIS.

CAUSERIES
PATERNELLES

LIVRE DE LECTURE COURANTE

POUR

L'INSTRUCTION ET L'ÉDUCATION

DE LA JEUNESSE

PAR

Mme LOUISE PRIOU

PARIS

A. MAUGARS, LIBRAIRE-ÉDITEUR

C. OUTIN, Successeur.

9, RUE BERTIN-POIRÉE

1883

PRÉFACE

C'est une tâche bien douce, que celle d'écrire pour les enfants, mais, on ne saurait se le dissimuler, c'est une tâche assez difficile. Comment en effet, parvenir à charmer ces intelligences éprises du merveilleux, en ne leur présentant que des choses bonnes et utiles? Comment en appelant leur attention sur les grands faits de la nature et de l'industrie, captiver ces esprits légers, qui échappent au moment où l'on croit les fixer? Car on ne doit jamais se proposer pour but unique de les divertir; les distraire, les délasser, doit être un motif secondaire; il faut avant tout les instruire; il faut surtout les rendre meilleurs.

Voici un livre que nous avons mûrement considéré sous toutes ses faces, avant d'en fixer le plan. Notre longue expérience des enfants, l'ardent amour que nous leur portons, nous ont guidée dans notre travail. Nous avons adopté la forme dialoguée, parce qu'elle rend le style moins tendu, qu'elle donne plus de mouvement à la pensée, et qu'elle permet de se mettre encore plus à la portée des jeunes intelligences, en leur faisant faire des questions qui amènent des explications plus explicites, plus simples, plus claires. Il est plus facile alors de se faire, pour ainsi dire, à leur taille, de se rendre petit avec eux.

L'esprit des enfants travaille sans cesse, ils le prouvent par leur curiosité; excitons-la cette curiosité, pour avoir lieu de la satisfaire à leur profit. Il nous a encore semblé qu'il faut éviter de leur faire suivre la ligne droite, qui leur laisse voir d'un coup-d'œil tout l'horizon; ils aiment l'imprévu, il leur faut des récits variés comme la nature; des points de vue auxquels ils ne s'attendaient pas, que rien ne pouvait leur faire soupçonner; il faut qu'ils cueillent un fruit là où ils croyaient ne trouver qu'une fleur, nous n'en arriverons ni moins promptement, ni moins sûrement au but.

Qu'ils fassent un accueil affectueux à ce livre qu'a écrit pour eux, celle qui leur a consacré sa vie, et qui veut leur faire part encore de ce que Dieu lui a mis pour eux dans l'intelligence et dans le cœur.

Louise PRIOU.

CAUSERIES PATERNELLES

I. — UNE JOURNÉE A LA CAMPAGNE.

Première partie.

Six heures viennent à peine de sonner, et l'appartement de Monsieur et de Madame Belmain retentit des expressions de la joie de leurs enfants. C'est que Charles et Victorine, en récompense de leur bonne conduite, vont aller aujourd'hui, avec leurs parents, passer la journée chez un bon oncle et une bonne tante qu'ils ont à peu de distance de Paris; c'est que, outre le plaisir de se promener dans un très-beau jardin, de courir sur des routes ombragées de grands arbres, dans lesquels chantent les petits oiseaux, peut-être de se laisser aller en batelet au cours gracieux d'une rivière limpide, on a là-bas un cousin et une cousine avec lesquels on est fort bons amis, et qui attendent Charles et Victorine avec autant d'impatience que ceux-ci en ont de franchir la distance qui les sépare d'Henri et de Juliette. Donc, ce matin, on a prévenu l'appel de la maman pour sortir du lit. Cela ne veut pas dire que d'ordinaire Charles et Victorine fassent la sourde oreille quand vient le moment de se lever, point du tout; leur mère leur a fait prendre l'excellente habitude de se jeter sur leurs pieds au premier appel, sans entrer en conversation de paresse avec leur oreiller; et, plusieurs fois, venant pour les embrasser, elle les a trouvés cherchant leurs vêtements à tâtons, parce que leurs yeux n'avaient pas encore eu le temps de s'ouvrir. Une courte prière accompagnait toujours ce saut hors du lit; c'était un remerciement pour la nuit, et une demande de bénédiction pour la journée. Ils en faisaient une plus longue lorsqu'ils étaient habillés. La joie ne leur avait point fait oublier cette pieuse habitude.

On avait fait la veille tous les préparatifs possibles, et la famille fut bientôt prête; on partit avant sept heures. Cependant les enfants avaient mis en ordre tout ce qui était à leur usage; le linge qu'ils avaient quitté était dans le coffre de la blanchisseuse, leurs vêtements étaient au porte-manteau, leurs pantoufles, dans la table de nuit, rien ne traînait, et Madeleine, la domestique, à qui Madame Belmain avait permis de profiter de leur absence pour aller passer la journée près de sa sœur, alors souffrante, n'eut pas à murmurer contre un désordre qui l'aurait retenue plus tard à la maison.

Comme on passait devant l'église pour se rendre à l'embarcadère « Entrons, » dit la mère, « *offrir notre plaisir au bon Dieu, et le prier qu'il nous garde de tout mal pendant cette journée.* » Après deux ou trois minutes, on sortit pleins de confiance, et l'on arriva bientôt dans la salle d'attente. C'est là que le temps paraît long aux petits voyageurs, qui ne franchissent que rarement le mur d'enceinte de Paris. « Dans combien de temps partons-nous, papa? » demanda vivement Charles, dès que son père eut pris les billets.

— Bientôt sans doute, mon ami.

— Mais enfin, dans combien de minutes?

— Je ne puis te le dire au juste, mais peu importe. Voici le train que nous devons prendre, nous avons nos billets, donc il ne partira pas sans nous.

— C'est égal, je voudrais savoir au juste dans combien de temps nous partirons, cela me ferait prendre patience.

— Comment, prendre patience ! dit doucement Madame Belmain; mais, trouve telle raison que tu voudras pour t'y engager; car, que tu prennes patience ou que tu murmures d'attendre quelques instants, nous n'en partirons pas une seconde plus tôt.

— C'est vrai, mais tout de même...

A ce moment, l'employé ouvrit la porte, ce qui satisfit grandement Charles, et interrompit ses questions. Il se pressait pour sortir, lorsque son père lui prit la main et l'arrêta.

— Mais, papa, vois donc le monde qu'il y a avant nous; si nous ne nous dépêchons pas, nous ne trouverons plus de places.

— Sois tranquille, mon cher enfant; il y a toujours, au départ surtout, beaucoup plus de places que de voyageurs, nous n'en manquerons pas.

— C'est que ce serait bien désagréable; mon oncle qui doit venir au devant de nous, serait bien inquiet s'il ne nous voyait pas au débarcadère.

Enfin, on est hors de la foule. Charles, que son père tient toujours, a grand peine à se contenir, et voudrait s'élancer dans chaque wagon qu'il voit ouvert. M. Belmain finit par en choisir un; alors Charles se rappelle qu'il doit laisser passer sa mère et sa sœur avant lui. Elles étaient de quelques pas en arrière; il les appelle de la main; la mère sourit au petit impatient, et lui fait signe de monter, ce qu'il fait lestement. Voilà tout le monde placé, les portières sont fermées, mais on ne part pas encore. Nouvelle inquiétude de Charles.

— Papa, qu'est-ce que l'on attend donc maintenant?

— Tes ordres, sans doute, lui répond tranquillement M. Belmain

— Oh! tu te moques de moi.

— Je ne me moque pas de toi, mais je vois avec peine que tu ne modères en rien ta vivacité, parce qu'elle te rendra malheureux. Dans la vie, à chaque instant, on rencontre à ce que l'on désire des obstacles plus ou moins grands, et ces obstacles, ces retards font d'autant plus souffrir qu'on ne s'est pas dès l'enfance habitué à les supporter. C'est une grande qualité, je dirai même c'est une vertu, que de savoir attendre.

— Ah! papa, voilà que l'on part!

— Cela t'intéresse plus que ce que je te disais, n'est-ce pas?

— Mais, papa, dit timidement Charles, tu as aussi du plaisir à aller voir mon oncle et ma tante.

— Un très-grand plaisir, plus même que du plaisir ; ton oncle a toujours été pour moi un bon frère et un excellent ami ; mais, quelque joie que j'éprouve à aller passer une journée près de lui, comme je ne puis pas franchir d'un bond les trois myriamètres environ qui nous séparent, j'accepte le temps qu'il faut pour les parcourir. La patience, ici comme en toutes circonstances, est indispensable ; mais comme, pour certains caractères surtout, elle demande des efforts, elle est souvent méritoire, et devient alors vertu, c'est-à-dire *force d'âme.*

— Oh ! c'est bien beau alors !... Papa, quand tu étais petit, est-ce que tu t'impatientais comme moi ?

— Peut-être ; mais, comme toi, j'avais un père attentif à me corriger de mes défauts ; si je ne suis pas devenu plus parfait, ce n'a pas été sa faute. Aussi sa mémoire me reste entourée de vénération et d'amour.

— Oh ! si je pouvais être aussi bon que toi, quand je serai grand !

— Il faut le désirer vivement, dit Madame Belmain, et ne rien négliger pour y arriver, le bon Dieu ne manquera pas de t'aider. Mais, ajouta-t-elle en souriant, dans ce bon désir même, il faudra de la patience.

— J'en aurai, mère, je te le promets, tu verras.

— Oh ! que c'est joli, toutes ces petites fleurs qu'il y a le long de la route ! s'écria Victorine ; il y en a de blanches, il y en a de bleues, il y en a de jaunes. Qui donc les a semées là ?

— Elles croissent d'elles-mêmes.

— Comment, mère, d'elles-mêmes ? Elles sont ainsi sorties de la terre sans qu'aucun jardinier eût mis au moins de la graine ?

— Toutes seules ; le bon Dieu en a déposé le germe dans la terre ; ce germe se développe sous l'action de la chaleur et de l'humidité, il croît à l'air et à la lumière, et fleurit comme tu vois.

— Oh ! c'est charmant !

— Mais, mère, dit Charles, j'ai lu dans mon histoire sainte que le bon Dieu avait dit à Adam, après sa désobéissance, que la terre ne lui produirait plus que des épines.

— C'est vrai ; mais Dieu est si bon, qu'il a voulu que bien des fleurs s'y mêlassent encore.

— Oh ! Je l'aime bien, le bon Dieu, dit Victorine.

— Tu as mille fois raison, mon enfant ; qui aimerais-tu, si tu n'aimais pas Celui qui t'a tout donné ?

— Mais nous ne le voyons pas.

— Nous voyons ses bienfaits. Si ton père avait quitté la France quelques jours avant ta naissance, que tu ne l'eusses jamais vu, et que, lorsque tu aurais été capable de me comprendre, je t'eusse dit : « Tu as, dans un pays bien loin, un bon père qui t'aime tendrement, qui t'envoie tout ce que je te donne d'agréable et d'utile, et qui m'écrit pour toi des lettres pleines de la plus vive affection, » quels seraient tes sentiments pour ce père, que tu n'aurais jamais vu, mais que tu saurais extrêmement bon, et de la tendresse duquel tu ne pourrais douter ?

— Oh ! je l'aimerais de tout mon cœur, et j'aurais un grand désir de le voir.

—Tels doivent être nos sentiments pour notre bon Père du ciel.

— Oh ! je le veux bien, ce n'est pas difficile.

— Tiens, Victorine, regarde donc comme c'est joli ! une rivière là-bas, sous les arbres ! Nous en approchons. Les arbres se mirent dedans. Papa, je te prie, pourquoi les voit-on renversés ?

— C'est par l'effet de la réflexion des rayons lumineux. Ceci te semble sans doute difficile à comprendre ; pour le moment, contente-toi d'en constater le fait, c'est-à-dire de voir que cela est toujours ainsi.

Tout en causant, en faisant mille remarques, mille questions, Charles disait : « Plus que trois stations, plus que deux stations, plus qu'une station ! » Enfin, comme il ne quittait pas la portière, il s'écria : « Voilà mon oncle avec Henri ! »

Puis il se mit à leur crier bonjour, à agiter ses bras dehors, pour que son oncle le remarquât, à témoigner pour descendre, la même impatience, qu'il avait eue pour monter dans le wagon.

—Eh bien, lui dit doucement son père en souriant, tu oublies vite tes promesses.

— Ah ! c'est vrai, mais le plaisir de voir mon oncle !

— Eh bien, nous y voilà.

Charles se mit à courir dès que son père lui eut permis de descendre, et il fut bien vite près de son oncle et de son cousin, auxquels il témoigna énergiquement le plaisir qu'il avait de les voir. Puis il se mit à leur faire une foule de questions sur sa tante, sur sa cousine, sur la chèvre, sur les poules, sur le jardin, enfin sur tout ce qui avait plus ou moins d'intérêt pour lui. Victorine demanda bien gentiment comment se portaient sa tante et Juliette, et, après quelques minutes de marche, toute la famille se trouva réunie dans la salle à manger de M. Belmain aîné. Ce furent de part et d'autre des tendresses sans fin, car il était impossible de voir des frères plus unis, une famille qui entretînt des relations plus affectueuses. M. Jules Belmain, qui avait huit ans de plus que son frère, ayant hérité d'un oncle de sa femme de quelques mille francs de rente, et d'une charmante propriété entre Lagny et Meaux, avait quitté une place qu'il occupait dans un ministère, et s'était retiré à la campagne, où sa femme se trouvait beaucoup mieux pour sa santé et pour ses goûts modestes. Ils faisaient ensemble l'éducation de leurs enfants, auxquels un professeur et une maîtresse de musique de Meaux venaient donner des leçons trois fois par semaine.

M. Edmond Belmain, le plus jeune, avait une assez jolie position dans une administration. Ses enfants allaient en classe.

Il y avait quinze jours qu'Henri, qui avait douze ans, avait fait sa première communion, bien préparé par sa mère et par le curé du village. On avait voulu que ce temps s'écoulât entre ce grand acte et la fête de famille qui devait le suivre, afin de ne nuire ni à l'un ni à l'autre. Charles allait avoir onze ans, et les deux cousines avaient environ deux ans chacune de moins que son frère.

Des œufs qu'Henri et Juliette avaient dénichés la

veille, et une tasse de chocolat, composèrent le premier repas du matin, qui fut pris de grand cœur par les enfants.

—Ah! papa, dit Charles, tout en se récriant sur la bonté de son œuf, je me rappelle ce que tu m'as dit de la formation du petit poulet dans le point qui est au milieu du jaune; mais il faut que la pauvre mère tienne ses œufs bien chauds pour que les petits éclosent; 35 à 40 degrés, n'est-ce pas? Je m'en souviens, c'est vendredi dernier que tu me l'as expliqué. Tu m'as dit aussi que le blanc s'appelle albumine, et que la coquille contient de la chaux.

— Oui, mon ami, tu as bien retenu cette fois.

— Est-ce que je ne retiens pas toujours, lorsque tu prends la peine de m'expliquer quelque chose?

— Pas toujours.

— Ah! c'est vrai, je l'avoue.

M. EDMOND. — Et toi, Henri, je suis certain que tu fais de grands progrès dans ton instruction?

M. JULES. — Je l'ai laissé s'occuper de ses devoirs religieux depuis plusieurs mois; mais nous allons nous remettre sérieusement à nos études.

Mᵐᵉ EDMOND. — Et notre chère Juliette, conserve-t-elle toujours sa jolie écriture?

Mᵐᵉ JULES. — Juliette n'écrit pas mal, mais c'est un petit mérite.

Mᵐᵉ EDMOND. — Ce n'est pas un talent de premier ordre; mais une jolie écriture est quelque chose de bien agréable. Je ne sais si Victorine deviendra jamais habile en ce genre, jusqu'à présent, c'est encore un petit chat.

VICTORINE. — Oh! maman, au dernier concours,

le professeur a trouvé que je fais un peu de progrès ;
j'ai gagné deux places.

Mme EDMOND. — Alors il ne faut pas perdre es-
poir ?

VICTORINE. — Jamais, maman ; d'ailleurs tu sais
bien que je m'applique.

CHARLES. — Et moi aussi je m'applique ; mais
M. Duvaloir me dit toujours que j'écris mal, que je
vais trop vite. Quand je veux aller doucement, c'est
encore pire. Et puis, après tout, pourvu qu'on puisse
me lire, cela suffit bien. Quand je t'écris, mon bon
oncle, est-ce que tu ne lis pas couramment toutes
les bonnes petites choses que je te mets dans ma
lettre ?

M. JULES, *souriant*. — Si je ne les lis pas, je les
devine ; mais un peu plus de régularité dans la forme
des lettres ne nuirait pas ; même, disons mieux, serait à désirer.

CHARLES. — Ah ! décidément tout le monde est du
même avis sur mon écriture ; il faut que je la mette
sur la liste des choses auxquelles je dois faire attention. De la patience, et m'appliquer à former ce que
j'écris ; bon, déjà deux choses depuis ce matin.

Mme JULES. — Tu n'as donc pas de patience, mon
petit Charles ?

CHARLES. — Bonne tante, ce matin, c'était mon
cœur qui n'en avait pas. J'aurais voulu pouvoir aller
plus vite que le train, afin d'arriver plus tôt près de
vous.

Mme JULES. — Si tu n'as pas de patience, au moins
tu as un bon cœur et un aimable esprit, qui t'aide-
ront à acquérir ce qui te manque encore.

CHARLES. — Oui, bonne tante, vous verrez qu'un jour je vous apporterai un beau cahier avec des titres en ronde et en gothique, comme celui qu'Henri a offert à Papa au jour de l'an. Ce ne sera peut-être pas encore pour cette année, mais enfin pourvu que cela vienne.

M. JULES, *souriant*. — Oui, pourvu que cela vienne.

CHARLES. — Ah! mon oncle, je crois que tu as une petite pensée de malice, en ce moment, c'est-à-dire que tu doutes de mon application. Eh bien, tu verras, je te ferai peut-être une surprise plus tôt que tu ne le penses.

M. JULES. — Ainsi soit-il.

CHARLES *étonné*. — Pourquoi dis-tu ainsi soit-il? Tu te moques de moi.

M. JULES. — Comment? mais non certainement je ne me moque pas de toi. Tu me dis que tu me feras une surprise, je te réponds, par le seul mot composé *ainsi soit-il*, qui veut dire : Je désire qu'il soit ainsi ; ce n'est pas me moquer de toi.

CHARLES. — Décidément, je ne suis pas fort. Nous pouvons aller au jardin, n'est-ce pas?

M. JULES. — Très-certainement; et je ne vous fais aucune recommandation à ce sujet.

CHARLES. — Ce serait nous croire des enfants mal élevés, si tu nous supposais capables de toucher à quelque chose.

M. EDMOND. — Moi, je sais que tu ne toucheras à rien, mais je te recommande de ne pas être trop pétulant, parce que tu pourrais briser quelque fleur sans le vouloir, et tu en aurais du chagrin.

CHARLES. — Bon! encore un mot à l'adresse de ma vivacité. Tu es bien heureux, toi, Henri, d'être calme, tu ne fais jamais de ce genre de sottises.

HENRI. — Je suis plus âgé que toi.

CHARLES. — Pas de beaucoup, mais tu as fait ta première communion, cela t'a rendu bien raisonnable.

Mme JULES. — Bien dit, mon petit Charles; et toi aussi tu feras ta première communion, et tu deviendras un enfant aussi accompli que possible.

CHARLES. — Ah! je prends le mot de mon oncle, et je dis aussi : Ainsi soit-il.

Les parents se mirent à sourire, Mme Jules embrassa tendrement Charles.

Comme les enfants prenaient leur élan pour aller au jardin, Mme Jules dit à son mari qu'ils feraient peut-être bien de profiter de la douce température de la matinée pour faire une belle promenade; qu'en partant tout de suite, ils pourraient être de retour pour se mettre à table à midi. La chose fut aussitôt convenue, et, à la grande satisfaction des enfants, on se mit en marche.

Qu'il semblait bon à tous, mais surtout à nos petits citadins, de suivre ce beau sentier, que le printemps avait recouvert d'un si moelleux tapis de verdure. Les endroits sur lesquels le soleil n'avait pas encore versé ses rayons, étaient tout humides de rosée.

— Papa, dit Victorine, pourquoi l'herbe est-elle mouillée? je n'ai pas vu de pluie ce matin, et la route par le village est toute sèche.

M. EDMOND. — Ce n'est pas la pluie qui a mouillé

l'herbe, c'est la rosée, cette humidité qui fait tant de bien aux plantes, et qui remplace la pluie dans les pays où il pleut rarement.

CHARLES. — Mais, papa, je te prie, comment se forme cette rosée?

M. EDMOND. — L'air contient toujours une certaine quantité de vapeur d'eau; nous ne la voyons pas, lorsqu'elle est dissoute par la chaleur de l'atmosphère, comme nous ne voyons pas le sel qui est dissous dans de l'eau; mais cette vapeur y est réellement. Elle s'élève surtout de la terre par un temps sec et chaud, et, lorsque la terre et les objets placés à sa surface se refroidissent par l'effet de l'absence du soleil pendant la nuit, cette vapeur se condense, c'est-à-dire se resserre, et se dépose ainsi sur le sol et sur les plantes, en gouttelettes que nous appelons la rosée. Cette rosée commence à se former le soir, et devient plus abondante vers le matin, parce que la terre ayant perdu de sa chaleur toute la nuit, est, à ce moment, plus froide par rapport à l'air qui l'environne, alors la condensation de la vapeur est plus sensible, et, comme je te le disais, la rosée est plus abondante.

HENRI. — C'est le même principe qui fait qu'une bouteille qu'on apporte d'une cave froide dans un jour très-chaud, se couvre d'une petite couche humide, dès qu'elle éprouve le contact de cet air, dont la température est sensiblement plus élevée que celle de la cave. Le froid de la bouteille fait condenser la vapeur contenue dans l'air qui l'environne immédiatement, et la rend visible sur la bouteille, comme la rosée sur les plantes.

CHARLES. — Tu savais cela, toi; moi, je ne le savais pas, mais je tâcherai de le retenir.

VICTORINE. — Ainsi il n'y a de rosée que lorsqu'il fait beau?

M. EDMOND. — Oui, s'il y avait des nuages au ciel, la rosée ne pourrait se former, parce qu'il ne s'établirait pas une différence assez sensible entre la température de la terre et celle de l'air.

HENRI. — On peut dire en abrégé que la rosée est de la vapeur condensée sur un corps refroidi.

CHARLES. — Oui; cela rappelle en peu de mots l'explication que papa vient de nous donner. Comme c'est agréable de vivre à la campagne! Comme on apprend des choses qu'on ne voit seulement pas à la ville.

M. EDMOND. — Mon cher enfant, j'aurais pu te donner à Paris, aussi bien qu'ici, cette explication de la formation de la rosée.

VICTORINE. — Oui, papa; mais à Paris on ne voit pas ces fleurs et cette verdure, sur lesquelles on dirait que l'ange du matin a laissé tomber des diamants, tant ces gouttelettes resplendissent aux rayons du soleil.

Mme JULES. — C'est bien joli ce que tu nous dis-là; cette idée d'un ange du matin me semble bien gracieuse.

VICTORINE. — C'est maman qui m'a dit que le bon Dieu a confié à un ange le soin de chaque heure du jour, comme il nous a confiés nous-mêmes à notre bon ange gardien.

Mme JULES. — Douce pensée qui fait du bien, en

nous rappelant que nous sommes entourés de tous ces êtres bienfaisants.

JULIETTE. — Moi, je demande toujours à mon bon ange qu'il m'aide à apprendre ma leçon, quand je la trouve difficile, ou à faire ma tâche de couture, quand mes doigts ont de la peine à la terminer.

Mme EDMOND. — Garde cette bonne habitude, ma Juliette, elle te fera toujours trouver ton travail plus léger.

CHARLES. — Papa, papa, un nid ! vois, sur cet arbre.

M. EDMOND. — Aurais-tu, par hasard, le désir d'aller en prendre les œufs ou les petits ?

CHARLES. — Oh ! non, je t'assure ; j'aime bien mieux les laisser vivre, pour qu'ils nous jettent leurs gentilles chansons, quand nous passons sous les arbres. Je ne comprends pas quel plaisir on peut avoir à tourmenter des animaux si agréables.

M. JULES. — Tu peux ajouter « et si utiles. » car, pour elle-même ou pour ses petits, une seule fauvette détruit en un jour plus de trois cents chenilles. Calcule, si tu le peux, ce que cela doit donner pour toute la belle saison. Pense encore à toutes les chenilles qui seraient nées de ces chenilles détruites ; et vois quel préjudice la mort d'une seule fauvette peut causer à nos récoltes. C'est ainsi, qu'on ne pense pas toujours à la portée que peut avoir une action.

CHARLES. — C'est vrai, mon oncle.

M. EDMOND. — C'est pour cela, mon cher enfant, qu'il ne faut rien faire à l'étourdie, puisque souvent un acte qui, en lui-même, paraît presque insignifiant, peut avoir des conséquences graves.

M. JULES. — Pour la même raison, il ne faut rien omettre de ce qu'il convient de faire tout de suite. Voici un petit fait qui vient à l'appui de ce précepte.

— Un cavalier arabe, qui venait de recevoir une mission d'un de ses chefs, s'aperçoit, en sellant son cheval, qu'il manque un clou à un de ses fers. Il hésite s'il va le faire remettre. Bah ! se dit-il, un clou ! « Pied-de-Gazelle est assez bon coureur pour se passer d'un clou; » et le voilà qui prend sa course. Mais le cheval n'a pas son agilité ordinaire ; le cavalier commence à regretter sa négligence ; il se promet de la réparer aussitôt qu'il va lui être possible de le faire. Il s'adressait intérieurement mille reproches, lorsqu'il aperçoit trois cavaliers d'une tribu ennemie, qui accouraient vers lui du bout de la plaine. « Bois le vent, Pied-de-Gazelle ! » s'écrie l'Arabe, en éperonnant son cheval. Mais le coursier, gêné par son fer, ne peut répondre à l'ordre de son maître ; il est bientôt joint par les cavaliers ennemis, qui s'emparent de l'animal après avoir donné la mort à son maître.

CHARLES. — Ce récit est triste, mais je me le rappellerai. Je vais t'avouer, mon oncle, qu'il m'est arrivé quelque chose du même genre le mois dernier, au concours d'anglais. Nous avions deux pages à traduire, et je n'avais plus que huit lignes lorsqu'il me prend une petite pensée de paresse, et je me dis : « Bah ! huit lignes ! je les ferai demain matin avant l'arrivée du maître. » Mais, par je ne sais quelle mauvaise chance, le professeur de géo-

graphie, qui finit toujours sa leçon un quart d'heure
avant l'arrivée du maître d'anglais, s'oublie, et ce
n'est qu'en voyant entrer M. Walter, qu'il se rappelle l'heure. J'avais assez mal répondu à la leçon
de géographie, parce que je pensais à mes huit lignes qui n'étaient pas faites, et, quand il fallut donner mon cahier pour la correction du devoir, je
t'assure que je fus bien malheureux d'être obligé
d'avouer qu'il n'était pas tout-à-fait fini. Je fus bien
puni, comme tu penses, et placé le dernier, puisqu'on ne pouvait pas me corriger ; et cependant, il
ne manquait que huit lignes sur deux grandes pages !

HENRI. — Cela me fait penser à ce général dont
tu me parlais l'autre jour, tu sais, papa ?

M. JULES.— Oui, toutes les négligences sont con-
damnables ; presque toutes, elles ont des suites plus
ou moins fâcheuses.

CHARLES. — Dis donc le général.

HENRI. — Papa m'a raconté qu'un général qui
gardait une ville assiégée, étant un soir à table avec
quelques notables et plusieurs officiers, buvait à la
gloire de son pays beaucoup plus qu'il n'était nécessaire. Il s'était d'ailleurs imaginé que la belle tenue
de la garnison avait désespéré les assiégeants, et
qu'ils avaient l'intention de se retirer. On lui apporte à ce moment une lettre, qu'on lui dit être
pressante. « Nous verrons cela demain matin, » dit-
il, et il met, sans l'ouvrir, la lettre dans sa poche.
C'était un avis qu'on lui faisait passer, que les ennemis avaient miné un quartier de la ville, et qu'ils
devaient donner un terrible assaut la nuit même.

Comme il n'en prit point connaissance, il ne fit rien pour prévenir l'évènement qui se préparait, et fut massacré deux heures après, avec une partie des habitants et de la garnison.

CHARLES. — Pour n'avoir pas lu sa lettre tout de suite! voyez comme il faut peu de chose pour amener un grand mal. Va, tu n'as pas à craindre que je ne te lise pas tout de suite quand tu m'écris ; je mets à l'instant l'enveloppe en pièces.

M. EDMOND *souriant*. — Avec beaucoup de patience, toujours.

CHARLES. — Ah ! papa, tu ne laisses échapper aucune occasion de me reprocher ma vivacité.

M. EDMOND. — C'est le moyen de t'aider à t'en corriger.

EXERCICE

De quelle manière les enfants de M. Edmond Belmain commençaient-ils chacune de leurs journées? Que faisaient-ils avant de sortir? Pourquoi la famille s'arrêta-t-elle avant d'arriver à l'embarcadère? Pourquoi faut-il s'habituer à la patience? Qui sème les fleurs sur les chemins? Qu'est-ce qui est indispensable pour que le poulet se forme dans l'œuf? Qu'est-ce que la rosée? Que doit faire un enfant à qui sa tâche paraît difficile? Quel malheur peut causer un clou de moins?

II. — UNE JOURNÉE A LA CAMPAGNE.

Deuxième partie.

Tout en causant, on arrive près d'un parc magnifique, appartenant à Mme Casimir P. Une gracieuse rivière en forme en grande partie la limite, et vient se jeter dans la Marne, en le quittant; c'est le Morin.

VICTORINE. — Regarde, papa, que ces arbres sont beaux ! ils ressemblent à ceux des Tuileries, et l'on dirait qu'ils sont encore plus hauts.

M. EDMOND.— Tu ne te trompes pas, ils sont plus hauts que ceux de notre jardin impérial; ce sont des marronniers.

VICTORINE. — Ce beau parc est-il aussi à l'empereur?

M. JULES. — Non, il appartient à la veuve d'un ancien ministre, qui vit là retirée du monde, ne s'occupant que de bonnes œuvres. Elle a fait élever en avant du château, une fort jolie chapelle ; on y offre chaque jour le saint sacrifice pour l'âme de son mari, dont elle conserve là le cœur, enfermé dans une urne de marbre blanc. Comme elle est souvent souffrante, et qu'il lui serait impossible de se rendre chaque jour à la chapelle, elle a fait arranger les choses de manière à ce qu'en ouvrant quelques portes, elle puisse de son lit voir l'autel, et assister ainsi à la messe. Elle répand ses bienfaits dans le village. Elle y a fait construire une maison, dans laquelle elle a installé des Sœurs, qui donnent des secours aux habitants, lorsqu'ils sont malades, et quelque instruction aux petites filles, qui, auparavant, étaient obligées, d'aller fort loin pour apprendre à lire et à écrire.

VICTORINE.— Oh ! la bonne dame ! comme on doit l'aimer !

M. JULES. — Sans doute, tous les honnêtes gens

l'aiment et la vénèrent ; mais il y en a toujours qui trouvent qu'on n'en fait pas assez.

CHARLES. — Ceux-là, on les laisse dire.

VICTORINE.— Oh! mon oncle, quelle est donc cette vieille dame qui passe dans cette allée, là-bas? Vois, dans cette petite voiture que traîne un âne?

M. JULES.— Il faut dire « cette dame âgée, » c'est plus respectueux. Eh bien, cette dame âgée, à l'extérieur si simple, c'est la propriétaire du parc et du château, Mme Casimir P.

VICTORINE. — Mais, mon oncle, elle tricote !

M. JULES. — Oui, c'est son occupation ordinaire. Comme c'est à peu près le seul travail auquel elle puisse se livrer, elle tricote presque continuellement pour les pauvres.

CHARLES. — Je l'aime bien, cette dame-là !

VICTORINE. — Quand je serai bien âgée, comme elle, je tricoterai aussi pour les pauvres ; j'ai déjà fait des bas pour une petite fille de cinq ans ; ce n'est pas grand'chose ; mais je ne fais que commencer, j'en ferai d'autres. J'aimerais bien aussi à être dans une petite voiture traînée par un âne, une voiture gentille comme celle-ci.

M. JULES.— Il est probable que cette dame aimerait mieux se servir de ses jambes que de se promener dans cette voiture, mais elle ne peut pas marcher.

CHARLES. — Ah ! c'est triste, cela, de ne pas pouvoir marcher ! on entend quelquefois des gens qui disent : « Sont-ils heureux, les riches ! ils se donnent tout ce qu'ils veulent ; » mais ces gens-là se trompent, puisque cette dame, qui est riche, ne peut pas faire guérir ses jambes; et probablement qu'elle le voudrait bien.

M. Jules. — Il y a bien d'autres choses encore que la santé, qu'on ne peut pas se donner avec de l'argent !

Charles. — Ah ! sans doute ; il y a encore la beauté, l'esprit, qu'on ne trouve à acheter nulle part.

M. Edmond.—Dis aussi le contentement de soi, la bonne joie qui fait tant de bien au cœur, qui nous met tout à l'aise, qui nous fait faire avec tant d'entrain des choses qui nous paraissaient ennuyeuses, difficiles. Cette joie qui nous vient surtout quand nous avons fait le bien avec quelque mérite.

Juliette. — Alors elle est à tout le monde, c'est-à-dire que tout le monde peut se la donner, puisque tout le monde peut faire le bien.

M. Jules. — Oui, et c'est là notre véritable richesse, celle que personne ne peut nous ravir, et qui est à la portée du plus pauvre autant que du plus riche.

Juliette.— Le bon Dieu est bien bon d'avoir arrangé les choses ainsi ; cela fait que tout le monde peut se rendre content soi-même en étant bien bon.

Mme Jules. — Bien dit. Ainsi, vois, si cette dame ne trouvait pas sa joie à faire du bien, qui pourrait lui en donner? Son mari est mort ; il est vrai qu'elle a trois fils, mais elle les voit rarement, ils sont trop occupés. Elle pourrait se faire servir des mets fort recherchés, mais elle n'a pas d'appétit, elle ne prend guère que des potages ; elle a un beau parc, mais ses jambes ne peuvent pas le parcourir. Alors, pour se distraire de toutes ses peines, elle fait du bien aux autres, elle se rend heureuse du bonheur qu'elle répand autour d'elle, et elle attend ainsi tranquillement, et avec grande confiance dans le bon Dieu, qu'elle aime de tout son cœur, que le jour de se reposer vienne aussi pour elle, comme il est venu pour son mari.

Victorine. — Je suis bien aise de l'avoir vue passer.

Charles. — Et moi, quand j'entendrai dire que les gens riches sont heureux, je répondrai : « Ils sont heureux quand ils font du bien ; sans cela, ils ne le sont pas plus que d'autres. »

M. Edmond. — Et tu diras vrai.

Juliette. — Je me rappelle avoir vu une dame âgée, qui était riche aussi, mais qui n'était bonne que pour son chat. Elle ne faisait de bien à personne, et tourmentait sans cesse ses deux pauvres domestiques ; aussi personne ne l'aimait, et elle se plaignait toujours, parce qu'elle se trouvait fort malheureuse.

Charles. — C'était sa faute.

Juliette. — Aussi, je n'aime pas les chats depuis que j'ai vu cette dame donner tant de soins au sien, parce que je me suis imaginé que si elle avait été moins occupée de cette bête, elle aurait peut-être pensé davantage aux personnes.

Mme Edmond. — On n'est pas toujours blâmable pour accorder et témoigner de l'affection à un animal, surtout si cet animal est un serviteur, un compagnon fidèle et dévoué ; il n'y a de blâmable que ce

que la raison désapprouve, comme des soins exa-
gérés, par exemple.

Mme JULES. — Oh ! oui, qu'il y a de bonnes bêtes,
qu'on a bien raison d'aimer ! qui semblent comprendre la peine, et faire mille efforts pour l'adoucir.

N'en voit-on pas mourir de chagrin de la mort ou
d'une absence prolongée de leur maître ? On peut devenir ridicule en s'occupant trop d'un animal, mais
il est odieux de les maltraiter sans raison, ou de les
laisser manquer du nécessaire, lorsqu'on les a chez
soi.

JULIETTE. — Te rappelles-tu, maman, comme tu
m'as grondée un jour pour avoir arraché les ailes à
une mouche ? J'étais alors bien jeune ; mais tu m'as
fait comprendre combien j'avais été méchante. J'ai
bien pleuré, je t'ai promis que je ne recommencerais
jamais ; mais je ne crois pas que j'aie eu alors l'intention de faire une mauvaise action.

HENRI. — C'est comme moi, quand j'ai voulu faire
ce que je voyais faire à d'autres petits garçons, attacher un hanneton par la patte, et l'exciter à voler,
en lui chantant : « Hanneton, vole, vole ! » Pauvre
bête ! Je ne comprenais pas combien ce fil, si léger
pour moi, était lourd et douloureux pour ce membre
si frêle, si délicat. Je le comprends maintenant, et
je suis tout malheureux quand j'en vois torturer
quelqu'un par un enfant aussi ignorant que je l'étais
alors.

CHARLES. — Mais j'ai entendu dire que les hannetons commettent des dégâts.

M. JULES. — Les hannetons ne sont nuisibles que
lorsqu'ils deviennent trop nombreux ; la taupe est

chargée de ne pas les laisser dépasser la limite convenable, en se nourrissant du gros ver blanc, qui
est la larve du hanneton, c'est-à-dire le hanneton
tel qu'il sort de l'œuf, et qui peut alors, en effet,
nuire aux cultures.

CHARLES. — Comment! le hanneton est d'abord
un gros ver blanc?

M. JULES. — Comme le papillon est d'abord une
chenille.

CHARLES. — Oh ! comme il y a des choses que je
ne sais pas, et qui m'amusent à apprendre ! Nous
devrions bien venir voir mon oncle plus souvent,
car parmi toutes ces choses, il y en a beaucoup qu'on
n'apprend bien qu'à la campagne.

M. EDMOND.— Et puis, à la campagne, on peut se
donner plus de mouvement qu'à la ville, ce qui n'est
pas sans attrait pour notre Charles.

CHARLES. — Avoue, papa, que c'est bien plus
agréable d'avoir de l'air, du soleil et de l'espace,
comme chez mon oncle, que d'être enfermé dans
des chambres comme à Paris. Et quand on descend
dans la rue, que de précautions il faut prendre
pour ne pas se laisser écraser par les voitures, ou
pour ne pas heurter quelque personne en marchant !

M. EDMOND. — Ces précautions te font bien souffrir, mon pauvre ami ; profite donc de ce jour de
fête pour te donner le plaisir d'une promenade bien
à l'aise ; cours, saute, prends tes ébats, cependant
veille encore, je te prie, à ne pas te casser quelque
membre.

CHARLES. — Oh ! n'aie pas peur. Que tu es heureux, toi, Henri, de jouir tous les jours de ces belles choses !

M. EDMOND.— Dont la plus excellente, à ton avis, est l'espace, n'est-ce pas ?

CHARLES. — Oh ! et le soleil, dont la présence nous rend toujours si joyeux. Ce matin, dès que j'ai été levé, j'ai couru voir si l'on en apercevait le reflet sur le haut des cheminées, car il se lève bien avant six heures maintenant, et j'ai été bien content, je t'assure, quand j'ai vu le bâtiment qui est en face de chez nous, tout doré par ses rayons.

Mme EDMOND.— Le soleil est comme le sourire du bon Dieu pour toutes nos fêtes.

JULIETTE. — C'est vrai, ma tante ; quand le soleil ne paraît pas, quand le ciel reste tout gris, on se sent moins disposé à la gaîté, que par un temps où ses beaux rayons brillent sur un ciel bleu.

Mme JULES. — Notre esprit est un peu comme les fleurs, il a besoin des rayons d'en haut pour s'épanouir.

JULIETTE.— Aussi je plains bien ceux qui en sont privés, ceux qui travaillent dans des caves, comme tu m'as dit que sont les ouvriers qui font la mousseline à Tarare et dans les environs.

HENRI. — Et les mineurs donc !

CHARLES. — Oh ! oui, les mineurs ; en voilà qui sont malheureux ! travailler sous terre, toujours à la lueur d'une lampe !

JULIETTE.— Oh ! les plus heureux sont bien ceux qui travaillent dans les champs !

CHARLES. — Je suis bien de ton avis, Juliette ; et je ne comprends pas qu'on puisse quitter le village où l'on est né, pour venir s'enfermer dans les villes.

M. JULES. — C'est le désir d'un gain plus considérable qui fait qu'on va chercher de l'ouvrage à la ville ; et que de métiers pénibles on y exerce souvent !

CHARLES. — Oh ! oui, mon oncle, bien pénibles ! on sort tout triste de ces ateliers, de ces usines où l'on voit faire de la porcelaine, des bouteilles, du gaz. Il fait une si grande chaleur là-dedans que l'on ne sait pas comment on peut y tenir. Au lieu que dans les champs, quand le soleil est bien chaud, on n'a qu'à mettre quelque chose sur sa tête pour se garantir, un chapeau de paille, un mouchoir.

M. JULES. — Un mouchoir blanc surtout.

CHARLES. — Pourquoi plutôt un mouchoir blanc?

M. JULES. — Parce que le blanc a la propriété de renvoyer le calorique, de ne pas le laisser pénétrer ; voilà pourquoi les Arabes portent des burnous blancs, des turbans blancs ; ainsi couverts, ils souffrent moins de la chaleur du soleil, dont les rayons sont très ardents dans leur pays.

JULIETTE. — Papa, tu as dit le calorique, pourquoi ne dis-tu pas la chaleur ?

M. JULES. — La chaleur est la sensation que fait éprouver à un corps la présence du calorique ; le calorique est un fluide extrêmement, subtil, qui se trouve dans tous les corps en quantité plus ou moins grande, et qui produit la chaleur. Le calorique est la *cause,* c'est-à-dire ce qui produit ; la chaleur est l'*effet,* c'est-à-dire ce qui est produit.

CHARLES. — Je comprends ; mais, à propos du blanc, voilà pourquoi maman a mis une robe blanche aujourd'hui à Victorine, et qu'elle m'a mis à moi-même un pantalon blanc ; j'ai bien entendu que maman disait : « Il fait chaud, les enfants seront bien ainsi, » mais je ne comprenais pas que c'était à cause de la couleur, je croyais que c'était seulement à cause de la légèreté de l'étoffe. Alors, quand il fait froid, il faut être tout en noir ?

M. Jules.—Non, quand il fait froid, il vaut encore mieux être vêtu de blanc.

Charles. — Ah ! pour le coup, mon oncle, je n'y suis plus ; du blanc, parce qu'il fait chaud ; du blanc, parce qu'il fait froid ; je m'y perds, et je te prie de me venir en aide.

M. Jules.—Ainsi, dans les pays chauds, on peint l'extérieur des maisons en blanc ; dans les pays froids, on les peint de même ; je vais t'en expliquer le pourquoi par la comparaison la plus simple. Quand une porte est fermée, quel effet produit-elle pour ceux qui sont dans la maison ?

Charles. — Elle les empêche de sortir, à moins qu'ils ne puissent ouvrir la porte.

M. Jules. — Bien. Et pour ceux qui sont dehors ?

Charles. — Elle les empêche d'entrer.

M. Jules. — Eh bien, voilà exactement ce que produit la couleur blanche, elle empêche la chaleur extérieure d'entrer, et la chaleur intérieure de sortir.

Charles. — Bon ! encore quelque chose dont je ne me doutais guère, et que je tâcherai de me rappeler.

M. Jules.— Ce qui t'étonnera sans doute encore,

c’est que la neige, qui est si froide, préserve les plantes de la gelée.

CHARLES. — Oh! oui, c’est fort; mais attends, mon oncle, je vais tâcher de trouver cela moi-même. Le blanc est une porte fermée, qui empêche de sortir ceux qui sont dedans, et la neige, qui est blanche, empêche la chaleur de la terre de s’en aller, alors les plantes ne gèlent pas.

M. JULES. — Bien trouvé, mon ami. Avec un peu de raisonnement, tu vois qu’on vient à bout de comprendre bien des choses?

CHARLES. — Oui, mon oncle, mais quand on sait déjà. Je t’assure que je n’aurais pas trouvé tout seul que les vêtements blancs sont les meilleurs pour toutes les saisons; seulement, maintenant que tu me l’as expliqué, je comprends pourquoi.

A quelques pas de là passa un cultivateur, au salut duquel M. Jules répondit :

— « Bonjour, père Germain ; voilà une belle journée !

GERMAIN. — Belle, jusqu’à cette heure; mais m’est bien idée qu’elle ne finira pas sans que nous ayons de l’orage.

M. EDMOND. — Vous croyez, mon brave?

GERMAIN. — Oh! j’en suis presque sûr; voilà le vent qui tourne là-bas; voyez-vous, monsieur, ça va nous venir de ce côté-là.

M. EDMOND. — Ah! ah! cela ne ferait qu’à moitié notre affaire.

CHARLES. — Eh bien! papa, nous resterons coucher chez mon oncle,

M. Jules. — Tu as raison, mon ami; c'est tout trouvé.

M. Edmond. — Et la classe, demain? et mon bureau? et Madeleine, qui ne voudrait pas se coucher, parce qu'elle croirait qu'il nous est arrivé malheur. Après tout, attendons l'événement.

Charles. — Nous pouvons toujours nous amuser dehors tant qu'il fait beau.

M. Jules. — Reprenons le chemin de la maison, ce sera prudent, d'autant plus que nous devons être rentrés pour midi, et que la chaleur commence à devenir pesante.

Germain. — Oh! vous avez le temps d'arriver, l'orage n'éclatera pas avant trois heures.

Henri. — J'aime bien à voir comme ces gens de la campagne savent lire dans le ciel; car il est bien rare qu'ils se trompent.

M. Jules. — Cela n'est pas étonnant, mon ami; ils ont besoin de consulter le temps pour leurs travaux, ils observent avec grand soin tel ou tel pronostic, et finissent par pouvoir prédire avec certitude, au moins pour quelques heures, quelles seront les variations qui surviendront dans l'atmosphère.

Charles. — Encore une chose qu'on ne sait qu'à la campagne. Oh! décidément, quand je serai grand, je tâcherai de demeurer près des champs, cela me plairait bien mieux que la ville.

M. Edmond. — Je suis loin de désapprouver ton désir, mais on ne fait pas toujours ce que l'on veut, en ce monde.

Charles. — Je le vois bien déjà, papa; car si je

faisais tout ce que je veux..... Regarde, je te prie,
que cette masse de feuillage est agréable à voir; il
me semble que cette belle couleur verte repose la
vue.

M. JULES. — Tu ne te trompes pas, mon ami;
aussi, il y a lieu de croire que c'est pour cette raison que le Créateur l'a prodiguée dans les champs.

CHARLES. — Je me demande pourquoi les feuilles
sont lisses et luisantes d'un côté, et le sont bien
moins de l'autre.

HENRI. — Papa me l'a dit l'autre jour; le côté
moins lisse fait l'effet d'une petite éponge; il pompe
les vapeurs qui s'élèvent de la terre, et les distribue
ensuite dans la plante; aussi on ferait périr un arbre si on le dépouillait de ses feuilles.

VICTORINE. — Ce serait bien maladroit, car on lui
ôterait ce qu'il a de plus joli.

CHARLES. — De plus joli, pas quand il y a des cerises parmi les feuilles, hein! dis Victorine? Je crois
que tu donnerais bien toutes les feuilles d'un cerisier pour un beau bouquet de ses fruits?

VICTORINE. — Vraiment non, si je savais que l'arbre dût mourir après.

CHARLES. — Tu es bien gentille; aussi tu auras
des cerises; j'en ai vu sur le buffet de ma tante.— Ce
qu'Henri me dit des feuilles me rappelle que, dans le
jardin de la pension, il y a un très-beau mûrier, et
que l'année dernière, un élève, qui nourrissait
des vers à soie, demandait toujours des feuilles
de ce mûrier. M. Duvaloir lui en donna d'abord,
puis, comme il en voulait toujours, Monsieur finit
par lui en refuser, ce qui fit murmurer l'élève très-

fort; il crut que c'était manque de complaisance :
ce que c'est que d'être ignorant!

M. Edmond. — Sans doute, ce refus n'était qu'une
précaution raisonnable pour que l'arbre ne dépérît
pas.

Charles. — Je le comprends maintenant, et je le
dirai à mes camarades.

On était arrivé à la maison, et les enfants se
mirent à table en déclarant tous qu'ils avaient grand
appétit. La chaleur devenait très-forte; il était midi.

— Papa, dit Henri, il fait bon rentrer en ce moment et se tenir à l'ombre dans la maison; la chaleur sera bien grande à deux heures.

Charles. — C'est à cause de l'orage que la chaleur sera plus grande à deux heures que mainte-
vant?

Henri. — Non, mais c'est parce que la terre va
continuer à s'échauffer jusqu'à cette heure, recevant des rayons du soleil plus de calorique qu'elle
n'en donne elle-même. A partir de deux heures,
l'équilibre commencera à se rétablir, c'est-à-dire
que la terre donnera autant de calorique qu'elle en
recevra; puis, le soleil descendant au-dessous de
l'horizon, la terre se rafraîchira, parce qu'elle donnera plus de calorique qu'elle n'en recevra. Alors
se formera la rosée.

Charles. — Que c'est amusant de savoir tout
cela! Moi, je croyais que c'était à midi qu'il devait
faire plus chaud, mais je ne savais même pas pourquoi. Ah! pauvre Charles, tu ne sais pas grand
chose! Mais on ne me dit pas tout cela à la
classe.

M. Edmond. — Mon ami, on te l'apprendra quand tu seras dans une division plus avancée.

Charles. — Il faudra que je demande demain aux grands s'ils savent toutes ces choses. Le grand Larcher qui fait tant son embarras! A l'entendre, on dirait qu'il se croit plus savant que le professeur.

M. Edmond. — Ne va pas faire cette sottise, tu te donnerais un air fort ridicule; puis tu pourrais t'embrouiller dans tes explications, et alors on aurait beau jeu de se moquer de toi.

Charles, *plus réfléchi.*—Ah! c'est vrai. Mais, papa, je pourrai le dire à ceux de ma division pour le leur apprendre?

M. Edmond. — Il faudra le faire bien simplement, ou, sans cela, tu ressembleras au grand Larcher, dont toi-même tu blâmes le ton d'importance.

Charles. — Eh bien, je ne dirai rien du tout, comme cela on ne se moquera pas de moi.

M. Jules. — Mon cher enfant, si l'on refusait de faire le bien à cause des difficultés qu'il présente, on serait arrêté à chaque pas; car, rappelle-toi qu'il n'y a que le mal qui soit facile; tout le reste demande des efforts, offre des obstacles à vaincre. Comme te dit ton papa, si tu es bien sûr de toi, tu peux faire part de ce que tu sais à ceux de tes camarades que cela peut intéresser, mais le faire avec une grande simplicité, dans une causerie.

Charles. — Sois tranquille, mon oncle, je me souviendrai de ce que tu me dis-là. — Tiens, Victorine, les voilà les cerises. Oh! le joli petit fruit!

Mme Jules. — Et le bon petit fruit! car il n'a que des propriétés bienfaisantes. La queue même en est employée en médecine pour faire une boisson rafraîchissante.

CHARLES. — Aussi tout le monde l'aime. Hier, il y avait un petit à la classe qui avait mangé des cerises pour son dessert. Il jouait avec les noyaux; puis tout à coup il se met à dire : « Tiens, je vais faire venir un cerisier dans un coin de la récréation! — Comment cela? que nous lui disons. — Eh bien! en mettant un de ces noyaux-là dans la terre et en l'arrosant. »

— Bah! est-ce qu'un arbre peut sortir d'un si petit noyau! Il nous a bien soutenu que son papa l'avait dit, mais nous n'avons pas voulu le croire.

M. JULES. — Et pourtant, il disait vrai. Le cerisier vient d'un petit noyau, comme l'arbre magnifique que l'on appelle le chêne, provient d'un gland.

CHARLES. — Est-ce possible! un petit gland!

M. JULES. — C'est plus que possible, cela est.

CHARLES. — Mais, mon oncle, comment cela peut-il se faire?

M. JULES. — Mon ami, à cette question, comme à beaucoup d'autres de ce genre, je n'ai qu'une réponse, c'est que Dieu, qui a créé toutes choses, agit avec une puissance et une sagesse infinies, qui ne rencontrent aucun obstacle, parce qu'il est le maître de tout. Il pourrait aussi bien tirer un soleil d'un atôme de poussière, que faire sortir un arbre gigantesque d'une graine qui pèse à peine à ta faible main. Rien ne lui coûte, il fait ce qu'il veut, et tout ce qu'il veut est infiniment sage, infiniment digne de notre admiration.

CHARLES. — Oh! oui, mon oncle; mais un arbre

d'un noyau! comment cela pouvait-il entrer dans ma tête. Aussi je ne voulais pas le croire.

M. JULES. — Voilà comme souvent des personnes, qui devraient être plus raisonnables que toi, refusent de croire des choses fort sérieuses qu'on leur dit, et cela, par la seule raison qu'elles ne les comprennent pas ; parce que, comme tu dis, cela n'entre pas dans leur tête. Écoute, tu t'étonnes de ce que l'on te dit qu'un arbre sort d'un noyau, et si j'ajoutais: « ce n'est pas seulement un arbre, ce sont des milliers d'arbres qui sortent d'un noyau ; » que dirais-tu? En effet, sur l'arbre qui est provenu d'un noyau, il pousse une multitude d'autres noyaux. Si l'on plante chacun de ces noyaux, il viendra une multitude d'autres arbres, qui donneront chacun une multitude d'autres noyaux. Fais, si tu peux, le calcul de ce qu'un seul noyau peut ainsi donner d'arbres dans l'espace de trente ans seulement.

CHARLES. — Oh! mon oncle, c'est à s'y perdre ; aussi maintenant, je croirai tout ce qu'on me dira.

M. EDMOND. — Tout ce que te diront des personnes dignes de foi, c'est-à-dire instruites et incapables de te tromper ; car il ne faut pas croire indifféremment toute parole dite par toutes sortes de personnes.

CHARLES. — Mais, papa, comment savoir alors ce que je devrai croire et ce qu'il ne faudra pas croire? c'est difficile de m'y reconnaître.

M. EDMOND. — Pour le moment tu n'es entouré que de personnes qui ne désirent que t'instruire dans la vérité en tous points, c'est plus tard qu'il te sera plus difficile de savoir ce que tu devras admettre ou rejeter. D'ici là, contente-toi de nous consulter, lorsque tu as quelques doutes ; nous les éclaircirons d'une manière, qui, j'espère, te satisfera toujours.

CHARLES. — Oh! oui, papa. Je t'assure que je suis très-content de savoir qu'un arbre vient d'un noyau ; cela me plaît beaucoup.

HENRI. — Mais tu savais bien que les fleurs viennent de graines, et c'est tout aussi étonnant que de voir un arbre sortir d'un noyau, et un oiseau, d'un œuf.

CHARLES. — On ne pense pas toujours à tout. M. Duvaloir nous dit toujours : « Réfléchissez, réfléchissez ; » mais j'ai beau réfléchir, je vois bien que je ne trouve pas grand'chose à moi tout seul.

M. JULES. — Ce n'est pas étonnant, mon ami ; à votre âge, il faut qu'on vous aide en tout; qu'on vous apprenne à vous servir de votre intelligence, comme on vous a appris à vous servir de vos membres, et avec infiniment plus de soin encore.

VICTORINE. — Ainsi, quand j'avale un noyau, c'est un arbre que j'avale?

Mᵐᵉ JULES, souriant. — Pas tout à fait, mais c'est ce qui aurait bien pu en devenir un.

VICTORINE. — Eh bien, mais il faudrait planter tous les noyaux de cerise, cela ferait qu'on aurait beaucoup de cerisiers ; c'est si bon et si gentil, les cerises!

M. JULES. — Si l'on plantait tous les noyaux de cerise, la terre ne serait bientôt plus qu'une forêt de cerisiers, où nous pourrions à peine habiter. La nature est si riche, qu'une multitude innombrable d'êtres ne doivent pas arriver à leur développement parfait, c'est-à-dire que tous les œufs ne doivent pas devenir oiseaux, que toutes les graines ne doivent pas devenir plantes, que tous les noyaux ne doivent pas devenir arbres.

VICTORINE. — Ah !

CHARLES. — Tu vois, mon oncle, voilà encore une chose que je n'aurais pas trouvé tout seul, même en réfléchissant ; il y a tant de place sur la terre, qu'il m'aurait semblé qu'on pouvait semer toujours. Je sais maintenant que je me trompais.

EXERCICE,

A qui était le beau parc ? Que faisait la dame âgée qui s'y promenait ? Comment s'appelait-elle ? Qu'est-ce qui fait le bonheur des riches ? Pourquoi ne faut-il pas jouer avec les hannetons ? Quels sont les bienfaits du soleil ? Quelle est la propriété de la couleur blanche ? Qu'est-ce que le calorique ? A quoi servent les feuilles des arbres ? Que peuvent devenir les noyaux ?

III. — UNE JOURNÉE A LA CAMPAGNE.

Troisième partie.

JULIETTE. — Papa, qu'est-ce que c'est que la nature ? tu dis : « la nature est riche. »

M. JULES. — La nature est l'universalité, l'ensemble de toutes les choses créées ; c'est la puissance, la force agissante qui entretient la reproduction des êtres ; c'est l'ordre que Dieu a établi dans la création. La nature fait des choses admirables,

parce qu'elle travaille toujours sur le modèle que
Dieu lui montre.

HENRI. — Oh ! Papa, je me rappelle que tu nous
as fait remarquer au microscope la différence qu'il
y a entre le travail de la nature et le travail des
hommes.

JULIETTE. — Oh ! oui ; Papa nous a montré l'aiguillon d'une abeille et la plus fine aiguille de l'étui
de maman ; comme l'aiguillon était uni, lisse, régu-
lier ! tandis que l'aiguille ne paraissait plus qu'une
barre de fer pleine de crevasses. Et l'aile d'une
mouche, quelle gaze légère ! tandis que notre plus
fine batiste, vue au microscope, est comme une
grosse toile, un treillage mal fait. Nous nous sommes
bien amusés, ce jour-là, n'est-ce pas, Henri ? Et les
petites plumes des ailes d'un papillon, comme elles
étaient jolies ?

VICTORINE. — Les plumes d'un papillon ?

JULIETTE. — Oui ; ce qui nous semble une fine
poussière qui a quelquefois de si brillantes couleurs,
ce sont de vraies plumes.

CHARLES — Voilà bien encore une chose que je
n'aurais pas devinée, qu'un papillon a des plumes !

HENRI — C'est pour cela qu'ils ne peuvent plus
voler quand on a fait tomber cette poussière ; c'est
absolument comme si l'on arrachait les plumes de
l'aile d'un oiseau.

VICTORINE. — Pauvre petite bête ! comme on fait
quelquefois du mal sans le savoir !

JULIETTE. — Oh ! voilà que le temps se couvre ;
regarde, papa ; c'est l'orage que nous a annoncé le
père Germain.

M. Jules.—Je le crois ; et il vient bien du côté qu'il nous a indiqué ; le vent est tourné au Sud-Ouest.

Charles. — Oh ! j'ai vu un éclair là-bas. D'où vient donc cette lumière qui passe si vite? Qu'est-ce qui la produit ?

M. Jules. — L'éclair est produit par le passage violent de l'électricité au travers des nuages ; c'est la lumière d'une explosion électrique.

Victorine. — Encore un éclair ! maman !

Mme Edmond. — J'espère que tu vas être raisonnable.

Victorine. — Ce n'est pas ma faute si le tonnerre me fait peur.

Charles. — Il n'y a pas encore de tonnerre ; tu n'as vu que deux éclairs, et tu trembles déjà.

Victorine. — C'est parce que je sais que le tonnerre va venir.

Henri. — Mais si l'on doit avoir peur pendant un orage, c'est plutôt de l'éclair que du tonnerre, puisque le tonnerre n'est que du bruit, il ne peut pas faire de mal. Quand on a vu l'éclair, le danger est passé, et le tonnerre ne se fait entendre qu'après l'éclair, parce que le son va bien moins vite que la lumière.

Victorine. — C'est égal, c'est du tonnerre que j'ai peur.

M. Jules. — Il ne faut avoir peu de rien, cela vaut mieux.

Victorine. — Oh ! si, mon oncle, car j'ai bien des fois entendu dire que des personnes avaient été tuées par le tonnerre.

M. Edmond. — Alors il faut avoir peur de tout,

car la cause la plus simple, la plus ordinaire peut nous donner la mort.

Juliette. — Voilà qu'il commence à tomber de larges gouttes, le ciel est tout couvert. Encore un éclair! Voilà le tonnerre cette fois, ma pauvre Victorine.

Mme Jules. — Fermons vite toutes les fenêtres pour qu'il n'y ait pas de courant d'air, c'est prudent.

Charles. — Tu dis, mon oncle, qu'il ne faut pas avoir peur du tonnerre, et cependant, comme le dit Victorine, il cause souvent de bien grands accidents.

M. Jules. — Quand je dis qu'il ne faut pas avoir peur de la foudre, c'est-à-dire de la décharge électrique, car c'est cela seul qui est à craindre, je ne prétends pas du tout dire qu'elle n'ait pas quelquefois des effets terribles, mais seulement que, comme Dieu seul est le maître de notre vie, il ne nous arrivera, dans un orage comme dans toute autre circonstance, que ce qu'il ordonnera ; qu'alors le mieux, comme toujours, est de nous confier à sa providence.

Charles. — Je comprends.

Juliette. — Oh ! comme la pluie tombe !

Henri. — Quel éclair ! le nuage orageux n'est guère plus qu'à 680 mètres de nous environ.

Charles. — Comment le sais-tu?

Henri. — Par le temps qui s'est écoulé entre l'éclair et le coup de tonnerre. Un battement de pouls donne ordinairement une seconde ; comme le son parcourt 340 mètres par seconde, et que j'ai compté deux battements de mon pouls entre l'éclair et le coup de tonnerre, j'ai pu dire : « le nuage orageux d'où est sorti l'éclair, est à deux fois 340 mètres, ou 680 mètres. »

CHARLES. — Tu es savant, toi.

HENRI. — Tu en sauras bientôt autant que moi, parce que tu as le désir de t'instruire. Papa m'a dit aussi qu'il ne faut pas courir pendant un orage, surtout ne jamais se mettre sous les arbres, sous un édifice élevé ; qu'on est moins exposé dans une plaine que sur une montagne, moins quand on est seul que dans une assemblée.

CHARLES. — Mais réellement on est exposé partout.

HENRI. — Ceci est un peu vrai.

VICTORINE. — Oh ! maman, maman !

TOUS. — Quel coup affreux !

CHARLES. — Il est venu en même temps que l'éclair.

M. EDMOND. — Il y a lieu de croire que la foudre est tombée non loin d'ici.

CHARLES. — Ah ! mais ce n'est pas rassurant du tout. Qu'est-ce qui est donc tombé, papa ?

M. EDMOND. — Rien n'est tombé ; mais le nuage orageux chargé d'une sorte d'électricité, s'est assez approché du point sur lequel nous disons que la foudre est tombée, pour décomposer l'électricité neutre de ce point, et c'est lorsque les deux électricités contraires se sont réunies, qu'il y a eu éclair, explosion et commotion violente.

CHARLES. — Il y a donc deux électricités?

M. EDMOND. — Oui ; il y a l'électricité *vitreuse* et l'électricité *résineuse*. Lorsque ces deux électricités se trouvent dans un corps en quantités égales, nous disons que ce corps est à l'état neutre, parce qu'aucune électricité n'y domine. Au contraire, on dit que ce corps est électrisé *positivement*, si l'électricité vitreuse s'y trouve en plus grande quantité, et qu'il est électrisé *négativement*, si c'est l'électricité résineuse qui domine.

CHARLES. — Ceci est un peu savant pour moi; mais toi, Henri, tu comprends, j'en suis sûr.

HENRI. — Papa me l'a expliqué. Je sais que *l'électricité* est, comme le calorique, un fluide extrêmement subtil, qu'on ne peut ni renfermer, ni peser, mais qui manifeste sa présence dans les corps par divers phénomènes.

CHARLES. — Mais moi je ne sais pas ce que c'est qu'un fluide.

M. JULES. — C'est le contraire d'un solide. Un fluide est un corps dont les parties cèdent à la moindre pression, et tendent toujours à se séparer. L'air est un fluide, la vapeur est un fluide ; une pierre, un morceau de bois sont des solides.

VICTORINE. — Oh! comme voilà encore un grand coup de tonnerre !

Mme EDMOND. — Le coup est prolongé, mais il n'a pas été trop violent. L'orage s'éloigne.

VICTORINE. — C'est égal, il y a encore bien des éclairs; et comme il pleut toujours! Papa, pourquoi donc y a-t-il des orages?

M. EDMOND. — Ils sont très-nécessaires pour purifier l'air d'une foule de substances qui le rendraient délétère, c'est-à-dire nuisible à la santé, à la vie.

VICTORINE. — Si encore il n'y avait que la pluie

et les éclairs, mais ces affreux coups de tonnerre !..
Tu es bien heureuse, toi, Juliette, de n'en avoir pas
peur.

Juliette. — Je ne suis pas beaucoup plus rassu-
rée que toi, quoique je ne dise rien. Comment ne
pas être effrayée, quand on sent la maison trem-
bler, et que tout semble se briser avec un bruit terrible ! Mais maman dit qu'il faut toujours vouloir ce
que le bon Dieu envoie, alors je tâche de vouloir
qu'il y ait du tonnerre quand je l'entends gronder;
mais cela n'empêche pas que je suis bien contente
quand l'orage est passé.

Charles. — Et bien, sois contente, ma petite Juliette ; tiens, regarde, voilà le ciel qui s'éclaircit de
ce côté ; on dirait que le soleil cherche à percer les
nuages. Oh ! et de ce côté-ci ! tu aimes cela, bien
sûr ; un arc-en-ciel qui commence à montrer ses
belles couleurs dans les nuages !

Victorine. — Oh! quel bonheur ! c'est que l'orage
est passé. Maman m'a dit que le bon Dieu montra
l'arc-en-ciel à Noé après le déluge, et qu'il lui dit
qu'il voulait que cet arc si beau, rappelât toujours
aux hommes la promesse qu'il leur faisait, de ne plus
envoyer de déluge. Ce bel arc vient encore nous réjouir après chaque orage.

Juliette. — Mais comment ces belles couleurs se
montrent-elles donc sur les nuages?

M. Jules. — C'est que l'arc-en-ciel est formé par
la réflexion et la réfraction des rayons solaires dans
les gouttes d'eau dont le nuage est composé ; c'est
lui qui les colore ; il faut donc qu'il se trouve en face
du nuage, et plus celui-ci est épais, c'est-à-dire

plus il contient de gouttes d'eau, plus les couleurs en sont vives.

JULIETTE. — J'ai vu ces belles couleurs sur des bulles de savon que je m'amusais un jour à faire avec Jeanne.

HENRI. — On les voit aussi sur la pluie des cascades et des jets d'eau, quand on les regarde en tournant le dos au soleil.

JULIETTE. — Oh! que le bon Dieu a fait de belles choses!

M. EDMOND. — Vous ne pensez plus à l'orage qui vous a tant effrayés, maintenant que vous admirez cette magnificence.

VICTORINE. — A présent qu'il est passé, ce n'est plus la peine d'y penser.

M. EDMOND. — Mais le bien qu'il a produit subsiste.

VICTORINE. — Tu disais, mon oncle, que le tonnerre était tombé, cela aura fait du mal aussi.

M. JULES. — Retiens, chère enfant, que le tonnerre n'est qu'un bruit, et habitue-toi, autant que possible, à nommer les choses par leur nom; on doit dire que c'est la foudre qui tombe.

JULIETTE. — Eh bien, c'est encore mal dit, puisque tu nous as expliqué que rien ne tombe.

M. JULES. — C'est vrai, mais c'est l'expression reçue; et elle se trouve dans ce cas moins inexacte que l'autre, puisque c'est la foudre qui cause les accidents et non point le tonnerre. Tu me disais, Victorine, que l'orage peut avoir causé quelque mal, je ne sais, mais dans toutes circonstances, le bien général doit toujours être préféré au bien particulier, l'avantage de beaucoup, à celui de quelques-uns.

CHARLES. — Cela me rappelle quelque chose que M. Duvaloir nous racontait l'autre jour. Un général disait à un capitaine : « Capitaine, mettez-vous là avec vos soldats, et faites-vous y tuer tous, pour que l'armée ait le temps d'exécuter une manœuvre qui doit la sauver. » — « Oui, mon général, » avait répondu le bon capitaine, et il était allé se placer avec sa compagnie à l'endroit que le général lui avait désigné, et ils furent tous tués, mais l'armée fut sauvée. Il y a un camarade qui a dit : « Il était bien dur, ce général-là, de commander à ces braves de se faire tuer. » Mais M. Duvaloir lui a expliqué qu'il n'en laissait tuer quelques-uns que pour en sauver beaucoup.

JULIETTE. — C'est triste tout de même ; j'aimerais bien mieux qu'il n'arrivât jamais de mal à personne, et qu'on n'envoyât pas les pauvres soldats à la guerre, d'où ils ne reviennent pas, où bien d'où ils reviennent avec des bras ou des jambes de moins ; je voudrais bien que l'air n'eût jamais besoin d'être purifié par les orages, puisque la foudre peut causer des malheurs.

M. JULES. — Ma chère petite fille, tu demandes l'impossible, pour ici-bas au moins.

JULIETTE. — Ah ! oui, dans le ciel, on sera bien heureux, tous et toujours !

VICTORINE. — Que j'ai donc de plaisir à regarder cet arc-en-ciel ; mais je crois qu'il commence déjà à s'effacer.

Mme EDMOND. — Il ne dure jamais longtemps ; c'est comme un mot de consolation que le bon Dieu nous dit après la peine; il renferme un encouragement et une espérance, mais il passe vite.

HENRI. — Papa, dis-moi, je te prie, pourquoi on ne voit guère qu'en été ces pluies si abondantes et qui durent peu de temps, de ces pluies après lesquelles le ciel reprend si vite sa sérénité?

M. JULES. — Ces pluies abondantes sont nécessaires pour nettoyer l'atmosphère, et rendre à la terre l'énorme quantité d'eau qu'elle perd sans cesse en été, par l'évaporation; il est encore nécessaire que ces pluies soient de courte durée, afin que la maturation des céréales n'en soit pas arrêtée.

VICTORINE. — Qu'est-ce que c'est donc que des céréales? Je ne connais pas cela.

M. EDMOND. — Les céréales sont les plantes qui produisent les grains avec lesquels on fait du pain, le blé, le seigle, l'orge.

VICTORINE. — Ah! je les connais bien, alors.

HENRI. — On appelle ces plantes céréales, c'est-à-dire qui appartiennent à Cérès, parce que les païens donnaient le nom de Cérès à la déesse des moissons.

CHARLES. — Les déesses, c'est dans la mythologie, je ne l'apprends pas encore; j'ai seulement entendu les grands qui en parlaient, et j'en ai retenu quelques mots par-ci par-là; mais j'aime mieux notre bon Dieu que tous ces vilains dieux-là.

M. JULES. — Les païens n'aimaient pas leurs dieux, non plus, ils les craignaient, ils les servaient en tremblant; le vrai Dieu seul pouvait se faire aimer.

HENRI. — Parce que lui seul il nous aime.

JULIETTE. — Maman, le sable est déjà sec, si nous allions un peu dans le jardin, veux-tu?

Mme JULES. — Certainement, cela nous fera du bien à tous. Comme on respire! comme le feuillage est net et lustré; tantôt il était couvert de poussière; mais cette pluie bienfaisante vient de tout rafraîchir, de ranimer tout ce qui languissait par l'excès de la chaleur.

Comme on était dans le jardin, la bonne, qui avait pris des informations, vint dire que la foudre était réellement tombée, mais qu'elle n'avait blessé personne, qu'elle avait seulement mis le feu à une masure abandonnée, sans causer aucun dégât sérieux.

— Ah! tant mieux! dit Juliette, je suis contente que l'orage ait fait du bien, sans causer de mal à personne.

CHARLES. — J'ai entendu parler de paratonnerres au pensionnat, mais je ne me rappelle pas trop ce qu'on en disait; c'était le grand Larcher, qui faisait son savant, et qui cherchait à expliquer l'usage de ces grandes pointes de fer à deux autres qui l'écoutaient. C'était pendant la récréation; moi, j'ai écouté aussi, mais je n'ai pas compris grand'chose, aussi je ne me rappelle rien du tout. Ah! si, j'ai retenu le nom de celui qui l'a inventé, il s'appelait Benjamin Franklin.

HENRI. — Un Américain, qui avait d'abord été ouvrier imprimeur, et qui est devenu bien célèbre.

CHARLES. — Le grand Larcher n'a pas dit cela, ou je ne m'en souviens plus, mais toi, tu sais à quoi servent les paratonnerres.

Henri, *timidement*.— Leur nom le dit, ils servent à empêcher les accidents qui pourraient arriver pendant un orage ; mais papa t'expliquera cela mieux que moi. Je sais que si un paratonnerre a 6, mètres, ou 8 mètres ou 10 mètres de hauteur, il protége autour de lui un espace circulaire de 12 ou 16, ou 20 mètres, c'est-à-dire une distance double de sa hauteur, tout autour de sa tige.

M. Jules. — Nous avons dit qu'il y a deux électricités qui s'attirent sans cesse et qui sont neutres, c'est-à-dire sans effet, lorsqu'elles se trouvent dans un corps en quantités égales. Ainsi, lorsqu'un nuage orageux, c'est-à-dire chargé d'une des deux électricités, passe au-dessus d'un paratonnerre, elle attire l'autre électricité qui s'y trouve, et il se produit à la pointe de l'appareil, un écoulement continu de l'électricité contraire à celle du nuage. Les deux électricités, mises ainsi en équilibre, ne peuvent plus nuire.

Charles. — Oh ! c'est bien curieux.

M. Jules. — Quelquefois la foudre éclate sur le paratonnerre lui-même ; alors le fluide électrique est conduit par une corde de fer de la grosseur de 16 millimètres, dans un lieu humide, comme un puits ou une citerne, où il perd toute son influence désastreuse.

Charles. — Je me rappelle que le grand Larcher disait qu'il y a des paratonnerres en argent, est-ce que c'est vrai ?

M. Jules. — Non pas le paratonnerre tout entier ; la pointe seulement est en platine, en argent ou en cuivre doré, afin qu'elle ne s'altère pas à l'air.

Charles. — Ah! oui, qu'il n'y vienne pas de vert-de gris ou de rouille.

M. Edmond. — C'est cela.

Charles. — Mais pourquoi donc les fait-on en pointe, et pourquoi la corde est-elle en fer?

M. Jules. — Les paratonnerres sont terminés en pointe, parce qu'une des propriétés de cette forme est de donner lieu à un écoulement facile du fluide électrique, ce qui est nécessaire pour que le paratonnerre donne promptement au nuage orageux l'électricité qu'il n'a pas, et l'empêche ainsi de nuire.

Charles. — Et pourquoi fait-on en fer la corde qui doit conduire le fluide électrique dans un puits?

M. Jules. — Parce que le fer, comme tous les métaux, est bon conducteur de l'électricité, c'est-à-dire qu'il la laisse circuler et s'écouler librement.

Charles. — Merci, mon oncle, j'en sais autant que le grand Larcher maintenant, et, si je l'entends encore parler des paratonnerres, je pourrai lui dire qu'il n'y a que la pointe qui est en argent ou en..., tu as dit un mot que je ne connaissais pas; voilà que je ne m'en souviens déjà plus.

M. Jules. — En platine. C'est un métal très-lourd, d'un gris d'acier tirant sur le blanc d'argent

Charles. — En platine, c'est cela. En ai-je appris des choses aujourd'hui! quel bonheur! Conviens, mon oncle, que tout cela c'est plus amusant que la grammaire.

Victorine. — Oh! c'est bien vrai; je ne connais rien de plus ennuyeux que la grammaire. Qui est-ce qui a donc pu inventer un livre si difficile, et dans lequel on ne comprend rien du tout! On ne devrait le faire apprendre que quand on est avancé; à la bonne heure l'Évangile et l'Histoire sainte! c'est amusant cela, on le comprend. Même la géographie, où il y a tant de noms, ça va tout seul. Le département du Nord, chef-lieu Lille; du Pas-de-Calais, chef-lieu Arras; de la Somme, chef-lieu Amiens; de l'Oise....

CHARLES. — Bon voyage, ma petite Victorine; comme tu nous débites tout cela! c'est comme un chemin de fer à toute vapeur.

Mme EDMOND. — Il me semble que les mots que tu viens de dire sont plus difficiles à retenir que ceux de la grammaire, qui sont les mêmes que ceux du langage habituel, à peu d'exceptions près.

VICTORINE. — Ce ne sont peut-être pas les mots qui sont difficiles, mais c'est ce qu'ils veulent dire qui ne peut pas entrer dans ma tête.

Mme EDMOND. — Cela y entrera tout doucement, avec beaucoup de patience et de bonne volonté.

CHARLES. — Est-ce pas que tu as eu du plaisir à tout ce que papa et mon oncle ont eu la bonté de nous expliquer?

VICTORINE. — Oh! oui, bien vrai; je ne sais pas par exemple si je pourrais bien le redire, mais j'en ai retenu un peu.

Après s'être bien promenés dans les belles allées sablées et si bien entretenues du jardin de M. Belmain, après avoir admiré ses fleurs, ses arbustes et ses arbres, et même les légumes du potager, on rentra pour le dîner, qui fut très-agréable, parce que tout y était ordonné, c'est-à-dire que les mets y étaient abondants sans profusion, savoureux sans recherche. Claudine y avait mis tout son talent, qui était celui d'une bonne cuisinière, mais non d'un cordon-bleu. La conversation fut enjouée et affectueuse; on sentait qu'on allait se quitter, et chacun semblait plus pressé de témoigner les bons sentiments qu'il avait dans le cœur.

Après le dîner, on fit encore une petite promenade dans le jardin; le temps était superbe; puis M. Jules, accompagné de sa femme et de ses enfants, conduisit son frère et sa famille à l'embarcadère. Là on se donna encore mille témoignages d'affection, en se disant des au revoir sans fin. Une heure après, Monsieur et Madame Edmond rentraient dans leur demeure, où Madeleine les attendait avec un petit commencement d'inquiétude; elle n'aimait pas à voir ses maîtres aller en chemin de fer.

Tout le monde lui dit un bienveillant bonsoir, et lui demanda des nouvelles de sa sœur. Charles et Victorine n'oublièrent pas de remercier le bon Dieu et leurs parents de la bonne journée qu'ils leur avaient donnée, et promirent de se remettre le lendemain au travail avec beaucoup de zèle. Le sommeil dut être paisible, car les cœurs étaient légers, et la bénédiction du bon Dieu était sur tous.

EXERCICE.

Qu'est-ce que la nature? Qu'est-ce qu'un éclair? Qu'est-ce que le tonnerre? Qu'est-ce qui est à craindre dans un orage? Que faut-il éviter avec soin à ce moment? Qu'est-ce qu'un arc-en-ciel? Comment sont d'ordinaire les pluies d'été? Qu'est-ce que le paratonnerre? Qui l'a inventé?

IV. — DES RAPPORTS D'INTIMITÉ.

Chaque jour, lorsqu'ils n'en étaient pas empêchés par quelque cause indépendante de leur volonté, Monsieur et Madame Edmond Belmain consacraient l'heure qui suivait le dîner, à une douce récréation, dont le plus grand charme pour eux était de faire causer leurs enfants. Ils étudiaient ainsi leur esprit et leur cœur, et trouvaient à chaque instant l'occasion de relever une erreur, de développer un bon sentiment, de donner un bon conseil. Cette causerie familière, dont les résultats étaient si importants, se faisait dans le parc Monceaux toutes les fois que le temps le permettait, si bien que le corps avait aussi sa part dans ces bienfaisantes soirées. Le modeste salon de la famille remplaçait le vaste et gracieux jardin, dans les jours où l'on ne pouvait sortir.

— Maman, dit un soir Charles, Arthur Bellort, tu sais, le petit garçon du deuxième étage, vient à notre classe maintenant. Je crois qu'il m'a pris en amitié, car il veut toujours me donner des friandises, des images, toutes sortes de choses qu'il a toujours à profusion ; mais je me rappelle que tu m'as défendu d'accepter jamais rien de mes camarades, et je refuse.

Mme EDMOND. — Tu fais bien, cher enfant, je te recommande expressément d'agir toujours de même si tu ne veux pas me contrarier beaucoup.

CHARLES. — J'en serais trop fâché; et je t'assure, mère, que je n'ai encore rien accepté, mais rien du tout, quoiqu'il parût s'en fâcher.

Je lui dis : « Maman me l'a défendu, je ne peux pas lui désobéir. » Il me répond : « Ta maman ne saura pas si tu as mangé ce bonbon, si tu as cette image dans ton bureau de classe; » mais moi, je te le dirais.

VICTORINE. — Tu as raison, frère, car bien sûr le bon Dieu ferait connaître à maman ce que nous voudrions lui cacher. Te rappelles-tu ce petit, tout petit morceau de sucre que j'ai pris un jour dans le sucrier, sur la table; j'avais à peu près six ans, n'est-ce pas, maman?

Mme EDMOND. — Oui, chère enfant.

VICTORINE. — La porte de la salle à manger était fermée, je n'avais pas fait de bruit, le sucre était déjà avalé, j'étais bien toute seule; maman qui venait d'aller dans sa chambre pour mettre une pèlerine, revient, ouvre la porte, et me dit d'un air très assuré : « Victorine, tu as pris du sucre. » Comment le savait-elle? Elle ne le voyait pas sur ma figure, puisque je faisais alors semblant de regarder dans la rue, par le carreau. Tu sais, maman, que je t'ai avoué ma faute tout de suite; mais je me demande encore quelquefois comment tu as pu savoir que j'avais pris du sucre.

Mme EDMOND. — Je vais te le dire. Je venais en me levant de table, de poser le couvercle sur le sucrier; je savais bien que je l'avais mis droit. Je sors, puis je rentre et je le trouve de travers; toi

seule étant là, il ne m'était pas difficile de deviner
que tu y avais touché.

Victorine.— Ah ! c'est si peu de chose qui t'a fait
découvrir ma faute ?

Mme Edmond. — Oui, mais c'est le bon Dieu qui
a permis ce peu de chose, afin que j'arrêtasse à son
commencement, un défaut qui aurait pu devenir un
vice. C'est ainsi que sa bonté vient en aide aux parents qui veulent ardemment le bien de leurs enfants.

Charles. — Mais comment aurais-tu pu savoir
si j'avais accepté quelque chose d'Arthur Bellort ?

Mme Edmond.— Le bon Dieu est-il jamais embar-
rassé dans les moyens qu'il doit employer pour
arriver à ce qu'il veut ; tu aurais apporté par mé-
garde quelque objet que tu aurais reçu, ou tu aurais
été indisposé pour avoir mangé des friandises, et
j'aurais ainsi découvert ta désobéissance.

Charles. — C'est vrai, maman. Eh bien, aujour-
d'hui il m'a dit que sa maman serait contente si
nous devenions bons amis, et qu'elle voudrait bien
que j'allasse jouer chez lui le dimanche, quand nous
ne sortons pas.

Mme Edmond. — Voilà deux questions qu'il faut
examiner avec soin. Que vous deveniez bons amis,
c'est-à-dire que vous ayez des prévenances l'un
pour l'autre, je n'y vois pas d'inconvénients, mais
que vous vous lliez d'une manière intime, jusqu'à
aller jouer chez lui, cela n'est pas possible avant
que nous connaissions ses parents, et nous ne ferons
aucune avance de ce côté.

Charles. — Pourquoi, maman ?

Mme EDMOND. — D'abord, parce que ce n'est pas nécessaire, ensuite parce qu'il se peut très bien que le genre de vie, les manières de penser de Monsieur et de Madame Bellort ne soient pas du tout en rapport avec les nôtres, et, pour rien au monde, ton père et moi, nous ne voulons changer ce que nous croyons être bien. Alors tu comprends qu'après nous être avancés, nous serions peut-être obligés de nous retirer, ce qui ne se ferait pas sans occasionner des désagréments plus ou moins sensibles; il faut les éviter, et rester comme nous sommes.

CHARLES. — Il me demandait si tu as de belles robes, si tu vas souvent au théâtre. Il a paru bien étonné quand je lui ai dit que je ne sais pas ce que c'est que le théâtre; même il s'est un peu moqué de moi, de ce que j'ai ajouté que tu y vas peut-être quand nous sommes à la classe, mais que tu restes toujours avec nous quand nous sommes à la maison.

M. EDMOND. — Rien qu'à ces deux questions, l'enfant et les parents sont jugés pour nous. Je t'engage à causer avec lui le moins possible, sans cependant lui dire d'abord que nous te l'avons défendu, ce qui serait désobligeant; mais, s'il cherchait à t'attirer à des conversations particulières, tu lui diras que nous désirons que tu profites de la récréation pour jouer, et non pour causer d'autre chose que de vos jeux.

CHARLES. — Il y va souvent, lui, au théâtre, et quand son papa et sa maman ne l'emmènent pas, il me dit qu'il fait enrager sa bonne, et qu'il ne veut pas se coucher.

Mme EDMOND. — Voilà sans doute pourquoi il a une si pauvre mine. Ecoute-moi bien, mon bon Charles; cet enfant ne peut en aucun point être un ami pour toi, et je suis très peu flattée de la préférence qu'il te témoigne.

CHARLES. — Ah! c'est sans doute parce que nous demeurons dans la même maison, et qu'il pense que que tu me permettras d'aller jouer avec lui, quand il n'a personne pour s'amuser.

Mme EDMOND. — Mon pauvre enfant, tu aurais tout à perdre et rien à gagner dans une pareille liaison. Juge toi-même, seulement d'après les questions qu'il t'a faites. Que lui importe que j'aie de belles robes, et que j'aille au théâtre! Cet enfant, tu le vois, n'a l'esprit occupé que de frivolités.

M. EDMOND. — Je serais bien trompé s'il fait un bon élève.

CHARLES. — Il se plaint toujours qu'il a mal quelque part, il ne peut pas travailler aussi bien qu'un autre.

Mme EDMOND. — Ce n'est pas étonnant qu'il ne jouisse pas d'une bonne santé, ayant une vie peu réglée; les friandises qu'on lui laisse manger, contribuent aussi à l'altérer.

VICTORINE. — Chère maman, on est bien heureux quand on a des parents qui font attention à tout.

M. EDMOND. — Tu dis vrai, ma fille; les enfants sont heureux quand ils ont une mère comme la vôtre, qui sait s'imposer tous les sacrifices, dès qu'il peut en résulter quelque avantage pour vous.

Mme EDMOND. — Mon ami, tu sais bien que les choses que je me refuse, ne sont pour moi l'occasion d'aucun sacrifice, puisque je me trouve parfaitement satisfaite avec ce que le bon Dieu m'a donné.

M. EDMOND. — Parce que tu sais trouver ta satisfaction dans ton devoir.

Mme EDMOND. — C'est que mon devoir m'offre toutes les joies que je puis désirer.

M. EDMOND. — Si toutes les mères pensaient de même, quel bien immense elles feraient à la société !

Mme EDMOND. — Si tous les pères te ressemblaient, mon ami, les mères aimeraient sans doute mieux leur intérieur, et se plairaient à l'accomplissement des devoirs que le chef de la famille encouragerait et partagerait lui-même. Comment pourrais-je désirer des plaisirs que je ne connais même pas, et qui me détourneraient de mes plus douces joies !

M. EDMOND. — Ce serait justement parce que tu ne les connais pas, que tu pourrais les désirer. Vois Mme Dolmert; elle a été élevée, comme toi, par une mère chrétienne, vraiment digne de ce nom : à peine a-t-elle été mariée, elle s'est éprise du théâtre, au point de laisser ses enfants malades au soin d'une bonne pour aller entendre tel acteur en renom, ou voir telle pièce dont on parlait dans le monde, et qu'elle n'avait pas encore vue.

Mme EDMOND. — Si son mari avait été plus raisonnable, elle aurait porté dans son ménage, les goûts simples et laborieux qu'elle avait étant jeune fille. Mais il a voulu qu'elle connût ces plaisirs, la conséquence pouvait, plus ou moins, se prévoir.

M. EDMOND. — Et moi aussi, j'ai été peu raisonnable, mais toi, tu l'as été pour nous deux.

Mme EDMOND. — Non, mon ami ; tu m'as seulement proposé ces plaisirs, mais tu ne m'as pas témoigné que tu serais mécontent si je te refusais. De ta part, c'était presque une amabilité ; tu me laissais parfaitement libre.

M. EDMOND. — Comme tu sais toujours m'excuser ! Elève ta fille, ma chère Léonie, comme tu as été élevée toi-même, et puisse-t-elle toujours te ressembler !

Mme EDMOND. — Que notre Charles soit le digne fils de son excellent père, et rien ne manquera à mon bonheur.

CHARLES. — Comme vous vous dites des choses aimables, et que je suis joyeux de vous entendre vous parler ainsi ! Il paraît que ce n'est pas de même chez M. et Mme Bellort ; Arthur m'a rapporté qu'ils se font souvent de bien mauvais compliments ; cela m'étonnait beaucoup ; et moi, je lui disais comme vous êtes bons, mais il n'avait pas l'air de bien me comprendre ; pourtant il est un peu plus âgé que moi.

Mme EDMOND. — Mon cher enfant, il faut fuir ce camarade. Comment, il va jusqu'à parler mal de ses parents, dévoiler leurs torts ! mais c'est affreux !

M. EDMOND. — Te rappelles-tu l'horreur que tu as témoignée, lorsque tu as entendu parler de ce malheureux paysan qui, dans un accès de colère, avait tué son père ?

CHARLES. — Oh ! oui, papa.

M. EDMOND. — Tu sais comment on appelle ce crime ?

CHARLES. — Un parricide, je crois ?

M. EDMOND. — Oui, un parricide ! Ce mot révolte la nature autant que la religion. Eh bien, mon ami, celui qui dit du mal de son père ou de sa mère, qui découvre des défauts qu'il devrait s'appliquer à cacher, celui-là commet un parricide moral, c'est-à-dire qu'il fait à son père et à sa mère tout le mal qu'il peut leur faire, sans les blesser dans leur corps.

CHARLES. — Oh ! papa, tu me fais peur ! Que je suis heureux de n'avoir que de bonnes choses à dire de toi et de maman ! car peut-être, s'il y avait eu quelque mal, me serais-je aussi laissé aller à en parler, en entendant Arthur.

Mme EDMOND. — Maintenant, vois-tu si nous avions raison de te dire qu'il faut connaître les gens avant de se lier avec eux ?

CHARLES. — Oh ! vous avez toujours raison. Ce n'était pas moi qui allais avec lui, c'était lui qui me recherchait toujours ; j'aime bien mieux jouer avec Georges, il ne me fait pas de questions, lui. Mais justement, voilà quinze jours qu'il est absent, parce que sa grand'mère, qui l'aime beaucoup, a demandé à le voir, et elle demeure loin.

VICTORINE. — Sidonie non plus ne me demande rien ; elle me raconte quelquefois des choses de chez elle, mais c'est si bon, ce qu'elle me dit ! cela me fait aimer sa maman, sans que je lui aie jamais parlé.

CHARLES. — Papa, est-ce que c'est mal d'aller au théâtre ?

M. EDMOND. — Écoute la réponse que fit un des

plus grands écrivains de ce siècle, M. de Châteaubriand, à un jeune homme qui arrivait de Lyon à
Paris, afin de poursuivre sa carrière scientifique et
littéraire. Après lui avoir adressé bien des questions
sur ses goûts, sur ses études, sur ses projets, il lui
demanda, en le regardant attentivement, s'il se pro-
posait d'aller au théâtre, Après un moment d'hési-
tation, le jeune homme lui répondit que sa mère lui
avait fait promettre de n'y jamais mettre le pied.
M. de Châteaubriand alors, l'embrassant affectueusement, lui dit : « Je vous conjure de suivre le con-
» seil de votre mère; vous ne gagneriez rien au
» théâtre, et vous pourriez y perdre beaucoup. » Je
m'en tiens à cette réponse.

CHARLES. — Papa, est-ce que tu sais qui était ce
jeune homme ?

M. EDMOND. — Oui, mon ami ; c'était le savant et
pieux Frédéric Ozanam, de si douce et si bénie mémoire.

CHARLES. — Est-ce qu'il est mort ?

M. EDMOND. — Hélas ! oui. Il est mort, il y a déjà
plusieurs années, en 1852 ; il est mort au milieu de
ses triomphes, beaucoup trop tôt pour ceux qui le
connaissaient et le chérissaient. Il était professeur
à la Sorbonne. C'est lui qui est le fondateur de cette
institution admirable des Conférences de Saint-Vincent de Paul.

CHARLES. — Papa, tu m'as promis que j'en serai,
dès que j'aurai l'âge.

M. EDMOND. — Ce sera une grande satisfaction
pour nous de voir ton nom inscrit sur ces listes ho-
norables.

CHARLES. — J'irai comme toi visiter les pauvres, leur porter du pain, des vêtements.

Mme EDMOND. — Oui, mon enfant, et des consolations; le pauvre se sent déjà moins malheureux, quand il voit qu'on se préoccupe de lui, qu'on le compte pour quelque chose. Je me rappelle l'émotion que me témoigna une pauvre femme un jour que, je ne sais à quel propos, je lui dis que je l'aimais. Elle me prit les mains avec transport, et me répéta plusieurs fois, les yeux pleins de larmes : « Vous m'aimez, madame, vous m'aimez ! oh ! que je suis contente ! »

VICTORINE. — Maman, et moi aussi, je serai de la Conférence de Saint-Vincent-de-Paul, n'est-ce pas?

Mme EDMOND. — Non, ma fille, il n'y a que des messieurs dans cette association charitable; mais tu seras d'une autre qui rend les mêmes services aux pauvres.

VICTORINE. — Oui, Charles sera comme papa, et moi, je serai comme toi. Mais tu m'emmènes déjà chez tes pauvres. Nous irons bientôt voir la bonne mère Brigitte, je n'ai plus que pour deux jours d'ouvrage à la chemise que tu me fais faire pour elle.

Mme EDMOND. — Oui, chère petite; applique-toi toujours bien à ce travail.

VICTORINE. — Oh ! oui, c'est pour les bons amis du bon Dieu.

M. EDMOND. — C'est dans une de ces réunions de charité que j'ai connu mon cher Richard !

CHARLES. —Ah ! M. Richard ! après mon oncle, c'est le monsieur que tu aimes le mieux; aussi nous sommes contents quand nous le voyons, parce que nous savons qu'il te fait plaisir, et puis que nous l'aimons bien aussi.

M. Edmond. — Je lui ai une reconnaissance éternelle, parce qu'il m'a détourné de commettre une faute; c'est de ce moment-là que date notre intimité.

Victorine.— Alors, moi je dois bien aimer Sidonie, et l'aimer toujours, parce que bien des fois elle m'excite à apprendre mes leçons, quand je veux faire la paresseuse, et, la semaine dernière, elle m'a empêchée d'aller me plaindre à la sous-maîtresse de surveillance de ce qu'une élève, à qui je ne voulais pas prêter mon bébé, avait renversé ma boîte de perles, en m'appelant méchante.

Mme Edmond. — C'est toujours ainsi que l'on reconnaît ceux qui sont dignes qu'on leur accorde affection intime et confiance. Pour ceux qui n'ont avec nous que des rapports de plaisirs, de distractions, même les plus légitimes, les plus honnêtes, il faut avoir avec eux simplement des rapports de bienveillance, de politesse, mais ne pas se livrer, c'est-à-dire ne leur faire jamais de confidences, ne pas leur dévoiler tout ce qu'on pense au sujet de telle ou telle affaire, de telle ou telle personne. On s'attire souvent bien des chagrins pour manquer à cette règle de conduite, que dicte la plus simple prudence. Il ne faut pas que notre intérieur soit comme un lieu public, où tout le monde puisse pénétrer, il doit toujours y avoir un sanctuaire réservé, où l'on n'admet que les amis.

Charles. — Oh ! papa, je tâcherai de me rappeler ce bon conseil, car je comprends comme on peut se laisser entraîner au mal par un mauvais camarade.

EXERCICE.

Quelle était la plus délicieuse récréation de M. et Mme Édmond Belmain ? Où se prenaient souvent ces récréations ? Pourquoi dans ce lieu ? Qu'était Arthur Bellort ? Que demandait-il à Charles ? Qu'est-ce qu'un parricide moral ? Quelle était l'opinion de M. de Chateaubriand sur les théâtres ? Qu'était Frédéric Ozanam ? Que faut-il surtout témoigner aux pauvres ? Quelle promesse M. Edmond avait-il faite à son fils ? Qu'était M. Richard ? Comment M. Edmond l'avait-il connu ? Quel service lui avait-il rendu ? A quoi peut-on reconnaître ceux qui méritent estime et confiance ? Quelle promesse fit Charles à son père ?

———

V. — VOYAGE EN NORMANDIE.

M. Jules Belmain avait promis à ses enfants qu'après la première communion d'Henri, il leur ferait faire un petit voyage. Il fut décidé qu'on visiterait les côtes de la Manche, comme étant les plus proches, et, vers la fin de juin, la famille arriva à Dieppe, sous-préfecture du département de la Seine-Inférieure.

On se rendit d'abord à l'église de Saint-Jacques, où l'on admira les gracieuses sculptures qui ornent la chapelle de la Vierge, et sa tour, qui ressemble beaucoup à notre tour Saint-Jacques de Paris, puis on se dirigea vers le port. La mer, la mer! s'écria Henri, du plus loin qu'il l'aperçut;

papa, que c'est beau! que c'est grand! que c'est magnifique! Et, quand il fut arrivé sur la jetée, il ne
pouvait détacher ses regards de ce spectacle incomparable qu'il voyait pour la première fois. Les sites
riants de la charmante vallée où se trouve la ville,
le coup d'œil que présente la plage, avec ses hautes
et blanches falaises, si belles quand le soleil couchant les éclaire, tout lui arrachait à chaque instant
des cris de surprise et d'admiration. On s'arrêta
souvent devant les merveilles de patience et de délicatesse que les ouvriers de Dieppe confectionnent
avec l'ivoire; cette industrie est particulière à la
ville depuis la fin du XIVe siècle, mais c'était sans
cesse vers le rivage qu'Henri attirait ses parents.

Le port est un des plus importants de la Manche;
il y a à Dieppe un bel établissement de bains de
mer. Il fallut aller voir sur la jetée de l'ouest une
maison qui sert de demeure au gardien du phare;
l'inscription qu'elle porte la rend vénérable à tous.
On y lit: « Napoléon-le-Grand, récompense nationale
à Jean-André Bouzard, pour ses services maritimes. »
Jean Bouzard était un intrépide marin qui, pendant
les tempêtes, avait sauvé un nombre considérable
de naufragés. Cette intrépidité héroïque reste héré-
ditaire dans sa famille.

—Papa, dit Henri, c'est le nom de cet homme que
je veux écrire le premier sur mes notes : Jean-André
Bouzard, marin de Dieppe.

—Tu as raison, cher enfant, rien ne rend l'homme
plus grand, plus digne de la vénération et de l'amour
de ses semblables, que le dévouement poussé jusqu'au sacrifice de sa vie.

M. Jules rappela que c'est du port de Dieppe que sortirent les premiers navigateurs français, qui formèrent des établissements sur les côtes d'Afrique.

La famille ne manqua pas d'aller saluer la statue que Dieppe a élevée au célèbre amiral Duquesne, un de ses plus nobles enfants.

En suivant le littoral de la Manche, on vit la ville très-ancienne de Fécamp, le Tréport, qui existait du temps de César, et où s'élève un magnifique château.

— Papa, s'écria Juliette, que de pêcheurs nous avons rencontrés depuis quelques jours !

M. Jules. — Oui, beaucoup ; les deux tiers des habitants de ces villes maritimes se livrent à la pêche sur les côtes : ce sont eux qui en grande partie alimentent Paris de marée fraîche. Dieppe arme de gros navires pour la pêche de la morue et de la baleine.

Henri. — Il faut qu'ils aillent loin pour les chercher, car je crois que c'est surtout du côté de l'île de Terre-Neuve qu'on pêche la morue.

M. Jules. — Oui, sur la côte des Etats-Unis, dans l'Amérique du Nord.

Mme Jules. — Pauvres gens ! c'est un rude métier. J'ai promis ce matin à la femme d'un maître pêcheur que nous assisterons demain à la messe qui se dira pour son mari : c'est demain qu'il met en mer une barque neuve, sur laquelle il part avec un de ses fils.

Henri. — Oh ! je prierai de tout mon cœur !

Juliette. — Et moi aussi.

Le lendemain, dès le point du jour, la famille se

faisait un devoir et un bonheur de se joindre à ces hommes, dont la foi semble encore plus touchante sous la rudesse extérieure de leurs manières. Après la messe, tous entonnèrent un cantique local et de circonstance, et accompagnèrent le curé, qui alla bénir et baptiser la nouvelle barque.

HENRI. — Je note cette édifiante cérémonie ; c'est celle qui m'a le plus touché depuis celle de ma première communion. Oh ! si Charles était ici, comme il ferait des questions et des remarques ! Il est si intelligent ! il a un si grand désir de s'instruire !| Je veux faire une bonne provision de souvenirs pour lui en faire part.

M. JULES. — Je te remercie pour ton cousin. C'est ainsi qu'il faut toujours agir, c'est-à-dire, autant qu'on le peut, ne jamais garder le plaisir pour soi tout seul.

HENRI. — J'ai toujours remarqué qu'on jouit mieux du plaisir que l'on partage.

— Oh ! mais on dirait qu'on est à Paris, s'écria Juliette en parcourant les principales rues du Havre ; vois, maman, les beaux magasins, il n'y a pas de différence avec ceux de Paris.

— Voilà deux statues dont tu m'as parlé, papa, dit Henri en arrivant sur le port ; je n'ai pas besoin de regarder le nom qui doit être gravé au bas, c'est celle de Bernardin de Saint-Pierre, qui a écrit les *Etudes et les Harmonies de la nature,* et celle de Casimir Delavigne, qui a fait la tragédie de *Louis XI,* celle des *Enfants d'Edouard,* et d'autres encore, à ce que tu m'as dit. Tu m'as fait apprendre quelque chose de ces deux auteurs.

M. Jules. — Te rappelles-tu avoir lu dans Bernardin de Saint-Pierre quelle est la propriété de l'eau de mer ?

Henri. — Oui, papa, je m'en souviens. L'eau de mer a la propriété de dissoudre les matières animales qui s'y trouvent en si grande quantité, et qui y engendreraient une corruption effrayante sans cette propriété, que lui donnent le sel et les différentes substances dont elle est chargée. Ainsi, si l'on jette un animal mort dans la mer, au bout d'un certain temps, on n'en retrouve plus que les os, parfaitement blancs et nettoyés.

Ce fut au Havre que la famille s'embarqua pour la première fois sur un bateau à vapeur, pour traverser l'embouchure de la Seine, qui a environ 8 kilomètres, ou deux lieues, du Havre à Honfleur. Juliette n'était pas très-rassurée, mais Henri ne se possédait pas de joie, et répétait, chaque fois que quelque chose de nouveau s'offrait à son admiration : « Ah ! si Charles était là ! » Juliette ne dit pas grand chose pendant la traversée, elle était un peu indisposée, ce qui tracassait fort son frère. Quand on fut en vue de la côte de Grâce, qu'on aperçut le Christ gigantesque qui s'élève au sommet de la colline, devant la petite chapelle, que tant de milliers de pèlerins ont déjà visitée, Henri ne put contenir son transport : Oh ! qu'on a bien fait de mettre là ce Christ et cette chapelle ! C'est pour le pauvre matelot une bénédiction et une espérance au départ, un salut de fête au retour. Papa, monterons-nous jusque là ?

M. Jules. — C'est exprès pour faire après tant

d'autres, ce pieux pèlerinage, que nous sommes venus à Honfleur, où ce motif seul pouvait nous attirer.

En effet, après s'être un peu reposés de la traversée, on gravit la côte de Grâce, et l'on arriva enfin au sommet, émus et ravis. Après avoir prié, contemplé, admiré, on retourna au Havre par la même voie. Il restait à visiter les bassins du port, les chantiers de construction pour les navires de commerce. Tout cela sembla bien beau, bien curieux à voir; on allait d'admiration en admiration, et, sans avoir vu d'autre port, il ne semblait pas étrange que Casimir Delavigne se fût un jour écrié, sans doute en contemplant des terrasses d'Ingouville, la riante vallée, la ville hérissée de navires, et le paysage si étendu et si varié :

> Après Constantinople, il n'est rien de plus beau.

La famille quitta le Havre, que Louis XII a fondé, que François Ier a fortifié, et se dirigea vers l'antique capitale de la Neustrie, Rouen, aujourd'hui chef-lieu de préfecture du département de la Seine-Inférieure.

Que de choses à voir dans cette ville, qui, pour l'importance, n'a de rivales que Lyon et Marseille ; la Seine y amène des navires de 200 tonneaux. On s'extasia devant la cathédrale, devant l'église de Saint-Ouen, qui est vraiment la merveille de Rouen, et un des chefs-d'œuvre du style gothique.

« Que c'est beau, papa, que c'est beau ! » ne

cessait de répéter Henri, en admirant la magnifique rosace de la façade, les galeries à balustrades légères comme une dentelle, et les chapelles, et la nef, dans laquelle, comme il le disait en en sortant, on ne peut s'empêcher de prier. Ce qui le charma singulièrement, ainsi que Juliette, ce fut de voir la voûte de l'église se réfléchir en entier au fond d'un grand bénitier de marbre adossé à l'un des piliers.

HENRI. — Papa, je me rappelle que c'est dans cette ville qu'est né Pierre Corneille, dont tu aimes à me faire apprendre les vers magnifiques ; la ville de Rouen ne lui a-t-elle pas rendu le même honneur que le Havre à son Casimir Delavigne ?

M. JULES. — Rouen n'aurait pu se montrer ingrate à ce point. Gagnons un pont qui s'appuie sur la pointe de l'île de la Croix. Au centre du terre-plein, nous pourrons saluer la statue en bronze de l'illustre Pierre Corneille, cet homme si simple et si grand, dont le génie, comme celui de beaucoup de grands hommes, a été contesté de son vivant. Cet homme, qui a enrichi notre littérature de ses chefs-d'œuvre, était si dénué des biens de la fortune, qu'on le vit une fois entrer dans l'échoppe d'un savetier et s'asseoir sur un escabeau, pour attendre qu'on raccommodât sa misérable chaussure.

HENRI. — Il me semble, papa, qu'il paraît encore plus sublime dans cette bassesse apparente ?

M. JULES. — Corneille était un homme fort religieux, je crois t'avoir dit qu'il a traduit toute l'*Imitation* en vers, et qu'il en fit hommage au pape. Il cherchait si peu à attirer l'attention, qu'à peine se serait-on aperçu de sa présence dans une société, si l'on n'avait pas su qu'il fût là; il parlait peu et de la manière la plus modeste.

HENRI. — Oh ! je l'aime ! Je serai content de voir sa statue !

M. Ju...s. — D'autant plus qu'elle est fort belle ; elle est de M. David d'Angers.

Les jambes des enfants, et même celles de Mme Jules, commençaient à se fatiguer ; il fut donc décidé qu'on resterait quelques jours à Rouen, afin d'examiner à loisir cette ville populeuse et commerçante, dont le nom a retenti plus d'une fois dans l'histoire. On faisait les courses le matin, et, l'après-midi, Henri prenait des notes sous la direction de son père ; Juliette s'essayait aussi à cet utile exercice sous la conduite de sa mère. Ce fut pendant ces heures consacrées au travail d'intelligence et de mémoire, qu'Henri obtint la permission d'écrire à son cousin la lettre suivante :

« Mon cher Charles,

» Nous avons tant de plaisir dans le charmant voyage que papa nous fait faire, que je ne cesse de regretter que vous ne soyez pas tous avec nous, mais toi surtout, qui donnes tant d'attention aux choses belles ou utiles que tu n'as pas encore vues, et qui récoltes partout où tu en trouves l'occasion. Pour me consoler un peu de te savoir là-bas, les yeux sur tes cahiers, pendant que les miens embrassent un horizon si vaste et si magnifique, je tâche de retenir le plus possible, pour te donner à mon retour une idée au moins de tant de richesses en tous genres.

» En ce moment, nous sommes à Rouen, où nous

allons passer quelques jours, et je suis tout heureux de ce temps d'arrêt, qui me permet de te faire part de ce qui m'a le plus intéressé des choses nouvelles que j'ai apprises. Papa a la bonté de m'aider un peu afin que ma narration soit plus exacte.

» Tu sais que Rouen est la capitale de l'ancienne Normandie. Cette province n'a pris ce nom que depuis que Charles-le-Simple l'a cédée aux terribles pirates venus du Nord, qui causèrent en France tant d'effroi, et y commirent tant de ravages, depuis la fin du règne du grand Charlemagne. Ce bon prince, prévoyant jusqu'où ils pousseraient leur audace, versait des larmes en les voyant remonter les fleuves sur des bateaux plats, et venir incendier et piller les monastères et les villages, sans être retenus par le respect qu'inspirait son nom glorieux. Las d'une lutte désespérée et toujours renaissante, Charles-le-Simple, en 911, entra en accommodement avec Roll ou Rollon, leur chef, lui donna sa fille Giselle en mariage, et lui abandonna, à titre de duché, toute la côte qu'on appelait alors la Neustrie, dont le pirate s'était violemment emparé. Les Normands se convertirent au christianisme, mais ils furent toujours des vassaux peu soumis, surtout depuis que Guillaume-le-Conquérant, un des successeurs de Rollon, fut devenu roi d'Angleterre, après une victoire qu'il remporta. La Normandie, qui avait été pendant trois siècles détachée de la France, y fut réunie par Philippe-Auguste, en 1204, après le crime de Jean-sans-Terre.

» On nous a montré, sur le bord de la Seine, le lieu où s'élevait autrefois la Vieille-Tour, dans laquelle ce roi retenait prisonnier le jeune Arthur de Bretagne, son neveu, dont il usurpait les droits, en s'emparant de la couronne d'Angleterre. On dit que ce pauvre enfant, au travers des barreaux de sa prison, suivait souvent des yeux le cours du beau fleuve qui en baignait le pied, et qu'il portait envie aux ondes que rien n'enchaînait, et qui couraient librement à la mer.

» Une nuit, le cruel Jean débarqua au bas de la tour, en fit sortir son neveu, et l'égorgea de ses propres mains dans le bateau même, après le courageux refus que lui fit l'Anglais qui l'accompagnait, de porter les mains sur son prince. Jean jeta ensuite dans la Seine le corps de l'innocent enfant, mais des pêcheurs le trouvèrent, et découvrirent ainsi le crime. Notre roi Philippe-Auguste cita le coupable à comparaître devant la cour des pairs, et, sur son refus, s'empara de la Normandie. Pendant la démence de Charles VI, les Anglais la reprirent, mais ils ne la gardèrent que trente ans; Charles VII les chassa entièrement de la France.

» J'étais triste en écoutant le récit de la mort d'Arthur; j'exécrais la mémoire de Jean-sans-Terre, et je pensais combien le désir de posséder, d'agrandir sa position, peut rendre cruel, puisqu'un prince a été jusqu'à tuer un enfant, et l'enfant de son frère, pour s'emparer de la couronne! Je me suis rappelé les fils de Clodomir, massacrés aussi par leurs oncles Childebert et Clotaire. Tu connais ce trait. J'ai pris de nouveau la résolution de remercier toujours le bon Dieu de ce qu'il me donne, comme me l'apprend ma bonne mère, et de ne jamais désirer rien de plus que je ne dois avoir. Puis je plaignais ce pauvre petit prince de mon âge, enfermé dans cette tour après la mort de son père, Geoffroy Plantagenet; j'allais presque aimer cet Anglais, qui refusa de le frapper, et puis je lui en voulais de ne pas avoir empêché un crime qu'il craignait de commettre lui-même. Alors papa m'a dit qu'il est bien facile de faire le mal, et quelquefois bien difficile de faire le bien. Je pense que ce récit t'intéressera comme il m'a intéressé moi-même.

» J'en ai un autre bien touchant à te faire, un récit que Rouen me fournit encore, et qui est peut-être encore plus triste que le massacre du jeune Arthur de Bretagne. C'est le supplice de Jeanne d'Arc. Tu n'en es pas encore là dans tes leçons d'histoire de France, mais tu as déjà peut-être entendu parler de cette jeune fille, qui a sauvé la France, et que les Anglais ont brûlée vive. Eh bien, j'ai traversé la place de la Pucelle, qu'on a appelée ainsi parce que c'est là qu'elle mourut, dévorée par les flammes d'un bûcher. Lorsque les Anglais voulaient prendre la ville d'Orléans, Jeanne était venue des champs de la Lorraine, où elle était née, et où elle vivait comme une sainte, et elle avait dit aux seigneurs et au roi Charles VII : « Je ne suis qu'une pauvre gardeuse de brebis, mais bien certainement Dieu m'a commandé de venir ici pour empêcher les Anglais de prendre la ville; et quand Orléans [sera délivré, je conduirai le roi à Reims, pour que Monseigneur l'Evêque lui donne l'onction sainte, puis après, je m'en retournerai à mes champs. »

» Elle avait fait ainsi qu'elle l'avait annoncé, mais

après le sacre du roi, on ne voulut pas la laisser partir. Elle se jeta dans Compiègne pour la défendre, et, dans une sortie que firent les assiégés, elle fut prise par les Bourguignons, qui la vendirent aux Anglais. Ceux-ci, pour donner un prétexte à leur odieuse vengeance, l'accusèrent de plusieurs crimes, et après lui avoir fait subir toutes sortes d'outrages, la traînant de cachot en cachot, la nourrissant *du pain de l'opprobre et de l'eau d'angoisse,* ils l'amenèrent enfin à Rouen, dont ils étaient maîtres alors, et se couvrirent d'une honte éternelle en la condamnant à une mort barbare. On jeta dans la Seine les cendres de la pauvre Jeanne, qui n'a pas pu avoir l'honneur d'un tombeau; mais sa mémoire vivra dans les nobles cœurs, tant que la France sera chère à ses enfants.

» Je n'ai pas voulu visiter autre chose, après avoir vu le lieu témoin d'une action si détestable; nous sommes rentrés à l'hôtel, et le nom de Jeanne est revenu bien des fois dans notre conversation. Nous avons rappelé combien elle était simple et modeste, et comme elle avait confiance dans la mission que Dieu lui avait donnée, assurant jusqu'au dernier moment, devant ses bourreaux, que sainte Catherine et saint Michel lui étaient réellement apparus dans plusieurs visions, et l'avaient pressée d'accomplir ce que Dieu demandait d'elle. Elle a payé de sa vie sa noble audace; mais, bien sûr, elle serait moins grande, si elle était retournée à son village après le sacre du roi. Le bon Dieu qui l'avait présentée à l'admiration de ses concitoyens, voulut que cette admiration durât toujours, et posa sur son front la plus belle des couronnes, la couronne du martyre. Comme papa me voyait revenir sans cesse sur les circonstances douloureuses de cette mort, il m'a promis que l'année prochaine il me mènera à Orléans, qui ne parle que de la gloire de Jeanne. Oh! quel bonheur si tu peux être de ce voyage!

» Nous avons vu à Rouen le dernier pont qu'il y a sur la Seine; on dit qu'il a 197 mètres de longueur; il est construit de manière à pouvoir s'ouvrir au milieu, pour laisser passer les vaisseaux. J'entendais tout le monde qui admirait ce pont; moi, j'ai trouvé surtout qu'il est bien long, et que la Seine qui coule dessous est bien large. Tu n'as pas d'idée du mouvement qu'il y a, non-seulement à Rouen, mais dans tous les villages qui l'environnent; partout, des fabriques de cotonnades et d'indiennes; partout on voit s'élever les grandes cheminées des usines. C'est l'industrie et le commerce déployant toute leur activité. Je suis enchanté de faire ce joli voyage, mais je reviendrai tout de même avec un bien grand plaisir dans notre petit chez-nous, si tranquille, si agréable, surtout quand vous venez y passer une journée. Prépare-toi à entendre des descriptions à perte de vue. Au revoir, mon cher Charles; nous vous embrassons bien tous. »

« Mon cher Henri,

» Si tu savais comme j'ai été joyeux quand maman m'a remis ta lettre! Tu es bien gentil de penser à moi pendant ce beau voyage; mais nous ne vous oublions pas non plus ici. Justement dans la récréation

j'avais beaucoup parlé de toi avec Georges Sainville,
tu sais, le camarade que j'aime le mieux à la classe,
un bien bon élève, qui a un charmant caractère.
Nous disions : « Est-il heureux, Henri, d'aller voir la
mer ! » Moi, qui ai déjà tant de plaisir à voir la Seine,
j'en aurais encore bien davantage à voir la mer, que
l'on dit si grande. Papa a tâché de me faire comprendre la largeur de la Seine à Rouen ; j'ai été
bien étonné, je t'assure ; moi, je croyais que les rivières étaient tout du long à peu près de même largeur ; aussi je n'en revenais pas, quand il m'a dit
que la nôtre n'est d'abord qu'un faible ruis-
seau, qui jaillit d'une hauteur couverte de bois,
et qui ne devient une rivière de plus en plus
large que parce que d'autres ruisseaux viennent s'y
réunir. Je l'écoutais avec beaucoup d'attention ;
j'aime beaucoup, tu sais, à entendre parler de toutes ces grandes choses. Il m'a dit que les fleuves
sortent assez souvent d'un lac, alors ils sont larges
tout de suite. Moi, je ne connais que le lac d'Enghien, sur lequel nous nous sommes si fort amusés
un jour. Mais papa m'a dit que ce lac n'est qu'une
cuvette d'eau auprès de ceux dont les noms sont
dans la géographie. Ce que c'est quand on n'a rien
vu encore, on s'extasie pour peu de chose ; maintenant, toi aussi tu trouveras le lac d'Enghien bien
petit auprès de la grande mer. Papa m'a dit que la
Néva, qui passe à Saint-Pétersbourg, sort du lac
Ladoga, et que le Volga, le plus grand fleuve de
l'Europe, sort du lac Selinger, au nord-est de la
Russie. Comme me voilà savant ! Tu me parles
d'histoire, eh bien, je te réponds géographie. Je

sais encore que les fleuves ont aussi quelquefois leur source dans de petites élévations situées au milieu des plaines; mais le plus souvent ils se forment dans les grandes chaînes de montagnes, qui sont toujours couvertes de neiges et de glaces ; ces neiges et ces glaces fondent et se renouvellent continuellement, et produisent sans arrêt des masses d'eau énormes. — Papa m'a dit aussi qu'il y a des cours d'eau qui s'engouffrent sous terre, quelquefois pour tout-à-fait, et d'autres fois pour reparaître plus loin. Tout cela est bien curieux.

» Quand nous nous verrons, nous parlerons d'Arthur de Bretagne et de Jeanne d'Arc, que j'aime bien. Je me hâte de t'envoyer ma lettre, parce que mon oncle a écrit à papa que vous quittez Rouen demain. Regarde bien et écoute bien, mon cher Henri, je compte sur toi; pense que tu fais provision pour deux. Je vous embrasse bien tous. »

EXERCICE.

Quelle est l'industrie spéciale de Dieppe ? Quelles statues de bronze voit-on au Havre ? Qui a fondé le Havre ? Quelle est la merveille de Rouen ? Quel rang tient cette ville parmi les principales villes de France? Quels tristes souvenirs rappelle-t-elle ? Quelle statue voit-on sur le terre-plein du pont qui s'appuie sur l'ile de la Croix ? Quel était le caractère de Pierre Corneille ? Etait-il riche ? Où est le dernier pont de la Seine ? Quelle en est la longueur ? Comment se forment les fleuves? Quel phénomène extraordinaire présentent-ils quelquefois ?

VI. — UN PEU DE COSMOGRAPHIE.

CHARLES. — Papa, regarde, je te prie, comme le

soleil est beau là-bas; on dirait qu'il se revêt d'une nouvelle magnificence, afin que nous le regrettions davantage, quand il aura disparu. Pourquoi s'en va-t-il? pourquoi ne le voyons-nous pas toujours?

M. Edmond. — Nous ne le voyons pas toujours, parce que nos yeux se fatigueraient de sa lumière; vois même comme cette lumière nous est ménagée avec précaution. Elle ne nous arrive pas tout d'un coup, mais elle apparaît lentement et par degrés; faible et blanche, dans ce qu'on appelle l'aube ou le point du jour; plus vive et colorée, dans l'aurore, ce moment qui précède le lever du soleil; puis cet astre se montre au-dessus de l'horizon, mais ses rayons nous arrivent obliquement, et l'éclat en est encore tempéré par les couches d'air qu'ils traversent alors, et qui sont plus denses, c'est-à-dire plus serrées, plus épaisses, que celles qu'ils traversent à midi, parce que ces couches sont plus près de la terre.

A partir de midi, moment où nous disons que le soleil passe au méridien, parce qu'il est à une égale distance du point de son lever et de son coucher, le soleil redescend vers l'horizon, mais de l'autre côté du ciel; les mêmes phénomènes que nous avons admirés le matin, se renouvellent, mais en sens inverse, c'est-à-dire que la lumière décroît insensiblement, le soleil disparaît au-dessous de l'horizon; mais le ciel conserve encore quelques instants les reflets de ses beaux rayons; puis vient le crépuscule du soir, puis la nuit.

Charles. — C'est vrai, papa, que c'est bie arrangé comme cela, je n'y avais jamais réfléchi;

mais où va donc le soleil, quand tu dis qu'il descend au-dessous de l'horizon ?

M. Edmond. — Il ne change pas de place, c'est la terre qui tourne devant lui ; le spectateur qui s'éloigne du soleil, emporté par le mouvement de rotation de la terre, croit que le soleil le quitte, mais c'est lui qui s'en va regarder un autre point du ciel, où le soleil n'est pas.

Charles. — Qu'est-ce que c'est qu'un mouvement de rotation ?

M. Edmond. — C'est le mouvement qu'un corps exécute sur lui-même ; la toupie que tu as lancée, exécute un mouvement de rotation.

Charles. — Et la terre tourne comme ma toupie ?

M. Edmond. — Précisément, et c'est ce mouvement si simple et si sagement ordonné, qui nous donne toutes les heures qui composent ce que nous appelons un jour, c'est-à-dire 24 heures.

Charles. — Oh ! voilà encore quelque chose d'intéressant à savoir, explique-moi cela, je te prie. Moi, je vois le soleil qui paraît le matin là-bas à droite, qui toute la journée fait sa promenade dans le ciel, puis disparaît le soir à gauche, et tu me dis : « Le soleil n'a pas quitté sa place, c'est la terre qui a tourné devant lui ; » cela me semble bien extraordinaire.

M. Edmond. — Cela peut te paraître extraordinaire en effet, puisque pendant des siècles, les hommes les plus savants ont pensé, comme toi, que c'est le soleil qui tourne autour de la terre, tandis que le contraire est parfaitement prouvé aujour-

d'hui. Mais on tenait tant à cette idée, il semblait
tellement peu raisonnable d'admettre le mouvement
de rotation de la terre, qu'un célèbre mathémati-
cien qui le soutint sérieusement, fut mis en prison,
comme ayant avancé une chose irrespectueuse pour
les Livres saints ; cependant le bon Dieu ne nous a
fait dire nulle part que la terre ne tourne pas.

CHARLES. — Comment donc s'appelait ce savant-
là ? Il avait bien de l'esprit pour s'imaginer une
chose si étonnante, surtout quand tout le monde
pensait autrement ?

M. EDMOND. — Ce savant s'appelait Galilée ;
il ne fit que suivre et enseigner le système énoncé
déjà quelques temps avant lui, par un autre savant,
le prussien Copernic, qui découvrit que le soleil occupe le centre de notre monde, et que la terre et les
planètes se meuvent autour de cet astre, en plus ou
moins de temps les unes que les autres, suivant qu'elles en sont plus ou moins éloignées, et que leur mouvement est plus rapide. Notre planète à nous, c'est-
à-dire la terre, accomplit la route qu'elle parcourt
autour du soleil en 365 jours, ce qui fait notre
année. Ce mouvement est un mouvement de trans-
lation.

CHARLES. — Comment, la terre tourne encore
autour du soleil tout en tournant déjà comme une
toupie ! Voilà qui est fort ! et dire que je ne m'en
aperçois pas, qu'il ne me semble pas du tout que
je bouge même.

M. EDMOND. — Certainement que nous ne nous
en apercevons pas, parce que nous sommes empor-
tés non-seulement avec la masse de la terre, mais

encore avec la couche d'air qui l'environne, et qui a à peu près vingt lieues d'épaisseur.

CHARLES. — Dis-moi d'abord, je te prie, comment ce mouvement de toupie...

M. EDMOND. — De rotation.

CHARLES. — Oui, de rotation, nous donne les 24 heures de la journée?

M. EDMOND. — Tu veux dire encore « et les différentes manières dont nous arrive la lumière pendant ce temps? »

CHARLES. — Oui, c'est cela.

M. EDMOND. — Ce n'est pas difficile à comprendre, suis-moi bien. Le soleil est immobile à un certain point de l'espace; la terre est devant lui. Mais si la terre ne tournait pas sur elle-même, le même point de sa surface serait toujours éclairé, et les autres, toujours plus ou moins dans l'ombre, suivant qu'ils seraient plus ou moins éloignés du point qui regarderait le soleil.

CHARLES. — Je comprends bien cela.

M. EDMOND. — Bon. Le point qui regarde juste le soleil dit: « Il est midi, » mais celui qui est juste de l'autre côté de la terre, à une égale distance à droite et à gauche du point qui a midi, celui-là dit: « Il est minuit. » Il n'aperçoit pas le moindre reflet du soleil. Celui qui est juste au milieu de l'espace qui sépare ces deux points, dit : « Il est six heures du matin. » S'il est du côté où l'on va commencer à voir le soleil; celui qui est du côté où l'on va le voir disparaître dit : « Il est six heures du soir. » Entre ces quatre points de midi, de minuit, de six heures du matin et de six heures du soir, il est facile de placer toutes les autres heures.

CHARLES. — Je crois que cela commence à se débrouiller dans mon esprit. Combien la terre met-elle de temps, en tournant, à ramener le même point juste devant le soleil?

M. EDMOND. — Vingt-quatre heures.

CHARLES.—Ah! oui, c'est vrai, puisqu'on dit : « Il y a vingt-quatre heures dans un jour, » et que chaque jour nous avons un midi, un minuit, un six heures du matin et un six heures du soir. Ah! je suis content de savoir cela, qu'il y a toutes les heures en même temps sur la terre. Mais ce serait la même chose si le soleil se promenait autour de la terre, comme il semble le faire, en apportant à chaque endroit, à l'un après l'autre, et la lumière et la chaleur.

M. EDMOND. — Il n'y a qu'une difficulté à cela, c'est que le soleil est un million trois cent mille fois plus gros que la terre, qu'il en est éloigné de trente-quatre millions de lieues, et qu'il n'est pas admissible qu'un corps d'un volume aussi prodigieux parcoure chaque jour des millions de lieues pour éclairer un petit corps comme la terre. Imagine-toi cette grande et belle maison que tu vois d'ici décrivant un cercle immense autour de ta balle, pour produire exactement le même effet que produirait ta balle en tournant une fois sur elle-même.

CHARLES. — Oh! ce n'est pas possible. Mais on le croyait autrefois?

M. EDMOND. — Parce qu'on ne connaissait ni le volume, ni la distance du soleil.

CHARLES. — Ce que c'est que d'être ignorant, on dit comme moi de grosses balourdises; ce serait vraiment, si l'on y pensait toujours, à ne plus oser parler. — Ainsi la terre est beaucoup plus petite que le soleil, et cependant on marche bien long-temps sur la terre avant d'en avoir fait tout le tour, et le soleil, il paraît si petit, qu'on croirait pouvoir le couvrir tout entier avec une feuille de mes cahiers.

M. EDMOND. — Ce qui te prouve une fois de plus, cher enfant, qu'il ne faut jamais s'entêter dans ses propres idées, ni dire : « Je ne veux pas croire cela, parce que je ne le comprends pas. »

CHARLES. — Oh ! non, il vaut mieux ne rien dire, et écouter parler ceux qui savent. Mais, papa, moi, je pourrai savoir aussi bien des choses quand je serai grand ?

M. EDMOND. — Sans doute, mon ami, si tu étudies avec application et avec réflexion.

CHARLES. — Oh ! je le désire beaucoup, car c'est bien beau de savoir ; c'est ce qu'il y a de plus beau, n'est-ce pas, papa ? Quand on est bien instruit, on peut rendre de grands services.

M. EDMOND. — Sans doute ; mais il y a cependant quelque chose d'infiniment plus beau que la science.

CHARLES, *vivement.* — Eh quoi donc, papa ?

M. EDMOND. — C'est la vertu, c'est-à-dire un amour profond de tout le bien que l'on doit faire, et un grand zèle à l'accomplir.

CHARLES. — Ah ! oui, c'est vrai ; mais on peut savoir beaucoup de choses et aimer tout de même à aller voir les pauvres ; cela ne m'empêcherait pas d'être de la société de Saint-Vincent de Paul.

M. EDMOND. — Non certainement, car Frédéric

Ozanam était un homme d'un savoir remarquable, et d'une charité non moins grande.

CHARLES. —Ah ! cela me console. — Tiens, papa, voilà que le soleil a tout-à-fait disparu. Comment appelles-tu la lumière que nous avons maintenant ?

M. EDMOND. — C'est le crépuscule du soir.

CHARLES. —Ah ! oui, la lumière faible et douce qui est avant la nuit. Ah ! voilà la lune qui nous montre son beau croissant d'argent. Est-ce qu'elle est, comme le soleil, plus grosse que la terre ?

M. EDMOND. — Oh ! non ; la lune est environ cinquante fois plus petite que la terre.

CHARLES. — Cinquante fois plus petite que la terre ! et le soleil est... combien m'as-tu dit de mille fois plus gros que la terre ?

M. EDMOND. — Un million trois cent mille fois plus gros que la terre.

CHARLES. — Voilà qui est extraordinaire ! ils paraissent presque de la même grosseur.

M. EDMOND. — Ne comprends-tu pas ce qui peut causer cette ressemblance apparente dans une si énorme différence ?

CHARLES. — Je crois... je vais peut-être dire une maladresse... mais n'est-ce pas parce que le soleil est bien plus loin de nous que la lune, que, quoique sa grosseur soit bien plus considérable, il paraît avoir à peu près la même.

M. EDMOND. — C'est justement cela.

CHARLES. — Ah ! je suis content de l'avoir trouvé. Mais il me vient une idée ; puisque la terre tourne devant le soleil, et qu'il est toutes les heures en même temps sur la terre, si quelqu'un partait de

Paris, et, allant tout droit au-devant du soleil, qu'il fît cent lieues, par exemple, comment sa montre se trouverait-elle en rapport avec les montres de l'endroit où il arriverait?

M. EDMOND. — Voilà une bonne question, dont je suis encore plus content que de ta réponse de tout-à-l'heure, parce qu'elle me prouve que tu réfléchis.

CHARLES. — Il le faut bien ; M. Duvaloir nous dit toujours « réfléchissez, réfléchissez. »—J'écoute ton explication.

M. EDMOND. — Eh bien, la montre que je suppose très-bonne, ayant conservé exactement l'heure de Paris, serait de 23 minutes 31 secondes en retard sur les montres de l'endroit où l'on serait arrivé, ayant suivi une ligne droite au-devant du soleil. Cette différence ne serait pas la même à toutes les latitudes, à cause de la forme ronde de la terre. Tu comprends que plus on s'éloigne du grand cercle imaginaire qui partage la terre en hémisphère du nord et en hémisphère du sud, moins les cercles qui lui sont parallèles sont grands. A l'équateur, un degré vaut 25 lieues ordinaires de France, de 4444 mètres 4 dixièmes ; à la latitude de Paris, il vaut 17 lieues.

CHARLES. — Ah ! oui, j'ai vu cela à la classe sur la sphère ; mais voyons, que je ne me perde pas. Tu dis qu'en faisant 100 lieues en partant de Paris, et allant au-devant du soleil, il y a une différence de 23 minutes 31 secondes, donc la montre de Paris est en retard ; eh bien, si l'on allait de l'autre côté, ce serait donc la montre de Paris qui serait en avance sur l'endroit où l'on arriverait?

M. Edmond. — Sans doute.

Charles. — Mais, papa, il doit être utile à quelque chose de savoir cela ?

M. Edmond. — Très-utile ; c'est au moyen de cette différence d'heure, qui donne ce que l'on appelle la *longitude*, combinée avec la *latitude*, qui fait connaître aux marins le point précis où ils se trouvent, quand ils sont comme verdus sur l'immensité des mers.

Charles. — Ah ! alors je crois bien que c'est utile ! Papa, dis-moi, je te prie ce que c'est que la longitude et la latitude.

M. Edmond. — La longitude est la distance qui se trouve entre un endroit et un méridien de convention, c'est-à-dire choisi pour servir de point de départ. Ainsi nos marins de France prennent pour premier méridien, ou point de départ, le grand cercle qui passe par l'Observatoire de Paris, et, d'après la différence de l'heure que marque leur montre marine en avance ou en retard sur l'heure du lieu où ils sont, ils savent à combien de degrés de longitude orientale ou occidentale, ils se trouvent du méridien de l'observatoire de Paris.

Charles. — Pourquoi dis-tu orientale ou occidentale ?

M. Edmond. — Parce que, comme tu le disais toi-même, en partant de Paris, on peut aller vers le point où cette ville voit le soleil se lever, et alors la longitude est orientale ; l'heure de la montre de Paris est en retard sur celle du lieu où l'on se trouve ; ou l'on va vers le point où Paris voit le soleil se coucher, et alors la longitude est occidentale, et l'heure de Paris est en avance sur celle du lieu où l'on fait l'observation.

CHARLES. — Oh ! je crois que j'ai compris. Mais jusqu'où peut-on aller ainsi, en comptant longitude orientale et longitude occidentale ? Il me semble que ce doit être jusqu'au point qui a minuit quand l'Observatoire de Paris a midi.

M. EDMOND. — Parfaitement; et ce point est à 180 degrés de distance à droite ou à gauche du point de départ, c'est-à-dire juste à la moitié du cercle sur lequel on compte la longitude, puisqu'on a adopté de diviser tous les cercles en 360 parties égales, que l'on appelle degrés. — Naturellement les degrés d'un petit cercle sont plus petits que les degrés d'un grand cercle, puisqu'il faut toujours qu'il s'en trouve 360 dans le cercle.

CHARLES — Je crois que je connais maintenant la longitude. Tu m'as dit tout-à-l'heure « une montre marine, » je pense que ce doit être celle dont les marins se servent pour conserver l'heure de l'endroit d'où ils sont partis.

M. EDMOND. — C'est cela.

CHARLES. — Mais tu m'as parlé d'autre chose que les marins ont encore besoin de connaître pour savoir juste à quel endroit de la terre ils se trouvent; j'ai oublié le nom.

M. EDMOND. — C'est la latitude.

CHARLES. — Ah ! oui, la latitude; mais qu'est-ce que c'est ?

M. EDMOND. — La latitude est la distance qui se trouve entre un endroit de la terre et l'équateur. L'équateur est le grand cercle imaginaire qui partage la terre en deux parties égales, en hémisphère septentrional et en hémisphère méridional. C'est le cercle que décrit le soleil aux jours des équinoxes, c'est-à-dire aux deux époques de l'année où les jours sont égaux aux nuits par toute la terre, où le soleil se lève à six heures du matin et se couche à six heures du soir.

CHARLES. — Alors pour la latitude, c'est l'équateur qui est le point de départ, et pour la longitude, c'est un méridien choisi.

M. EDMOND. — Très-bien.

CHARLES. — Mais la latitude, comment se trouve-t-elle? Ce ne peut être par la différence d'heure, puisqu'elle est dans le sens de haut en bas ou de bas en haut, et que la longitude est dans le sens de droite à gauche ou de gauche à droite.

M. EDMOND. — On trouve la latitude d'un lieu, c'est-à-dire sa distance de l'équateur, par l'élévation d'une étoile, qu'on appelle l'étoile polaire, au-dessus de l'horizon de ce lieu.

Cette élévation de l'étoile polaire se trouve facilement au moyen d'une lunette fixée à un quart de cercle. — Tu comprends maintenant que quand on connaît la longitude et la latitude d'un lieu, sa distance du méridien choisi et sa distance de l'équateur, on en connaît la position exacte sur la terre.

CHARLES. — Sans doute. Ah ! je suis bien content de savoir cela. Eh bien, je pourrai m'amuser à chercher l'heure qu'il est dans différentes villes, en regardant la longitude sur la carte ?

M. EDMOND. — C'est une distraction que tu pourras te donner facilement, les méridiens étant tracés

sur certaines cartes de quinze degrés en quinze degrés, ce qui donne justement une heure, puisqu'un
degré donne 4 minutes de temps, et qu'il y a 60 minutes dans une heure; 4 fois 15 font 60.

CHARLES. — Pourquoi dis-tu 4 minutes de temps,
est-ce qu'il y a d'autres minutes?

M. EDMOND.— Oui, il y a aussi les minutes de degré, c'est-à-dire qu'après avoir partagé un cercle
en 360 parties égales, que l'on appelle degrés, on
divise chacun de ces degrés en 60 autres parties
égales que l'on appelle minutes, et les minutes en
60 parties que l'on appelle secondes. Ainsi on dit
que Paris est à 48 degrés 50 minutes, 13 secondes
de latitude septentrionale.

CHARLES. — Ah ! papa, que je te remercie de m'a-
voir expliqué tout cela. Quelle bonne soirée je viens
de passer, tout en respirant la fraîcheur de ces
beaux feuillages et de ces parterres.

M. EDMOND. — Maintenant, voici la nuit, nous
allons rentrer. Il y a quelque temps que l'on
n'entend plus les oiseaux; quelques fleurs ont déjà
refermé leurs corolles comme pour dormir, nous
allons faire comme les oiseaux et les fleurs. Et dis,
ne trouves-tu pas que le bon Dieu a encore admira-
blement bien arrangé cette distribution du temps,
le repos venant chaque nuit ranimer nos forces;
car la nuit est essentiellement économe et répara-
trice; elle suspend les besoins et les travaux de la
plupart des hommes. Combien aspirent après ce
calme bienfaisant quand le jour ne leur a apporté
qu'un pénible labeur!

CHARLES. — C'est vrai, papa; et, cette fois, je ne

réfléchissais pas, quand je demandais pourquoi nous ne voyons pas toujours le soleil, je ne pensais pas au repos dont nous avons besoin. Ah! M. Duvaloir a bien raison, quand il nous dit : « Réfléchissez, réfléchissez. » — Mais tu me disais que les oiseaux se taisent quand vient le soir ; ils ne se taisent pas tous, car c'est seulement quand la lumière a disparu, que le rossignol se met à chanter ; je l'ai entendu une fois, tu sais, quand j'ai couché chez mon oncle.

Je m'étais éveillé la nuit, parce qu'il faisait bien chaud, et j'ai entendu cette délicieuse musique, qui me semblait belle comme les plus doux cantiques de l'orgue. Je me plaisais tant à l'écouter, que je ne voulais plus m'endormir. Le lendemain matin, je demandai à mon oncle quel était l'oiseau charmant qui avait chanté la nuit dans le verger ; je fus bien étonné quand il me répondit que c'était un petit oiseau, dont l'extérieur n'a rien qui attire le regard, mais dont le gosier ne le cède en rien à celui d'aucun autre oiseau. C'était un rossignol. Il avait fait son nid dans une touffe d'arbustes au bout du verger, et c'était lui qui m'avait tant charmé. Mais c'est fâcheux que son plumage ne soit pas en rapport avec la beauté de ses chants.

M. Edmond. — Et pourquoi? Aurais-tu éprouvé plus de plaisir à l'écouter, s'il eût été revêtu de plumes brillantes?

Charles. — Non, sans doute, puisque je ne le voyais pas.

M. Edmond. —Et quand même tu l'aurais vu, son plumage sombre eût-il ôté quelque chose à l'harmonie incomparable de ses chants? Quand une personne d'esprit ou de cœur porte un vêtement commun, en a-t-elle moins d'esprit, moins de cœur?

Charles. — Non, mais...

M. Edmond. — Le rossignol est assez richement doté; il peut se contenter de son vêtement d'un brun roussâtre, il n'en est pas moins le premier musicien de la création.

Charles. — C'est peut-être parce qu'il ne chante que la nuit, parce qu'il se cache, que le bon Dieu ne lui a pas donné les belles couleurs d'un papillon, par exemple.

M. Edmond. — C'est possible. Le rossignol est l'emblème du véritable mérite, qui fait part aux hommes des dons qu'il a reçus, sans rechercher leur admiration pour lui-même.

EXERCICE.

Comment recevons-nous la lumière du soleil? Le soleil tourne-t-il autour de la terre. Qu'est-ce qu'un mouvement de rotation? Comment y a-t-il toutes les heures en même temps sur la terre? Quel est le savant qui a soutenu que la terre tourne? Qu'est-ce que le prussien Copernic a découvert? La terre n'exécute-t-elle qu'un mouvement de rotation? Pourquoi n'est-ce pas le soleil qui tourne autour de la terre? Qu'est-ce que la longitude. Comment la trouve-t-on? Peut-on savoir quand on le veut quelle heure il est en ce moment dans telle ou telle ville. Qu'est-ce que la latitude? Comment la trouve-t-on? A quoi sert la connaissance de la longitude et de la latitude. Quelles sont les principales qualités de la nuit? Quel est l'oiseau qui chante quand les autres se taisent? De quoi le rossignol est-il l'emblème?

VII. — SUITE DU VOYAGE EN NORMANDIE.

Lettre de Henri à Charles.

« Mon cher Charles,

» Je t'écris d'une ville bien piquante, car elle est pleine d'épingles et d'aiguilles ; c'est te dire que nous sommes à L'Aigle, la ville de France où il s'en fabrique le plus.

» Comme je sais que tu es très curieux, c'est-à-dire que tu aimes beaucoup à t'instruire, j'ai pensé te faire plaisir en te parlant de l'industrie très-utile, à laquelle se livrent les habitants de ce chef-lieu de canton. Je te rappelle que L'Aigle est dans le département de l'Orne. — Papa m'a dit qu'avant qu'on eût inventé les épingles, on se servait de petites chevilles ou brochettes très-aiguës et très-fines en bois dur, ou en ivoire, quelquefois même d'épines.

» Les premières épingles ont été fabriquées en Angleterre, vers l'an 1545, il y a un peu plus de 300 ans. Tu ne te fais pas une idée, mon cher Charles, de toutes les opérations par lesquelles passe une épingle, avant d'être livrée au commerce ; c'est incroyable de voir l'agilité et l'adresse de ceux qui les confectionnent.

» Ce petit objet, auquel nous attachons si peu de valeur passe par les mains de 18 ouvriers.

» Elles sont ordinairement en laiton, qui est un alliage de cuivre et de zinc ; on en fait aussi en cuivre et en fer. Les épingles noires doivent leur couleur à un mélange d'huile de lin et de noir de fumée. Quand toutes les opérations sont terminées, qu'on a donné le dernier poli aux épingles blanches en les faisant bouillir sur un plat d'étain dans une eau de crème de tartre, alors qu'elles ne laissent plus rien à désirer, on les livre à des enfants, qui, sous la surveillance d'une femme, les placent par 25 sur des papiers. Pauvres enfants! le plus habile ne parvient pas à gagner plus de deux francs par semaine, et j'en ai vu là qui sont de notre âge. Que nous devons nous trouver heureux, nous, d'avoir le temps de nous instruire, et de prendre encore de bienfaisants délassements! combien nous devons en être reconnaissants au bon Dieu !

» C'était ce que mon père me disait en me faisant remarquer le teint maladif de ces pauvres petits. (Henri ne dit pas ici, mais son bon ange le sait, qu'il a trouvé moyen de faire passer, sans être vu, une pièce de monnaie de sa poche dans la main de l'enfant qui lui avait paru le plus misérable.) — Après avoir vu la fabrication des épingles, nous avons voulu voir aussi celle des aiguilles, papa m'a dit qu'on attribue l'invention de cet instrument à Énoch, un des patriarches qui vivait avant le déluge. Quand les hommes commencèrent à se couvrir de tissus, il fallut bien trouver le moyen de joindre les morceaux, de les ajuster au corps, alors l'aiguille fut inventée; mais qu'elle était loin de cette perfection à laquelle nous la voyons parvenue maintenant! On dit, ce qui me contrarie, qu'en ce genre d'industrie, nos ouvriers sont dépassés par les Anglais et par les fabriques prussiennes d'Aix-la-Chapelle et de Borcette, et cependant leur travail est admirable. Les bonnes aiguilles se font avec des fils d'un acier très-pur. Ici, la même activité, la même adresse que dans les fabriques d'épingles. On polit les aiguilles en les faisant rouler les unes sur les autres, après les avoir mises en petits paquets, et les avoir placées entre deux couches d'émeri arrosé d'huile. Il est peut-être bon que je te dise que l'émeri est une pierre fort dure, qu'on appelle corindon ferrifère, qui, réduite en poudre, sert à polir les métaux, les glaces, les pierres fines et les verres d'optique. Je crois que ma tante en a une pelote dans un petit seau d'ivoire. Quand l'aiguille se rouille, on la passe dans cette pelote d'émeri, et elle reprend son poli, son brillant. Je me rappelle ce que nous disions un jour, que ces aiguilles, fabriquées avec tant de soins, qui nous semblent si lisses, si polies, vues au microscope, ne sont plus que des barres de fer pleines de crevasses, tandis que l'aiguillon d'une abeille, vu de la même manière, conserve toute sa ténuité, tout son brillant.

» Comme je parlais à papa de la commodité d'avoir des épingles, au lieu de ces chevilles et de ces épines dont on se servait avant la découverte de ce petit instrument, il me dit qu'il y a bien d'autres choses dont nous nous servons journellement pour les usages les plus simples, qui nous semblent indispensables, et dont cependant nos ancêtres étaient privés, telles par exemples que les cuillers et les fourchettes, dont on ne commença à se servir en Italie qu'il y a environ 860 ans. L'usage même n'en pénétra que fort lentement dans les autres parties de l'Europe. Quelle figure penses-tu que nous ferions, mon cher Charles, si l'on plaçait des mets devant nous, sans nous donner en même temps, pour nous aider à les saisir, ces instruments de propreté et de commodité, une cuiller et une fourchette !

» Mais quelque chose qui n'était pas moins incommode, c'était la privation de linge. Avant qu'on eût découvert le moyen de faire de la toile avec le chanvre, on portait sur la peau des vêtements de laine qui produisaient des maladies. Il n'y a guère que quatre à cinq cents ans, qu'en dessous de ces vêtements, qui devaient être si durs, on s'est mis à porter ce premier vêtement de tissu de chanvre ou de coton, dont tu sais le nom, et qui nous semble si désirable. Je ne sais si tu te rappelles ce conte oriental que papa nous a rapporté un jour ; ce prince qui ne devait guérir d'un ennui mortel que s'il pouvait se procurer la chemise d'un homme qui se trouvât heureux. Après avoir cherché longtemps, il rencontre enfin cet homme tant favorisé, mais hélas ! ce n'est ni la fortune, ni la jouissance des commodités de la vie qui font le bonheur ; cet homme, qui se proclamait heureux, n'avait pas de chemise !

» Cela me rappelle avec quelle sollicitude ma bonne mère veille à ce que les petits enfants d'une pauvre femme que nous connaissons, puissent toujours, chaque dimanche, renouveler ce vêtement, car la propreté est une des premières lois de l'hygiène.

» Tu sais que l'hygiène est la science de conserver la santé. Chez les païens, la déesse de la santé s'appelait Hygie.

» Au revoir, mon cher Charles, je veux terminer ma lettre à ce mot de *santé*. Je te charge de mes tendresses pour tous. Si tu m'écris d'ici trois jours, adresse-moi ta lettre à Cherbourg ; nous devons y être jeudi. »

Lettre de Charles à Henri.

« Mon cher Henri,

» Si tu savais comme ta lettre m'a fait plaisir, et comme je t'en remercie ! Je n'avais jamais fait attention à ces deux petites choses, pourtant si utiles, une surtout ; et voilà que tu me dis que toute une ville trouve dans leur fabrication des moyens d'existence. Je me suis mis à regarder une épingle, et en la tournant et retournant dans mes doigts, je me redisais ce que tu m'écris, que 18 ouvriers avaient dû appliquer leur adresse à la confection de ce petit objet, que nous prodiguons si facilement, et je n'en revenais pas de surprise. Puis je pensais aux pauvres enfants que tu as vus employés dans ces fabriques, et comme toi, je remerciais le bon Dieu de la position qu'il nous a donnée. L'aiguille a attiré mon admiration encore davantage. Comment peut-on arriver à les faire si fines, si polies, si régulières ; et ce petit trou si petit, comment vient-on à bout de le percer ! Ah ! les hommes sont bien habiles, quoique la nature travaille encore mieux qu'eux.

» Sais-tu que je ne me trouverais pas à l'aise du tout, si j'étais privé de ce vêtement de dessous, que l'on tisse avec du fil de chanvre ou du coton ? Je ne suis pas fâché de n'être venu au monde que quand on a eu inventé toutes ces choses, que les anciens ne connaissaient pas. Papa m'a dit que la Bretagne presque entière se livre à la fabrication des toiles. C'est surtout à Quintin, dans le département des Côtes-du-Nord, que se fabriquent celles qui sont destinées à l'exportation, c'est-à-dire à sortir de France, à être portées dehors.

» A Loudéac, dans le même département, les deux tiers des habitants s'occupent de cette industrie.

» Les toiles que l'on fabrique dans l'arrondissement de Dinan, portent le nom de toiles de Combourg.

» La culture du lin se fait en grand dans ces endroits; celle du chanvre y a aussi de l'importance.

» Il paraît que la préparation du lin et celle du chanvre exigent des opérations très-nuisibles à la santé de ceux qui s'y livrent, celle surtout que l'on appelle le *rouissage*, qui consiste à laisser tremper les tiges dans l'eau, assez longtemps pour que les parties qui donnent le fil se nettoient et se séparent en brins : l'eau dans laquelle se fait cette opération, se corrompt, et laisse exhaler des émanations pernicieuses à la santé des hommes et des animaux. Cette pensée a un peu diminué la joie que j'avais de pouvoir me servir de linge. Alors papa m'a dit que ce n'est qu'au prix des plus grands sacrifices, c'est-à-dire en exposant sa santé et sa vie, que l'homme parvient à faire des progrès sur la route de l'industrie, que ses désirs et ses connaissances élargissent tous les jours. Ainsi il faut aller chercher les métaux et les minéraux dans les entrailles de la terre, à de grandes profondeurs, et les en arracher avec des peines incroyables ; les malheureux plongeurs vont chercher les perles au fond de la mer. Bien sûr, cette pensée me viendra quelquefois quand j'admirerai les joyaux étincelants que l'on voit dans certains magasins, et cette pensée me sera triste, en me rappelant que bien des hommes peut-être ont péri pour procurer au luxe ces parures si chères à double titre.

» Comme, parmi nos provinces, c'est la Flandre qui produit le plus de lin, c'est celle aussi où on le file le mieux. Les toiles de Flandre sont fort estimées. C'est avec des lins dits *lins ramés* que l'on fait les batistes et les dentelles. Le lin de second choix, ou lin moyen, sert particulièrement aux services de table, et le lin de troisième choix, ou lin tétard, sert à faire le gros linge de ménage, tels que les draps.

» Mais ne te demandes-tu pas comme moi, mon cher Henri, comment on peut parvenir à tirer ces fils si fins, si beaux, d'une tige qui a encore assez de résistance? Maintenant que papa a la bonté de me faire remarquer les objets, de me les faire considérer sous toutes leurs faces, je vais d'admiration en admiration. Vraiment, il n'est pas raisonnable de dire avec assurance « on ne pourra pas faire telle ou telle chose, » car on a déjà fait tant de choses extraordinaires, que l'on ne peut dire où s'arrêtera le génie de l'homme. Et cependant, toutes ces jouissances n'ajoutent rien du tout à son bonheur, parce que nous ne pouvons pas trouver le bonheur dans les choses de la terre, où ne germé rien pour notre âme. Tu comprends, mon cher Henri, que je ne suis pas assez savant pour t'avoir écrit cette lettre tout seul ; tous les étonnements, toutes les surprises sont de moi, tout le reste est de papa, mais je suis bien content de te l'écrire. Papa ne veut rien me dire de Cherbourg, où tu dois recevoir ma lettre, il te laisse le plaisir de m'en parler toi-même.

» A bientôt, mon cher Henri. Je te charge de toutes mes commissions affectueuses. »

EXERCICE

Quelle est l'industrie particulière à la ville de L'Aigle ? Dans quel département est L'Aigle ? De quoi se servait-on avant qu'on connût les épingles ? Quand a-t-on fabriqué les premières épingles ? Par combien de mains passe une épingle ? Avec quoi fait-on ordinairement les épingles ? Comment leur donne-t-on un beau brillant ? Avec quoi fait-on les bonnes aiguilles ? Où fabrique-t-on les meilleures aiguilles ? Quand commença-t-on à se servir de cuillers et de fourchettes ? Avec quoi fait-on la toile ? Quelles sont les provinces de France où l'on fabrique le plus de toile ? Avec quoi fait-on le fil pour la batiste et pour la dentelle ?

VIII. — UN PETIT BONHEUR.

— C'est bien dommage, disait un soir Charles à son père, que mon parrain ne m'ait pas demandé ce que je désirais pour ma fête !

M. Edmond. — Pourquoi donc ? N'as-tu pas été enchanté de ce beau volume qu'il t'a donné ?

CHARLES. — Oh ! je t'assure, papa, que je lui en suis bien reconnaissant ; je trouve ce livre très-beau ; la reliure en est soignée, et il est très-intéressant ; mais maintenant que je l'ai lu plusieurs fois, je le sais par cœur, et, s'il m'avait donné ce que je désire, j'aurais eu beau le regarder bien des fois, je ne le saurais pas encore par cœur.

M. EDMOND. — Il est probable, mon cher enfant, que tu te serais lassé de l'objet que tu désirais, comme tu t'es lassé de celui que ton parrain t'a donné.

CHARLES. — Bien sûr que non ; on ne se lasse jamais des choses utiles ; tu me l'as dit toi-même, papa, on se dégoûte des mets recherchés, on ne se dégoûte pas du pain.

M. EDMOND. — Mais que désires-tu donc ?

CHARLES. — Ah ! papa, tu vas peut-être me dire que je ne suis pas raisonnable, puisque j'en ai déjà un ; mais il n'est pas assez complet, puis il est trop petit ; je voudrais avoir un bel Atlas comme celui de Georges, où l'on trouve tous les pays qui sont sur la Géographie. Tu sais que j'aime beaucoup la Géographie, mais ce n'est pas amusant, quand on ne trouve pas les pays sur la carte.

M. EDMOND. — Et combien donc coûte cet Atlas ?

CHARLES. — Je crois que c'est 7 fr. 50.

M. EDMOND. — Eh bien, gagne-le, tu auras encore plus de plaisir à le posséder, que si ton parrain te l'avait donné.

CHARLES. — Comment le gagner ?

M. EDMOND. — Commençons aujourd'hui. Tu viens de m'apporter un bulletin dont les notes sont très-satisfaisantes, voilà un franc pour première mise de fonds pour acheter ton Atlas.

Mme EDMOND. — Et voilà un autre franc pour accompagner le premier.

Charles se jette au cou de son père et de sa mère, et les remercie avec grande effusion de leur bonté. Il met ses deux francs dans un gentil porte-monnaie que sa tante lui a donné, se promettant bien de n'en rien retrancher, afin d'avoir plus vite son bel Atlas, car il s'était fait cette réflexion que, même en recevant deux francs pour chaque bon bulletin, ce qu'il ne pouvait pas se promettre, il serait encore quatre mois avant d'avoir l'Atlas, puisqu'à sa classe on ne donnait des bulletins que tous les mois. Cependant, il n'avait pas exprimé sa pensée à ses parents, il était trop bien élevé pour être exigeant.

Le dimanche se passa très-gaîment. Après la messe, on alla au bois de Boulogne, où l'on prit un joyeux et salutaire exercice. Charles se montrait toujours plein de prévenances pour sa sœur, qui le lui rendait cordialement; aussi les faibles nuages qui s'élevaient parfois entre eux, étaient bientôt dissipés. Le soir, M. Richard vint dîner avec sa famille, et la journée se termina dans les plus doux épanchements d'une sincère affection.

Comme les enfants ne se couchaient jamais tard chez M. Edmond Belmain, ils n'avaient jamais de peine à se lever, quand leur mère les appelait. Le lundi matin, Charles partit donc joyeusement à la classe comme de coutume, conduit par la bonne Madeleine. A trente pas de la maison, il rencontra une petite fille d'environ sept ans qui pleurait à chaudes larmes devant les débris d'un pot, dont l'anse seule était restée dans sa main. » Ma bonne, parlez donc, je vous prie, à cette pauvre enfant, dit doucement Charles à Madeleine. »

La bonne questionne la petite fille sur son accident. L'enfant répond qu'au moment où elle quittait le trottoir pour traverser la rue, un petit garçon qui courait, lui avait fait heurter le pot qu'elle tenait contre la roue d'une petite voiture, qui se trouvait arrêtée là, et qu'elle était bien malheureuse, parce que ce pot était à une bonne dame, qui, la veille, avait apporté dedans du bouillon à sa mère malade. Ce récit terminé, elle recommença à pleurer, en disant : « Oh ! quel malheur ! quel malheur ! Cette dame est si bonne pour ma pauvre mère ! et cependant ce n'est pas ma faute. »

Charles ne fut pas long à délibérer sur ce qu'il devait faire… « Ma bonne, est-ce qu'il est bien difficile de se procurer un pot semblable à celui-ci ? » dit-il en ramassant les morceaux, et en tâchant de les rajuster.

— Oh ! je ne crois pas, dit Madeleine, et il y a un faïencier à trois pas d'ici.

— Eh bien, ma bonne, je vous en prie, venez acheter un pot comme celui-ci, pour que cette pauvre petite n'ait plus tant de chagrin ; j'ai dans ma poche de quoi le payer, je pense.

Combien peut coûter ce pot à peu près, croyez-vous ?

— Vingt sous peut-être.

— Bon ; eh bien, allons. Vous savez, Madeleine, maman ne dit jamais rien quand je dépense mon argent à mon idée.

— Ah ! madame ne dit rien, parce que votre idée est toujours bonne ; et puis, comment vous gronderait-elle, elle en fait autant.

Le pot qui avait été brisé était d'une forme très-ordinaire, aussi, dès qu'on entra dans la boutique : « Oh ! on dirait que voilà mon pot raccommodé, s'écria la petite fille, en en désignant un du doigt. — Le pot fut marchandé, et Charles donna avec empressement une de ses deux pièces d'argent pour le payer. Puis, quand on fut sorti de la boutique, il se pencha vers la petite, et lui dit en lui mettant l'autre dans la main : « Votre maman est malade, achetez-lui quelque chose avec cela. » Se détournant ensuite vivement : « Dépêchons-nous, ma bonne, je vais arriver bien juste à la classe. »

Il est inutile de dire combien la journée fut bonne, combien Charles fut docile et appliqué. Aussi, lorsqu'il rentra à six heures, pour le dîner, il dit à ses parents, en les embrassant joyeusement : « Un bon baiser, encore un, encore un ! Ah ! ça a bien été aujourd'hui, j'ai eu une chance à tous mes devoirs, que j'en étais étonné moi-même ! Tu sais, papa, ce calcul dont je t'ai parlé l'autre jour, et que je trouvais si difficile, eh bien, aujourd'hui je l'ai expliqué comme l'aurait fait le grand Larcher, je crois. M. Duvaloir, qui justement assistait à la leçon, m'a fait mettre trois bons points de plus qu'on ne met d'habitude, et m'a dit que j'étais un bon petit élève. Je suis tout content de vous apporter ce mot-là.

Mme Edmond. — Père, qu'en penses-tu? moi, je crois que cela vaut bien une petite pièce de cinquante centimes pour l'atlas?

M. Edmond. — Certainement, j'approuve la proposition.

Et M. Edmond présente à Charles la pièce que sa mère avait désignée.

M. Edmond. — Si tu y vas de ce train, tu auras bientôt tes sept francs cinquante, voilà déjà le tiers en deux jours.

Charles (*d'un air un peu confus*). — Oui,... c'est vrai; mais... c'est que...

M. Edmond. — C'est que quoi? Tu crains que cela ne continue pas de même? Cela ne tient qu'à toi; tu vois que ta maman et moi nous sommes bien disposés. Cependant, il est très-vrai que nous désirons que tu le gagnes.

Charles. — Oh! oui, papa, cela semble bien meilleur.

M. Edmond. — Mais tu ne parais pas aussi content que je m'y attendais de cette petite augmentation de fonds.

Charles. — Je t'assure, papa, que je suis très-content, et que je te remercie beaucoup.

M. Edmond. — Ne dois-tu pas d'ailleurs avoir déjà quelques petites économies? (*en riant*) Me permets-tu de te demander à voir ta caisse?

Charles (*Présentant son porte-monnaie d'un air timide*). — La voilà.

M. Edmond. — Elle me semble bien légère, ta caisse (*l'ouvrant*). Je crois bien, il n'y a rien dedans! Ah! tu as peut-être donné tes deux francs à valoir,

et tu as promis de payer sur tes bénéfices à venir.
Cela ne me plairait guère.

CHARLES *vivement.* — Oh ! non, papa, bien sûr.

M. EDMOND. — Alors où se sont donc envolés les
deux francs de samedi au soir; tu n'as rien dépensé
hier à la promenade.

CHARLES *franchement joyeux.* — Eh ! je vais
vous le dire, ce que j'en ai fait de mes deux francs,
je me suis acheté un petit bonheur avec, en conso-
lant un grand chagrin.

M. EDMOND *tranquillement.* — Tu as bien fait,
c'était plus pressé que de t'acheter un atlas.

Le lendemain, lorsque Charles revint de la classe,
il trouva sur son petit bureau l'atlas désiré. Ah !
papa, s'écria-t-il, en se jetant dans les bras de son
père, que tu es bon !

M. EDMOND. — Mon ami, tu t'étais acheté un petit
bonheur, moi, je me suis acheté un petit plaisir.

EXERCICE.

De quoi Charles avait-il grande envie ? De quelle manière son
père l'engagea-t-il à se le procurer ? Quelle fut la première mise
de fonds ? A quoi passa cet argent? A quoi Charles avait-il réussi
devant son chef d'institution? Comment son père le récompensa-t-il?
Combien y avait-il alors dans son porte-monnaie ? Que dit-il à ses
parents qu'il s'était acheté ? Que s'acheta son père le lendemain ?

IX. — DES VOITURES.

CHARLES. — Je t'assure, papa, qu'il faut être bien
habitué au mouvement des rues de Paris, pour par-

venir à les parcourir sans se faire écraser ; on en a vingt fois l'occasion, pour peu qu'on aille d'un quartier à un autre. Est-ce que ce mouvement, ce croisement continuel des voitures a toujours été de la sorte?

M. EDMOND. — Il s'en faut de beaucoup, mon ami. Il y a cinquante ans, on ne voyait pas ces longues voitures chargées à l'intérieur et à l'extérieur, qui sillonnent Paris en tous sens, et dans lesquelles ou sur lesquelles ou peut monter moyennant 15 ou 30 centimes, quand on ne voit pas le fâcheux mot *complet* au-dessus de l'ouverture d'entrée. Autrefois, à moins de nécessité, il n'y avait que les gens quelque peu aisés qui allassent en voiture, parce que les moins chères, qui étaient les cabriolets, coûtaient 1 fr. 25 la course, sans le pourboire du cocher, endans la voiture, ce qui avait bien son désagrément.

CHARLES. — J'ai lu dans l'histoire de France, c'était ma leçon de mardi dernier :

> Quatre bœufs attelés, d'un pas tranquille et lent,
> Promenaient dans Paris le monarque indolent.

Les rois n'avaient donc pas alors de belles voitures, comme celles que nous voyons aujourd'hui? Et puis des bœufs, c'est plutôt l'attelage d'une voiture à foin, ou d'une charrue, que celle d'un roi !

M. EDMOND. — Le pas de ces paisibles animaux convenait pour une promenade, et leurs formes, moins sveltes que celles du cheval, étaient plus en rapport avec les lourdes voitures dont on se servait alors. On ne sait qui, le premier, s'est avisé de se servir de ces véhicules, mais ils furent longtemps si grossièrement construits, qu'ils ne devaient pas beaucoup accélérer la marche. Les anciens se servaient quelquefois de chars dans les combats ; ces chars, plus haut par devant que par derrière, n'étaient pas couverts. Pharaon en avait dans son armée, quand il poursuivit les Hébreux. A Rome, ils servaient pour les cérémonies du triomphe, ou pour porter en pompe les statues des dieux dans les jours de supplications ou de prières publiques. Les dames romaines avaient aussi des chars ; ceux-ci étaient couverts.

CHARLES. — Mais ces chars là ne devaient pas être aussi commodes que toutes les voitures de formes si élégantes et si variées, que l'on voit maintenant dans Paris. Je dis maintenant, puisque tu dis qu'il y a seulement cinquante ans que l'on fait des omnibus ; il est probable qu'il y en a bien d'autres que l'on ne faisait pas encore alors, et que l'on fait maintenant.

M. EDMOND. — Oh ! certainement ; chacun s'ingénie à perfectionner, comment les voitures n'auraient-elles pas aussi leurs modifications, plus ou moins heureuses ? Il y a bien loin sans doute des splendides carrosses que nous voyons parcourir les Champs-Elysées, à celui que la reine Marie d'Anjou, épouse du roi Charles VII, reçut en présent de l'Empereur Ladislas, en 1457 ; et cependant la chronique dit qu'il était « moult branlant et moult riche, » ce qui fait penser qu'il était suspendu.

CHARLES. — Si un empereur offrait une voiture en présent à une reine, il est à croire qu'il n'y en avait pas beaucoup en circulation ; les rues alors n'en étaient pas encombrées.

M. Edmond. — Elles étaient bien encombrées d'autres choses ! et puis elles étaient si étroites, qu'il eût été bien impossible que deux voitures s'y rencontrassent, sans que l'une d'elles ne fût obligée de rebrousser chemin à reculons.

Charles.—On se servait davantage de ses jambes, et, comme tu dis que l'exercice est bon, on ne devait que s'en mieux porter.

M. Edmond. — Il n'y a pas de doute ; mais les gentilshommes français et étrangers avaient tant de goût pour les exercices du cheval, que l'usage des voitures suspendues ne s'établit que peu à peu. Les dames mêmes allaient à cheval, comme les hommes, ou montaient en croupe derrière eux.

Charles. — Moi, je trouve qu'un homme a bien meilleur air à cheval que dans une voiture, à moins qu'il ne soit âgé ou malade.

M. Edmond. — En 1588, un prince d'Allemagne déplorait avec grande douleur que ses vassaux prissent l'habitude de « fainéanter et de se faire traîner dans des voitures. »

Charles. — Il avait bien raison. C'était bon pour des reines.

M. Edmond.—Ce fut Catherine de Médicis, épouse du roi Henri II qui, la première, eut un véritable carrosse. Le roi Henri IV n'en eut longtemps qu'un seul, et, un jour, il s'excusa auprès de son ami Sully, qui était souffrant, de n'être pas allé le voir, parce que la reine, Marie de Médicis, se servait du carrosse.

CHARLES. — Oh! voilà qui était bien singulier. Au moins ce carrosse-là était-il déjà bien ?

M. EDMOND. — Il était à peu près comme tous ceux de ce temps-là, ni élégant, ni commode ; au lieu de glaces, il y avait des rideaux ; et au lieu de portières, des tabliers en cuir, que l'on abaissait pour y entrer. Ce fut un seigneur de la cour de Louis XIII qui, le premier, fit construire un petit carrosse avec des glaces, mais l'usage s'en établit très-lentement. Le bon saint Vincent de Paul, devenu âgé, fut bien malheureux lorsque la reine Anne d'Autriche le contraignit à prendre un carrosse, quand il y avait nécessité qu'il sortît ; il en était tout honteux, et tâchait souvent de faire monter quelque pauvre à côté de lui, afin de ne pas se laisser aller à la vanité.

CHARLES.—J'aurais bien voulu avoir cette chance-là moi ! On se sert bien rarement du mot carrosse maintenant, on dit tout simplement une belle voiture, une voiture. Pourquoi donc y en a-t-il que l'on appelle des fiacres ? voilà un singulier nom !

M. EDMOND.—Les fiacres, ou voitures de louage à quatre places, furent ainsi nommées parce que le premier qui les établit, le sieur Sauvage, demeurait rue Saint-Martin, dans une maison qui avait pour enseigne l'image de saint Fiacre.

CHARLES. — Ah ! bien, je ne me serais pas douté que c'était le patron des jardiniers qui avait donné son nom à une voiture de Paris. Je ne me trompe pas, dis, papa, saint Fiacre est bien le patron des jardiniers ?

M. EDMOND. — Il a cet honneur ; tu te rappelles

bien avoir assisté à une de ses fêtes à la campagne.

CHARLES. — Oui, papa, à Joinville-le-Pont ; c'est là qu'il y avait de belles fleurs ! Eh bien je suis content qu'il y ait des voitures, parce qu'on a quelquefois grand besoin qu'elles viennent en aide aux jambes souffrantes ou fatiguées ; mais tant que les miennes seront aussi bonnes qu'elles le sont maintenant, je tâcherai de ne pas les laisser fainéanter, comme disait ce prince d'Allemagne, car c'est bien agréable de pouvoir s'en servir. Aussi je plains de tout mon cœur ceux que je vois marcher avec peine, ceux qui sont estropiés, qui sont obligés d'avoir des béquilles. Oh ! je t'assure, papa, que pour ceux-là surtout, je voudrais être saint comme les apôtres, pour avoir le pouvoir de leur dire : « Marchez ! » Quel bonheur ce serait !

M. EDMOND. — Le bon Dieu est toujours miséricordieux, même dans les afflictions qu'il nous envoie, et s'il ne nous permet pas de faire des miracles, c'est un devoir de prier pour tous ceux qu'on voit affligés, c'est une chose qui lui est très-agréable.

CHARLES. — Je t'assure, papa, que je n'y manque jamais.

M. EDMOND. — Tu fais très-bien, conserve cette excellente habitude.

EXERCICE.

Comment était l'équipage de promenade des rois de la 1re race ? Comment étaient les chars des anciens ? Quel présent reçut la reine Marie d'Anjou de l'empereur d'Allemagne ? Combien Henri IV avait-il de carrosses? Comment la reine Anne d'Autriche contrariait-elle saint Vincent de Paul? Comment le bon saint se dédommageait-il de cette contrariété? D'où vient le nom de fiacres? De quoi doit-on se réjouir quand on n'a pas de voiture?

X. — UN SOIR.

JULIETTE. — Pourquoi me fais-tu mettre une pélerine, bonne mère? il fait si bon sentir cette fraîcheur, après la journée si chaude que nous venons d'avoir?

Mme JULES. — C'est précisément parce que la journée a été brûlante, qu'il faut prendre des précautions, à cause du serein.

JULIETTE. — Qu'est-ce que c'est que cela, le serein?

M. JULES. —Le serein est une petite pluie fine qui tombe sans qu'on aperçoive de nuages au ciel. Dans nos climats, ce phénomène se manifeste seulement pendant l'été, et presque toujours au coucher du soleil. Il est surtout sensible dans les vallées, dans les plaines basses, à une petite distance des lacs et des rivières; il est beaucoup plus rare sur les lieux élevés.

HENRI. — Mais, papa, je ne comprends pas, une pluie sans nuages me semblait impossible.

M. JULES. — Cependant rien de plus facile à comprendre. Pendant la chaleur du jour, tous les corps humides donnent une grande quantité de vapeurs d'eau, qui se répand dans l'air sans en troubler la transparence, parce qu'elle y est en solution. Mais lorsque le soleil disparaît au-dessous de l'horizon, la température de l'air baisse de plus en plus ; la vapeur alors se condense, se resserre, selon le degré de refroidissement, et cette condensation produit le serein.

HENRI. — Alors le serein ressemble à la rosée ?

M. JULES. — Le serein peut être considéré comme le commencement de la rosée. Juliette comprend maintenant pourquoi sa maman l'engage à se couvrir. La grande chaleur de la journée a dilaté la peau, elle en a ouvert les pores ; il pourrait donc être dangereux de s'exposer à cette fraîche humidité ; il serait à craindre qu'elle ne causât une extinction de voix, un mal de gorge.

JULIETTE. — Ce que c'est quand on est ignorant, on fait bien des maladresses. Mais pourquoi dis-tu que la chaleur a ouvert... quoi donc ?

M. JULES. — Les pores de la peau, c'est-à-dire les petits espaces vides, les petits trous, qu'offre notre peau, et qui deviennent plus grands par l'effet de la chaleur.

HENRI. — Ah ! oui ; je me rappelle, papa, que tu m'as dit qu'un des effets du calorique est de causer une augmentation de volume dans les corps, de les rendre plus gros ; alors tu comprends, Juliette, que les trous deviennent plus larges par la même raison.

JULIETTE. — Pourquoi y a-t-il des petits trous dans notre peau ?

HENRI. — Dis donc des pores.

JULIETTE. — Ah ! ça a l'air trop savant ! mets des pores, si tu veux.

M. JULES. — Je pourrais te dire qu'il y a des pores à notre peau pour livrer passage à la transpiration, qui nous est si nécessaire, qui nous rafraîchit, alors que l'air qui nous entoure est très-chaud ; mais il y a aussi des pores dans tous les corps, même dans les plus durs, même dans ceux dont les parties semblent le plus serrées, le plus compactes.

JULIETTE. — Ah ! c'est singulier.

M. JULES. — N'as-tu pas remarqué, l'autre jour, lorsque Jean a nettoyé la fontaine, qu'il y a dedans une pierre qui en sépare l'intérieur en deux parties, dont l'une, plus petite, paraît absolument fermée par la pierre. C'est dans cette partie que tombe l'eau qui s'est clarifiée, en passant au travers de la pierre ; tu comprends donc qu'il faut que cette pierre soit poreuse, c'est-à-dire pleine de petits trous, qui laissent passer l'eau, mais qui retiennent les ordures qui peuvent s'y trouver, voilà pourquoi il est nécessaire de nettoyer cette pierre de temps en temps.

JULIETTE. — Je ne me serais pas imaginé que l'eau passait au travers d'une pierre.

HENRI. — Il y a bien d'autres choses va, ma petite sœur, qu'on ne s'imaginerait pas, mais qu'il est bien intéressant d'apprendre. J'ai été bien étonné ce matin d'entendre Jean se fâcher de ce que le grand baquet fuyait, et Françoise en avait besoin pour un savonnage. Je lui demande si le baquet ne pourra plus servir, ou comment il va faire pour le raccommoder. « Je vais aller le tremper dans la rivière, m'a-t-il répondu ; si on ne l'avait pas laissé sans eau, il ne fuirait pas. » Je n'ai pas osé lui demander plus d'explication, mais d'où venait donc cela, papa ?

M. JULES. — C'est tout simplement parce que la sécheresse avait resserré les fibres du bois ; l'humidité, en y pénétrant, les écarte et en diminue les pores, alors il ne fuit plus, les parties en étant mieux jointes. Tu sauras maintenant qu'il faut toujours tenir les tonneaux, les seaux, les baquets dans un lieu frais et humide, ou y conserver de l'eau, si l'on ne veut pas qu'ils se détériorent.

HENRI. — J'aurais été bien loin pour chercher le moyen de remettre le baquet en état, et ce moyen était des plus simples, des plus faciles à trouver et à exécuter, mais il fallait le connaître, il fallait savoir. Je le sais maintenant, mais combien d'autres choses que j'ignore, et qui sont près de moi, qui se passent à chaque instant sous mes yeux !

M. JULES. — Patience, mon ami ; avec ta bonne volonté, ton désir de t'instruire, tu arriveras, non pas à être un savant peut-être, et ce n'est pas nécessaire, mais au moins à connaître ce qu'il est utile et agréable de savoir des phénomènes que nous voyons chaque jour.

JULIETTE. — Papa, j'ai remarqué que tu as dit tout à l'heure que la transpiration rafraîchit ; ce n'est donc pas la même chose que la sueur ?

M. JULES. — Pourquoi cela ?

JULIETTE. — Parce que c'est quand on a bien chaud qu'on transpire.

M. JULES. — Oui, mais cela n'empêche pas qu'il

soit très-vrai que la transpiration rafraîchit; que les personnes qui transpirent souffrent moins de la chaleur que celles qui ne transpirent pas.

JULIETTE. — Je croyais justement le contraire.

M. JULES. — Tu étais dans l'erreur, et je vais tâcher de te faire comprendre pourquoi. Les corps, c'est-à-dire les choses que nous pouvons voir, toucher, sentir, se présentent à nous sous trois états bien différents; ils sont *solides*, comme le bois, la pierre, la terre; ou *liquides*, comme l'eau, le vin, l'huile; ou *gazeux*, comme l'air, la fumée, la vapeur.

JULIETTE. — Et la glace, comment est-elle?

M. JULES. — La glace est solide, tant qu'elle ne reçoit l'action d'aucun autre corps qui lui communique du calorique, et la fasse fondre; sinon elle redevient liquide, c'est de l'eau.

JULIETTE. — Ah! oui, en s'échauffant; je me rappelle avoir pris des morceaux de glace dans ma main, la glace fondait, mais ma main devenait bien froide.

M. JULES. — Tu vas comprendre maintenant comment la transpiration nous rafraîchit. Tu vois que la glace, pour devenir de l'eau, prenait la chaleur de ta main; eh! bien, notre transpiration se change en vapeur, mais pour cela, il faut qu'elle prenne de notre propre chaleur, et voilà comment elle nous rafraîchit. Quand tu sors du bain, ne sens-tu pas un petit frisson sur les parties de ton corps qui sont découvertes et mouillées?

JULIETTE. — Oui, papa, mais je croyais que c'est parce que le bain est plus chaud que l'air qui est autour de nous.

M. Jules.—Non, c'est parce que la légère couche d'eau qui est sur ton corps, tend à se changer en vapeur, et pour cela, elle prend de ta propre chaleur.

Henri. — Est-ce qu'il en est de même toutes les fois qu'un corps change d'état?

M. Jules. — Oui, il emprunte ou il abandonne plus ou moins de calorique, suivant sa nature. Tu comprends qu'il faut plus de chaleur pour fondre un morceau d'étain que pour fondre un morceau de glace.

Henri. — Oh ! oui ; mais pourquoi dit-tu « abandonne ? »

M. Jules.— Parce que, quand un corps repasse à l'état d'où une augmentation de calorique l'avait fait sortir, il rend ce calorique qu'il avait emprunté; il y a alors, tout alentour, production de chaleur causée par le calorique que ce corps abandonne.

Henri. — Veux-tu avoir la bonté de me redire cela, j'ai quelque peine à le suivre.

Mᵐᵉ Jules. — Pour qu'un solide passe à l'état liquide, et pour qu'un liquide passe à l'état gazeux, il faut absolument une augmentation de chaleur dans ces corps. Tu vas le saisir par un exemple. Si l'on veut fondre un métal, c'est-à-dire le rendre liquide, on le soumet à l'action d'une chaleur considérable.

Henri. — Oh ! oui, je comprends.

M. Jules. — Si l'on veut changer de l'eau en vapeur, il faut de même soumettre cette eau à une chaleur assez forte.

Henri. — J'y suis, j'y suis. Alors voilà pourquoi

lorsqu'on arrose, il se répand presque immédiatement une si agréable fraîcheur ; l'eau se change et.
vapeur, et, pour que ce changement se fasse, elle
prend de la chaleur à la terre et à l'air qui est à
l'entour.

M. JULES. — C'est cela. Alors tu dois comprendre
de même que, lorsque la vapeur retourne à l'état
liquide, ou lorsque le métal rendu liquide retourne
à l'état solide, il rend la chaleur qu'il avait empruntée pour changer d'état.

HENRI. — Ah ! oui, c'est juste. Eh bien, quand il y
a un incendie et qu'on jette de l'eau dessus, qu'est-
ce qui arrive ?

M. JULES. — Il arrive que, si l'on ne jette pas l'eau
sur le feu en quantité suffisante, au lieu de l'éteindre, on l'active.

HENRI. — Comment! l'eau active le feu ?

M. JULES. — Oui, c'est encore facile à comprendre.
L'eau est composée de deux gaz, qui peuvent être
séparés par une haute température ; or, l'un de ces
gaz est extrêmement combustible, et l'autre est le
principe même de la combustion.

HENRI. — Oh ! bien alors, ce n'est pas étonnant.
Et comment s'appellent ces deux gaz?

M. JULES. — Celui qui brûle très-facilement, c'est
le *gaz hydrogène*, le même dont on se sert pour
l'éclairage ; l'autre est le *gaz oxigène*, en l'absence
duquel la combustion est impossible, mais dont
la présence la produit, et l'active considérablement.

HENRI. — Et si l'on jette beaucoup, beaucoup d'eau
sur l'incendie?

M. JULES. — Si l'on jette l'eau sur l'incendie en

quantité suffisante, cette eau, en se vaporisant, c'est-à-dire en se changeant en vapeur, enlève aux corps embrasés une grande partie de la chaleur qui produit la combustion, en même temps qu'elle étouffe le feu, en interceptant la communication de l'air avec le foyer de l'incendie.

Henri. — Alors on pourrait éteindre le feu avec autre chose que de l'eau?

M. Jules. — Très-certainement. La première chose à faire pour arrêter la combustion, c'est de priver d'air l'objet qui brûle. Aussi, chers enfants, retenez bien ceci, toi surtout, Juliette, dont les vêtements sont plus légers, par conséquent plus facilement inflammables; si, par malheur, le feu prenait après vous, gardez-vous bien de courir, mais, par tous les moyens qui seraient alors en votre pouvoir, tâchez d'étouffer le feu, soit en serrant vos vêtements contre vous, soit en vous enveloppant dans des objets de laine.

Henri. — Retiens bien cela, Juliette, et appelle-nous à ton secours.

Juliette. — Moi, j'aurais couru bien vite.

M. Jules. — C'est le plus sûr moyen d'activer le feu, donc il faut bien s'en garder.

EXERCICE.

Qu'est-ce que le serein? Pourquoi faut-il prendre des précautions contre le serein? Qu'est-ce que la porosité? En quoi la porosité de la peau est-elle utile? Comment la transpiration nous rafraîchit-elle? Quelle est la cause qui peut amener le changement d'un solide en liquide et celui d'un liquide en vapeur? Quelle est surtout la chose indispensable pour éteindre le feu? Quelles précautions à avoir si le feu prenait après nos vêtements?

XI. — DES ASTRES.

Henri. — Vois, papa, que la clarté de la lune est douce à travers le feuillage ! que j'aime à la regarder s'avancer lentement dans ce beau ciel, dont elle a chassé tous les nuages ! Te rappelles-tu quel plaisir j'éprouvais à la voir se mirer dans la mer, dans cette magnifique rade de Cherbourg ? Oh ! que tout cela est beau ! Elle est comme une reine au milieu de sa cour d'étoiles ; elle les tient à distance ; plusieurs sont effacées par sa clarté.

M. Jules. — Et cependant la lune est bien peu de chose auprès de ces astres qui scintillent autour d'elle dans l'immensité du firmament.

Juliette. — Comment, peu de chose ! mais la lune est bien plus grosse que les étoiles.

M. Jules. — La lune est des millions de fois plus petite que ces étoiles que tu vois scintiller et changer de couleur à chaque instant ; elle ne nous paraît plus grosse, que parce qu'elle est infiniment plus près de nous.

Juliette. — Où sont-elles donc, ces étoiles ?

M. Jules. — Elles sont à des distances que les plus savants astronomes n'ont pas encore pu apprécier, à des distances incommensurables, c'est-à-dire qu'on ne peut pas mesurer.

Henri. — Mais comment a-t-on pu se faire une idée de cette distance ?

M. Jules. — Tu as déjà remarqué, lorsque nous

nous promenons dans la campagne, que quelquefois on aperçoit au loin deux clochers, qui semblent tout près l'un de l'autre.

Henri. — Ah! oui, papa, je me souviens.

M. Jules. — Te souviens-tu aussi qu'à mesure que l'on avance vers ces clochers, ils semblent s'éloigner l'un de l'autre?

Henri. — C'est vrai, papa; mais pourquoi cela?

M. Jules. — Parce que le chemin que l'on parcourt est quelque chose relativement à la distance qui sépare les deux clochers, et, qu'à mesure qu'on s'en approche, l'œil les remet à leur véritable place; et, quand on arrive au pied de l'un d'eux, l'autre est à un quart de lieue peut-être.

Henri. — A un kilomètre; oui, c'est vrai.

M. Jules. — Eh bien, on a pu s'assurer que la distance de la terre au soleil, qui est de 35 millions de lieues, ne donne pas même un écartement d'un point entre deux étoiles. Juge par là, si tu peux, à quelle distance se trouvent ces astres, qui ne nous apparaissent que comme des points brillants.

Henri. — Oh! c'est à s'y perdre.

Juliette. — Mais il y en a qui ne scintillent pas, dont la lumière semble tranquille et toujours la même.

M. Jules.—Celles-ci sont incomparablement plus près de nous que les étoiles scintillantes, qui sont des étoiles fixes, c'est-à-dire de véritables soleils, destinés peut-être à éclairer d'autres mondes.

Juliette. — Et les autres?

M. Jules.— Les autres sont des planètes, c'est-à-dire des astres errants, qui tournent autour du soleil, dont ils réfléchissent la lumière. Comme la lune, ils n'ont pas de lumière propre ; ce ne sont pas des corps lumineux, ce sont des corps opaques. Les étoiles fixes sont des astres lumineux, comme notre soleil.

JULIETTE. — Ah ! voilà pourquoi tu dis que ce sont des soleils. C'est bien joli tout de même de les voir si petites.

M. JULES. — C'est le spectacle le plus admirable que l'œil de l'homme puisse contempler ; aussi le roi David s'écrie-t-il dans un de ses beaux chants : « Les cieux annoncent la gloire de Dieu, et le firmament publie ses merveilles. »

HENRI. — On ne se lasse jamais de regarder le ciel ; toujours en le regardant on éprouve un sentiment de joie qui fait du bien, qui repose.

M. JULES. — Non-seulement les étoiles réjouissent grandement notre vue, mais elles sont très-utiles. Elles servent aux navigateurs, qui les consultent pour diriger leur route.

JULIETTE. — Papa, qu'est-ce donc que cette grande bande blanche qu'on voit quelquefois dans le ciel ?

M. JULES. — C'est ce qu'on appelle la voie lactée. On pense qu'elle est formée par un assemblage considérable d'étoiles, que les astronomes appellent nébuleuses. Les gens de la campagne appellent cette bande blanche *le chemin de saint Jacques*.

JULIETTE. — Je voudrais bien savoir pourquoi nous voyons quelquefois la lune bien ronde, puis après, diminuée d'un côté, puis ce n'est plus qu'un croissant, qui devient encore plus mince. Comment se fait-il qu'elle soit quelquefois tout entière, et puis après, qu'elle ne soit plus même une moitié?

M. Jules. — C'est parce que la lune n'a jamais qu'un de ses hémisphères, c'est-à-dire qu'une de ses moitiés, éclairé par le soleil, et qu'en tournant autour de la terre, elle nous présente des parties plus ou moins considérables de cette moitié éclairée, quoiqu'elle tourne toujours vers nous un disque complet, un rond parfait. Ainsi, quand la lune passe entre la terre et le soleil, nous ne pouvons voir la moitié qu'elle nous présente, elle est obscure ; le soleil étant derrière la lune par rapport à nous, il éclaire la moitié que nous ne voyons pas ; c'est le moment de la nouvelle lune.

Juliette. — La lune ne brillerait donc pas si elle n'était pas éclairée par le soleil?

M. Jules. — Non ; la lune est un astre opaque, c'est-à-dire qui n'a pas de lumière par lui-même, qui ne fait que réfléchir celle qu'il reçoit du soleil. Tu vois bien que sa lumière est tranquille, qu'elle n'offre aucun changement de couleur, comme celle des étoiles dont je t'ai parlé tout à l'heure, et qu'on nomme planètes.

Juliette. — Ah ! oui, c'est vrai. Tu disais, papa, que quand la lune passe entre le soleil et la terre, le côté qui n'est pas éclairé est de notre côté, alors nous ne la voyons pas ; je comprends bien cela. Mais il m'était plusieurs fois venu dans l'idée : « C'est singulier, il y a des soirs où il fait très beau, et l'on ne voit pas de lune du tout, et d'autres où il y a des nuages, et on la voit au travers, qui semble courir, courir !

Henri. — Comme tu dis, *qui semble*, car je ne crois pas que la lune coure dans les nuages.

M. Jules. — La lune parcourt un kilomètre par seconde dans son mouvement de révolution autour de la terre, mais comme elle exécute ce mouvement à 95 mille lieues de nous environ, ou 380 mille kilomètres, nous ne la voyons pas courir, comme tu dis. Mais comprends-tu maintenant qu'après avoir été tout-à-fait obscure pour nous, continuant toujours sa route dans le ciel, c'est-à-dire parcourant son orbite, elle se trouve, au bout de trois jours et demi, placée, par rapport au soleil, de manière à ce que le bord de son disque, de sa forme ronde, se trouve éclairé, les rayons du soleil pouvant y arriver de ce côté. Nous avons alors un joli croissant, dont les pointes sont dirigées vers l'Orient.

Ce croissant grandit toujours; et au bout de trois jours et demi, la moitié du disque est éclairée, c'est ce que nous appelons le premier quartier. La lune suit toujours sa route, et au bout de trois autres jours et demi, elle présente au soleil les trois quarts de la face qui est tournée vers nous ; enfin, trois jours et demi après, c'est-à-dire quatorze ou quinze jours après qu'elle s'était trouvée juste devant le soleil, elle est dans une position tout-à-fait différente, c'est-à-dire placée de manière à nous montrer son disque entièrement éclairé ; c'est la pleine lune.

Juliette. — Ah ! je suis contente de savoir cela, car c'est bien amusant de comprendre ce que l'on voit. Alors, après ces quatorze ou quinze jours, les mêmes changements arrivent, mais dans l'autre sens, c'est-à-dire qu'elle devient de plus en plus petite, puis nous ne la voyons plus du tout, et puis toujours de même.

M. JULES. — C'est cela.

JULIETTE.—Je voudrais bien savoir encore pourquoi on voit des dessins sur la lune ; quelquefois on dirait presque une figure.

M. JULES.— Tu as raison de dire *presque*, car ce n'est pas tout-à-fait une figure, ce n'en est même pas une du tout. Ces dessins, comme tu dis, sont des taches dont quelques-unes proviennent des ombres projetées par les montagnes de la lune, qui sont plus hautes que les montagnes de la terre, — d'autres, par les vallées profondes, ou par la couleur de la matière dont la lune est composée.

JULIETTE. — Papa, à présent qu'on fait des voyages en ballon, est-ce qu'on pourrait en faire un dans la lune ?

HENRI.— Oh ! qu'est-ce que tu dis-là ? la lune est bien trop loin de nous, quoique ce soit notre satellite, l'astre qui accompagne toujours la terre.

M. JULES.— Et puis, il est prouvé que la lune n'a pas d'atmosphère, c'est-à-dire qu'elle n'est pas entourée, comme la terre, par cette épaisse couche d'air, où se produisent tant de phénomènes, la pluie, le vent, l'arc-en-ciel ; alors, en admettant qu'un habitant de la terre pût y arriver, il ne pourrait pas y vivre, puisqu'il n'y trouverait ni air, ni eau.

JULIETTE. — Tu sais, papa, ce n'est pas que j'aie envie d'aller me promener si loin ; je me contente bien des promenades que nous faisons dans les champs, et du beau voyage que nous venons de faire.

M. Jules.—J'en suis bien aise, attendu que je ne pourrais assurément pas contenter ton envie.

Henri.—Papa, dans les explications que tu viens de nous donner, tu ne nous as rien dit de la lune *rousse;* qu'est-ce que c'est donc?

M. Jules. — La lune rousse est la lune qui vient après celle de l'équinoxe de printemps, après celle dans laquelle se trouve la fête de Pâques. Les jardiniers lui font à tort une assez mauvaise réputation, en l'accusant d'être nuisible aux végétaux.

Henri. — Par ignorance, toujours.

M. Jules. — Sans doute, puisque ce qu'ils attribuent à l'influence de la lune, est dû tout simplement au refroidissement, souvent assez sensible, de l'atmosphère pendant la nuit, à cette époque de l'année. Ce froid est quelquefois assez vif pour geler les jeunes pousses des plantes, qui alors se flétrissent, prennent une couleur brune, et on dit qu'elles sont roussies ou brûlées, mais la lune n'est pour rien dans ce dommage. Il est à remarquer que l'abaissement nuisible de la température n'a pas lieu si le temps est couvert.

Henri.—Si j'avais su cela il y a quelques semaines, j'aurais pu répondre à Marcel, qui me disait que la lune rousse avait fait beaucoup de tort à ses plantes ; mais j'étais aussi ignorant que lui.

Juliette. — Et maintenant, tu sais.

Henri. — Mais, que de choses j'ai encore à apprendre !

M. Jules.— Oh ! sans doute ; vivrais-tu mille ans, tu pourrais chaque jour apprendre quelque chose.

Juliette.—Papa, je te prie, quelle est donc cette

belle étoile que l'on voit la première tous les soirs? est-ce un soleil comme tu dis qu'il y en a?

M. Jules.— Non, l'étoile que nous voyons la première après le coucher du soleil, est la planète de Vénus; on l'appelle aussi Vesper, ou étoile du berger. Elle ne brille que d'une lumière empruntée, quoiqu'elle soit fort belle, et qu'elle donne autant de lumière que vingt étoiles de la première grandeur. Elle brille ainsi pendant trois ou quatre heures après le coucher du soleil, puis elle disparaît; mais on la revoit le matin, trois ou quatre heures avant le lever de cet astre, et elle n'est effacée par les rayons du jour qu'après toutes les autres. Le matin on l'appelle Lucifer, mot qui veut dire porte-lumière, ou simplement étoile du matin.

Mme Jules. — Mes enfants, il faut faire en ce moment, comme cette belle planète, disparaître, pour être bien dispos quand reviendra le soleil.

EXERCICE

La lune est-elle plus petite ou plus grosse que les étoiles? A quelle distance les étoiles sont-elles de nous? Comment peut-on se faire une idée de cette distance? Qu'est-ce que les étoiles qui ne scintillent pas? Que peut-on penser que sont les étoiles qui scintillent? Qu'est-ce que les paysans appellent le chemin de saint Jacques? D'où vient qu'il y a des soirs sereins où l'on ne voit pas la lune? Un habitant de la terre pourrait-il vivre dans la lune? Qu'est-ce que la lune rousse? Pourquoi y a-t-il des dessins sur la lune? Quelle est l'étoile qu'on voit la première chaque soir?

XII. — CAFÉ, CHOCOLAT, THÉ.

UN PETIT INCIDENT.

Charles. — Papa, je te prie, qu'est-ce donc que

le café? Il me semble que c'est une graine, et je ne la vois pousser nulle part?

M. Edmond. — Le café, tel que tu l'entends, est en effet une graine, et il ne faut pas t'étonner de ne rencontrer dans aucun de nos champs le bel arbuste qui la produit, parce qu'il ne croît que dans des pays chauds, fort éloignés de la France, tels que l'Arabie en Asie, la Martinique en Amérique, et ailleurs.

Charles. — Je ne m'étonne plus, je n'ai jamais été me promener aussi loin. Ainsi, c'est sur un bel arbuste que vient la graine de café. Comment l'appelle-t-on?

M. Edmond. — Le caféier, qui a un beau port, une forme pyramidale, des feuilles toujours vertes, des fleurs d'un blanc jaunâtre, d'une odeur si suave qu'on l'a surnommé le jasmin d'Arabie. Ces fleurs donnent naissance à un fruit assez semblable à une petite cerise qui, d'abord verte, puis rouge, devient noire quand elle est mûre. Le noyau de ce fruit est ce que nous appelons le café; on pourrait dire les noyaux, car il y en a toujours deux dans le même fruit.

Charles. — Y a-t-il bien longtemps qu'on connaît le café, puisqu'il ne vient pas dans notre pays?

M. Edmond. — La France n'en vit qu'en 1712, lorsque les Hollandais firent présent à Louis XIV d'un plant qui avait été apporté de Batavia dans le jardin botanique d'Amsterdam.

Charles. — Où est donc Batavia?

M. Edmond. — Batavia est la capitale de l'île de Java, qui se trouve au sud de l'Asie, et fait aujourd'hui partie de la Malaisie.

CHARLES. — Oh ! il venait de loin ! Il faudra que je cherche ces noms-là sur mon atlas.

M. EDMOND. — Je te les montrerai.

CHARLES. — Et qu'est devenu ce pied de café qu'on avait donné au roi?

M. EDMOND. — On l'a planté dans le jardin botanique de Paris, dans une serre, comme il était à Amsterdam. Là, il est très bien venu, il s'est multiplié, et, en 1720, le gouvernement en confia trois jeunes plants au capitaine de navire Déclieux, pour qu'il les portât dans nos possessions américaines, et qu'on essayât de les y naturaliser.

CHARLES. — Ah! oui, puisqu'il fait chaud là-bas. Alors, c'est de cette manière que nous avons du café à nous?

M. EDMOND. — Oui, mais cela n'a pas été sans peine ; deux plants moururent dans la traversée, et ce ne fut qu'avec des soins extrêmes, qui allèrent jusqu'à se priver de sa ration d'eau pour arroser son cher plant, que le capitaine Déclieux parvint à sauver le troisième, qui, planté à la Martinique, devint l'origine de tous ceux qu'on voit maintenant en Amérique, et qui fournissent en grande partie à notre consommation.

VICTORINE. — Ah bien ! se priver de boire pour arroser une plante, en voilà du courage !

M. EDMOND. — Mais, comprends donc qu'on la lui avait confiée, cette plante, qu'il devait se faire en honneur, comme un devoir, de la préserver.

CHARLES.— Il ne savait pourtant pas qu'on y gagnerait tant.

M. EDMOND. — Il n'avait pas besoin de regarder

si loin pour faire cet acte de dévouement ; on lui avait dit : « Nous vous confions ces trois plants de café ; nous espérons qu'ils pourront prendre en Amérique ; allez, nous comptons sur vous, pour les amener à bien. »

CHARLES. — Mais on ne lui avait pas dit : « Vous vous priverez de boire, si vous manquez d'eau, pour les arroser. »

M. EDMOND. — L'ordre de faire ce sacrifice était renfermé dans cette parole : « nous vous confions. »

CHARLES. — Ah ! c'est vrai, papa. Il me semble que si quelqu'un me disait : « Je vous confie ces fruits ou ces gâteaux pour les porter à une autre personne, » je me laisserais mourir de faim plutôt que d'y toucher.

VICTORINE. — Oh ! ce serait un peu fort.

M. EDMOND. — C'est pourtant jusque-là qu'il faut aller, si l'on veut répondre complètement à ce que renferme ce mot « j'ai confiance en vous, » celui par lequel peut-être on honore le plus un homme.

CHARLES. — C'est vrai. Je me rappellerai le capitaine Declieux, quoique je ne boive pas souvent de café.

VICTORINE. — Ça empêche de dormir.

CHARLES. — J'écris le nom de Déclieux pour me le rappeler, parce que, quand nous ne courons pas à la récréation, je raconte à Georges ce que tu m'expliques, et il est bien content.

Mme EDMOND.—Vous êtes toujours bien bons amis ?

CHARLES. — Oh ! oui, mère, toujours.

Mme EDMOND. — Tant mieux ; d'après ce que tu m'as dit de cet enfant et de sa mère, je suis satisfaite que vous vous conserviez en bons rapports ; cette relation ne peut que vous être agréable et utile.

CHARLES.— Aujourd'hui, il y a eu un petit nuage entre nous, mais c'était pour si peu de chose que je ne me rappelle même plus au juste pourquoi. Ah ! voilà. J'étais avec Antonin, à qui je tâchais de faire comprendre sa leçon ; Georges m'appelle pour une partie ; je lui réponds : « Tout-à-l'heure, » et je continue à faire réciter Antonin, qui avait vraiment bien de la peine à apprendre ; c'était de la Grammaire. Je le laisse enfin, et je vais retrouver Georges, qui me dit d'un air tout fâché : « Tu peux rester avec Antonin, je joue avec Émile. » J'allais lui expliquer pourquoi je n'étais pas venu avec lui, comme d'habitude, mais la cloche sonne aussitôt pour la rentrée, et je ne puis rien lui dire.

Mme EDMOND. — Mais au départ, vous vous êtes quittés bons amis?

CHARLES.— Ç'a été comme un fait exprès ; quand Madeleine est venue me chercher, on se mettait en rang pour la sortie, et M. Duvaloir avait appelé Georges, si bien que nous n'avons pas même pu nous faire un signe d'adieu.

Mme EDMOND.—C'est fâcheux, mais je veux croire que Georges ne t'a pas gardé rancune, et que demain matin il te fera aussi bon accueil que de coutume.

CHARLES. — Je l'espère, maman, et, si c'était le contraire, j'en aurais du chagrin, parce que tu sais comme j'aime Georges, et je ne le reconnaîtrais plus. Pour moi, je ne suis pas du tout fâché contre lui.

Mme EDMOND. — Je n'en doute pas.

En ce moment on entend la sonnette, et Madeleine introduit une dame et son fils, jeune garçon à peu près de l'âge de Charles. Celui-ci l'apercevant, s'écrie : Georges !

Mme SAINVILLE. — Madame, je vous prie de m'excuser, mais, malgré le mauvais temps, je n'ai pu résister aux supplications de mon pauvre enfant, qui m'a assuré qu'il ne pourrait dormir de la nuit, si, ce soir même, il ne venait prier votre fils de lui pardonner sa mauvaise humeur de tantôt. Il en est d'autant plus fâché, qu'il a su, par son camarade Antonin, la raison qui l'avait privé de la société de son ami.

M. et Mme Edmond firent un accueil des plus gracieux à Mme Sainville ; les enfants se serrèrent les mains bien cordialement, et à plusieurs reprises.

CHARLES. — Je prenais justement une leçon pour nous deux, quand tu es entré ; papa me parlait du café, nous aurons des noms à chercher sur la carte ; je les ai écrits, puis le nom du capitaine Déclieux. Demain, je te dirai tout cela en jouant aux osselets ou aux billes.

On causa d'une manière tout-à-fait agréable pendant une demi-heure, les parents se félicitant réciproquement d'avoir un si aimable enfant, puis on se sépara plus amis qu'on ne l'avait jamais été.

Quand Mme Sainville et Georges furent partis, Mme Edmond dit à Charles :

— Tu ne pouvais faire un meilleur choix que ce jeune garçon pour ton camarade intime. Vois, quelle délicatesse de sentiments, et comme son affection est sincère, il n'aurait pu dormir, parce qu'il sentait qu'il avait été un peu maussade avec toi, et il avait hâte de réparer sa faute. Continuez à être liés par toutes sortes de bons procédés; ne cessez d'être prévenants l'un pour l'autre, et surtout ne laissez jamais le soleil se coucher, je ne dis pas sur votre colère, mais sur la plus légère humeur, c'est le moyen de conserver toujours la paix, et de rendre votre amitié et solide et durable.

CHARLES. — Oh ! je ne demande pas mieux, et je suis tout heureux que vous ayez eu l'occasion de voir Georges et d'apprécier son bon caractère.

M. EDMOND. — C'est un enfant fort bien élevé, qui doit rendre sa mère bien heureuse.

CHARLES. — Il me dit toujours comme elle est bonne, et comme il a peur de lui faire du chagrin.

Mme EDMOND. — Tu ne peux que gagner dans la société d'un tel enfant, et j'espère qu'il n'aura rien à perdre dans celle de mon Charles.

CHARLES. — Oh ! non, maman, ce serait trop fâcheux. Que je suis donc content qu'il soit venu ! Je crois que je vais écouter avec encore plus de plaisir les explications que je vais te demander, cher père. Maintenant que je connais le café, tu me ferais bien plaisir de me dire avec quoi on fait le chocolat, car je ne m'en doute pas.

M. EDMOND. — Le chocolat est une pâte alimentaire que l'on prépare avec une sorte de petite fève appelée cacao. Cette fève est la graine du cacaoyer, arbre qui est à peu près de la grandeur de nos cerisiers, et qui ne croît que dans les parties les plus chaudes de l'Amérique. Quand cette graine a été convenablement épluchée, nettoyée, on la grille, on la pile et l'on en fait cette pâte excellente que l'on nomme le chocolat. Je dis excellente, quand on ne mélange aucune farine dans sa fabrication. Quelquefois on l'aromatise avec de la vanille ou de la cannelle.

CHARLES. — Je vois que c'est encore de loin que nous arrive de quoi faire le chocolat, c'est-à-dire la graine de...

M. EDMOND. — De cacaoyer.

CHARLES. — Ah! oui, le cacao, l'espèce de petite fève avec laquelle on la fabrique. Et la vanille et la cannelle, viennent-elles de loin aussi?

M. EDMOND. — La *vanille* est une plante de l'Amérique, dont le fruit, appelé aussi vanille, est d'une odeur et d'une saveur aromatique très-agréables. La *cannelle* est l'écorce d'un arbre qui croît dans l'Asie orientale, c'est-à-dire dans la partie de l'Asie la plus éloignée de nous. On en trouve aussi en Chine; la meilleure se récolte dans l'île de Ceylan, qui est tout au midi de l'Asie.

CHARLES. — Comment tout cela vient de si loin! nous n'avons donc rien, nous? Et le thé? mon oncle a de beaux rosiers-thé dans son jardin, est-ce avec la feuille de ces rosiers qu'on fait une boisson si bonne?

M. EDMOND. — Pas du tout; il faut encore aller en Chine ou au Japon, pour rencontrer l'arbuste qui donne le thé. Nous n'en avons eu en France qu'en 1636, et il se vendit d'abord excessivement cher.

CHARLES. — Ce n'est pas étonnant, venant de pays si éloignés; il faut bien payer les frais de transport. — J'aime beaucoup l'odeur que cette petite feuille donne à l'eau bouillante que l'on jette dessus. Cela s'appelle infuser, n'est-ce pas?

M. Edmond. — Oui; mais ce n'est pas de lui-même que le thé a cette odeur qui te semble si agréable; on la lui donne en le mélant avec les feuilles de l'olivier odorant.

Charles. — Bon! encore une chose que je ne savais pas.

M. Edmond. — Oh! il y en a bien d'autres que toi qui croient que cette bonne odeur vient du thé lui-même.

Charles. — Je sais bien qu'il n'y a pas que moi d'ignorant, mais cela ne m'ôte pas l'envie de tâcher de le devenir un peu moins.

M. Edmond. — Tu y parviendras certainement comme tu parviens à vaincre cette impatience qui nous chagrinait il n'y a pas encore longtemps.

Charles. — Il faut bien faire des efforts pour tâcher d'arriver à quelque chose de mieux.

M. Edmond. — Sans doute il n'y a que les efforts, et les efforts constants, qui obtiennent des résultats que l'on désire.

EXERCICE.

D'où vient le café? Comment est l'arbuste qui le produit? Comment en fit-on venir en Amérique? Où est Batavia? Que fit le capitaine chargé de transporter des plants de café en Amérique? Combien en sauva-t-il? Pourquoi Georges vint-il avec sa mère faire une visite à Charles? Pourquoi Charles n'avait-il pas joué avec Georges? Comment se quitta-t-on? Quelle opinion Mme Edmond conçut-elle de Georges? Avec quoi fait-on le Chocolat? Avec quoi l'aromatise-t-on? Qu'est-ce que la vanille? Où la trouve-t-on? Qu'est-ce que la Cannelle? D'où vient la meilleure? Où croît le thé? Avec quoi en parfume-t-on les feuilles?

XIII. — SAVOIR SE CONTENTER.

M. et Mme Jules Belmain s'étaient laissés aller au charme de la promenade, excités encore par les enfants, qui ne demandaient qu'à voir toujours du nouveau, qu'à changer sans cesse d'horizon. On avait emporté quelques petites provisions, des livres, un peu d'ouvrage, et l'on avait dit à la bonne : « Ne nous attendez pas avant six heures. »

C'était un beau jeudi de la fin d'août, il faisait chaud, mais on devait chercher toujours, autant que possible, la fraîcheur de l'eau et l'ombre des arbres. Il était près de quatre heures, et tout, depuis le matin, avait été douce joie et charme ininterrompu; il était temps de reprendre la direction de la maison dont, on était environ à six kilomètres. — On plie les petits bagages et l'on se remet en route. Mais voilà que de gros nuages se montrent vers le sud; le vent les pousse du côté des promeneurs, et tout fait craindre que l'orage n'éclate avant qu'on ait eu le temps de rentrer. On presse le pas pour gagner au moins un village, où l'on puisse demander l'hospitalité. On n'était plus qu'à quelques pas des premières maisons, lorsque de larges gouttes commencent à tomber. Un individu d'une soixantaine d'années, débouche alors d'un sentier et dit vivement à M. Jules : « Monsieur, je vous offre un abri chez moi, car il va certainement faire un orage; acceptez sans cérémonie; vous me rendrez le même service, si l'occasion s'en présente.

— Vraiment, monsieur, lui répond M. Jules, vous m'obligez beaucoup, car ma femme et ma petite fille auraient grand'peine à continuer la route, sous la pluie, surtout si le tonnerre vient à gronder.

En parlant ainsi, on se hâtait d'entrer dans la maison qui avait été si obligeamment offerte; heureusement qu'elle était la première, car, à peine y était-on, que la pluie commença à tomber à torrents, des éclairs déchirèrent les nuages, devenus de plus en plus épais, et le tonnerre y fit entendre sa voix majestueuse et terrible.

La maîtresse de la maison, femme à l'air bienveillant, aux manières pleines de distinction, s'était empressée d'accueillir les hôtes que son mari lui amenait, et témoignait une grande sollicitude pour ces étrangers, tout en exprimant à son mari dans quelle inquiétude elle avait été de ne pas le voir revenir, craignant que l'orage ne le devançât. On garda ensuite un silence presque complet, chacun étant sous l'impression que ne manque guère de causer ce phénomène imposant.

Au bout d'un quart d'heure, les éclairs devinrent moins fréquents, les coups de tonnerre moins affreux, la pluie diminua, et bientôt un rayon de soleil, vint rendre la joie à la nature effrayée.

— Voyez un peu, dit Henri, comme on devrait toujours prendre des précautions contre tout événement; qui se serait attendu à cela après une si belle journée! C'est égal, nous nous sommes bien amusés, et nous avons encore été bien heureux de trouver ce monsieur pour nous recevoir, pendant que la pluie tombait si bien.

Comme M. et M^mo Jules Belmain exprimaient leur reconnaissance à leurs hôtes, le propriétaire de la maisonnette, M. Helbert, dit doucement : « Je suis heureux que vous ayez pu trouver ici un refuge ; vous avez pu vous y retirer pendant l'orage ; nous aussi, nous avons à bénir la Providence de nous y avoir préparé un refuge après la tempête. Enfant, la vie ressemble souvent à la journée que vous venez de passer ; belle à son commencement, elle se voit troublée par l'orage.

Heureux celui qui sait accepter les événements tels que Dieu permet qu'ils arrivent. Vous regardez ce tableau, « Monsieur, dit-il à M. Jules qui admirait une délicieuse peinture placée au-dessus de la cheminée, où manquait une glace, et vous vous étonnez sans nul doute de voir un objet d'une telle valeur dans une demeure plus que modeste.

M. Jules. — Je ne fais aucune réflexion, monsieur ; mais, comme vous dites, j'admire.

M. Helbert. — C'est une faiblesse, monsieur ; mais, je n'ai pu me décider à vendre cette petite scène d'intérieur, qui est d'un excellent peintre, et à laquelle je rattache de chers souvenirs. J'ai offert ce tableau à ma femme à la naissance de notre fils. C'est, avec le crucifix d'ivoire de ma mère, la seule chose que j'aie gardée de mon ancienne aisance.

M^mc Jules. — Nous avons bien compris tout de suite, monsieur, que vous n'habitez cette maison que par circonstance : votre ton et vos manières nous ont promptement révélé des personnes de distinction.

M. Helbert. — Oui, nous avons longtemps passé notre existence dans un milieu bien différent de celui où vous nous voyez maintenant ; nous avons vu notre salon fréquenté par ce qu'on peut appeler la bonne compagnie, et, quoique nous ayons usé de notre fortune avec réserve, ne donnant à l'extérieur que ce qui était convenable, nous nous sommes vus placés par l'opinion à côté de personnes d'une position bien supérieure à la nôtre. Quelques semaines ont vu tomber cet édifice de bien-être, que l'ordre semblait devoir rendre à jamais solide. Ma fortune était placée dans la maison de commerce d'un de mes amis de collége, homme sur la probité duquel je pouvais entièrement me reposer ; mais qui peut résister au torrent des événements ! Les faillites successives de plusieurs négociants de Marseille, amenèrent la sienne, et je fus complétement ruiné.

Mme Edmond. — Ruiné !

M. Helbert. — Bien qu'il m'eût prévenu de la mauvaise tournure que prenaient ses affaires, je voulus l'aider jusqu'à la fin, et, lorsque la catastrophe arriva, je me trouvais à peine avec quelques mille francs et mon mobilier.

M. Jules. — L'épreuve était rude.

M. Helbert. — C'est vrai, mais Dieu nous soutint. Je me hâtai de vendre absolument tout ce que je possédais, et de placer dans une compagnie de chemin de fer, le modeste capital que cette vente produisit. Quelqu'un nous indiqua cette chaumière, que le propriétaire voulait louer, ainsi que les deux ares de terrain qui sont derrière. Nous nous y installâmes, après nous être procuré en vêtements et en meubles les seuls objets indispensables. Voilà bientôt sept ans que nous sommes ici, tâchant, par nos bons procédés envers tous, de compenser l'aumône que nous ne pouvons plus faire ; et, si notre fils ne s'était pas expatrié, nous serions plus heureux que nous ne l'avons jamais été au milieu de notre aisance.

Mme JULES. — Vous expérimentez la vérité de cette parole, que Dieu seul peut mettre la joie au cœur, indépendamment des circonstances et des choses. Sans doute que vous recevez des nouvelles de ce fils absent?

Mme HELBERT. — Le cher enfant ne manque pas de nous écrire tous les mois, et jamais il ne se serait éloigné de nous, si les parents de sa femme ne l'y avaient contraint. Ils lui ont fait obtenir un assez joli poste à Munich, et il y est, presque depuis la faillite, avec sa femme et deux petits enfants que nous ne connaissons que de nom. Ses lettres sont toujours des plus affectueuses, et pleines de témoignages de sollicitude sur notre position, mais nous lui avons expressément défendu de nous rien envoyer, afin de conserver la paix dans son ménage, et de bonnes relations avec la famille de sa femme.

Mme JULES. — Cette circonstance est pénible.

M. HELBERT. — Il faut l'accepter avec le reste, et la Providence entend bien souvent s'élever de nos cœurs, des accents de reconnaissance, jamais de plaintes.

Mme HELBERT. — Oh! bien certainement; car,

sauf l'éloignement de notre excellent fils, nous ne regrettons rien de notre position perdue. Dans le sentier que nous parcourons, la bonté divine fait jaillir des sources inconnues d'indicibles jouissances.

Il fallut voir le crucifix d'ivoire, qui contrastait autant avec l'ameublement de la chambre à coucher que le tableau, avec celui de la salle. On visita la basse-cour, le jardin, le tout entretenu avec un soin admirable.

Le temps avait repris sa sérénité, M. et Mme Jules prirent congé de leurs hôtes, en leur renouvelant leurs remerciements, et en les assurant qu'ils conserveraient d'eux un excellent souvenir.

— Papa, que ce Monsieur et cette dame sont aimables ! dit Henri, dès qu'on fut à quelques pas de la maisonnette.

M. JULES. — Ils sont plus qu'aimables, et je suis vraiment satisfait de ce mauvais temps, qui nous a procuré l'occasion d'admirer une résignation si douce, si parfaite.

Mme JULES. — Comme eux, par suite du coup qui les a frappés, jouissent mieux de leur affection mutuelle, et bénissent avec plus d'effusion cette Providence, sous l'action immédiate de laquelle ils se sentent, pour ainsi dire, plus directement placés.

M. JULES. — Mes chers enfants, gardez le souvenir de cette visite, je tâcherai, du reste, que nous la renouvelions, si je puis le faire sans importunité. Rappelez-vous toujours que nous ne savons pas ce qui nous convient ; que souvent les évènements qui semblaient devoir nous être le plus avantageux, deviennent pour nous une cause de chagrins et de mécomptes, et qu'au contraire, ceux que nous redoutions, dont la pensée seule nous causait de l'effroi, nous apportent paix et douce joie.

HENRI. — Comment se conduire alors ?

M. JULES. — Faire toujours, mais sans empressement et sans trouble, ce que nous croyons le plus raisonnable, et laisser la Providence amener le résultat qui lui plaira.

HENRI. — C'est facile.

Mme JULES. — Et plus sûr.

EXERCICE

Quelle rencontre firent M. et Mme Jules dans une promenade ? Pourquoi ce monsieur et cette dame habitaient-ils cette humble maisonnette ? Comment s'y trouvaient-ils ? D'où vient donc la véritable joie ? Avec quels sentiments M. et Mme Jules quittèrent-ils ces personnes ? Que fit remarquer M. Jules à son fils ?

XIV. — SUCRE.

CHARLES. — Papa, veux-tu bien, je te prie, me dire aujourd'hui avec quoi l'on fait le sucre? Y a-t-il plus longtemps que nous le connaissons en France, que le café, le chocolat et le thé?

M. EDMOND. — Le sucre était connu bien avant l'ère chrétienne, dans les Indes, où croît la plante qui le fournit. On le nommait miel de roseau. Ce fut vers le commencement du douzième siècle, c'est-à-dire il y a sept à huit cents ans seulement, que les Européens eurent quelque connaissance du sucre de canne.

Charles. — Je vois que ce sont toujours les pays éloignés qui nous envoient toutes les bonnes choses. Comment faisait-on quand on ne les avait pas?

M. Edmond. — On faisait comme font ceux qui, même maintenant, ne peuvent pas se les procurer, on s'en passait, et l'on vivait tout de même.

Charles.—Ah! sans doute. Mais, papa, il y a bien des plantes qui sont sucrées; ne fait-on du sucre qu'avec le roseau des Indes, que tu appelles canne?

M. Edmond. — On extrait particulièrement le sucre du roseau que l'on appelle, pour cette raison, canne à sucre, et de la betterave; mais on en tire encore, en quantité plus ou moins grande, d'un grand nombre de végétaux, tels que la carotte, le panais, le maïs, la châtaigne, la pomme de terre, le bouleau.

Charles. — A la bonne heure, voilà des plantes de notre pays, que j'ai vues dans nos champs.

M. Edmond. —De l'Asie, les Européens ont transplanté la canne à sucre à Saint-Domingue, île de l'Amérique; maintenant elle est cultivée dans un grand nombre de lieux, et ce fut cette plante seule qui nous en fournit jusqu'au commencement de ce siècle, où l'empereur Napoléon encouragea grandement à faire des tentatives pour parvenir à fabriquer du sucre avec des plantes françaises.

Charles. — Il avait bien raison; il vaut bien mieux trouver chez soi ce dont on a besoin, que d'aller le chercher si loin; à plus de mille lieues, n'est-ce pas, papa?

M. Edmond. —Certainement; et ce besoin de parvenir à pouvoir se passer des étrangers était devenu très-sensible pendant une guerre que la France eut avec l'Angleterre, de 1792 à 1814.

CHARLES. — Comment donc cela?

M. EDMOND. — Parce que la plus grande partie des plantations d'Amérique appartenant aux Anglais, ils nous faisaient payer un prix exorbitant le peu que nous pouvions nous en procurer.

CHARLES. — Nous ne sommes donc pas amis avec les Anglais?

M. EDMOND. — Pas toujours.

CHARLES. — C'était une vilaine niche qu'ils nous faisaient-là; nous serions bien privés maintenant, si le sucre venait à manquer tout à fait.

M. EDMOND. — Sans doute, mais nous n'avons guère sujet de le craindre, puisque c'est de notre sol que nous le tirons, par la culture de la betterave, qui est fort étendue.

CHARLES. — Mais si les betteraves elles-mêmes venaient à manquer ou à avoir la maladie, comme j'ai entendu dire déjà du raisin et des pommes de terre ?

M. EDMOND. — Ce serait très-fâcheux, parce que cela ferait monter le prix du sucre, et par conséquent en priverait les pauvres gens, à qui il est quelquefois nécessaire, aussi bien qu'à tous, et peut-être plus nécessaire, parce qu'ils ne pourraient pas le remplacer par quelque autre bonne chose.

CHARLES. — Pourquoi dis-tu quelquefois?

M. EDMOND. — Parce que, bien que le sucre soit d'un usage universel, et presque un aliment de première nécessité, il est certains cas où la privation en serait encore plus pénible, pour les vieillards, par exemple, et pour les malades.

CHARLES.—Ah ! oui. J'entendais ces jours passés, en allant à la classe, une pauvre vieille femme qui disait à une autre : « Mon café le matin, c'est la moitié de ma vie, » il est probable qu'elle ne le prend pas sans sucre.

M. EDMOND. — C'est à croire. Ainsi cette pauvre femme s'est fait une habitude de cette tasse de café pour son déjeuner, et, quand elle l'a prise, elle se contente de fort peu de chose pour le reste de la journée, voilà pourquoi elle dit que cette tasse de café est la moitié de sa vie, c'est-à-dire la moitié de ce qu'il lui faut pour sa subsistance. Tu comprends d'après cela combien elle souffrirait d'en être privée.

CHARLES. — Oh ! oui. Mais, je te prie, comment obtient-on le sucre, de la canne par exemple ?

M. EDMOND. — La fabrication du sucre consiste à extraire le suc des tiges, en les soumettant à une forte pression dans un grossier laminoir, que l'on appelle moulin, et à concentrer ce suc par l'évaporation pour faire cristalliser la matière sucrée. On clarifie ce suc le plus rapidement possible, pour le débarrasser des substances organiques azotées, qu'il renferme, qui le gâteraient promptement.

CHARLES. — Oh ! je pense qu'il faut que le sucre passe par bien des mains avant d'être beau et blanc comme on nous le sert. Comment clarifie-t-on le suc qui a coulé des tiges ?

M. EDMOND. —On le verse dans une grande chaudière de cuivre, en y mêlant quelque peu de chaux

qui active la clarification, et on fait chauffer jusqu'à
la température de 60 degrés centigrades. Il se forme
alors des écumes, que l'on enlève avec soin, et on
continue jusqu'à ce qu'il ne s'en présente plus.
Alors on l'évapore, puis on le filtre à travers une
étoffe de laine, et on le fait couler dans une autre
chaudière, où on lui fait prendre la consistance
de sirop très-épais. Quand il est refroidi, on le verse
dans des caisses ou tonneaux percés de trous, qui
sont d'abord bouchés. Il se prend alors en une masse
confuse de petits cristaux irréguliers.

CHARLES. — Je voudrais bien voir cela, ce doit
être amusant.

M. EDMOND. — Amusant, peut-être pas autant que
tu te l'imagines, mais intéressant, sans nul doute ;
car on ne peut regarder sans intérêt tous les efforts
que fait l'industrie de l'homme, pour amener les
productions de la nature à servir ses besoins ou
ses plaisirs.

CHARLES. — Le sucre n'est pas encore fini dans
ces tonneaux pleins de trous bouchés ?

M. EDMOND. — A peu près ; quand on est certain
que les cristaux sont bien formés, on débouche les
trous...

CHARLES. — Ah ! je m'y attendais.

M. EDMOND. — ... et il s'échappe par ces trous un
sirop épais et brun ; c'est la mélasse, que l'on emploie principalement pour faire le rhum.

CHARLES. — Ah ! la mélasse ! Les épiciers en vendent, qu'ils servent dans du papier ; je ne sais pas
si c'est bon, parce que je n'ai pas encore eu envie
d'en goûter ; cela ne me tente pas.

M. Edmond. — Et cependant combien y a-t-il de pauvres enfants dont on frotte le pain avec cette mélasse, afin que ce pain ait un peu de goût, qu'il ne soit pas tout sec !

Charles. — C'est vrai, papa ; bien des fois, si l'on réfléchissait, comme dit M. Duvaloir, on ne ferait pas tant le dégoûté, le difficile. — Eh ! bien, après qu'on a fait couler la mélasse par les trous, qu'est-ce que l'on fait des cristaux qui sont restés dans les tonneaux?

M. Edmond. — On les fait sécher lentement, puis on les livre au commerce sous le nom de sucre brut ou de cassonnade.

M. Charles. — Ce n'est pas celui-là qu'on met sur les tables ?

M. Edmond. — C'est celui-là, mais après qu'il a passé par la raffinerie, où il a été débarrassé des matières étrangères qui s'y trouvaient encore mê-lées, et qui lui donnaient un goût désagréable. C'est là qu'il perd tout à fait sa couleur brune et prend cette couleur blanche qui plaît tant à l'œil.

Charles. — C'est cela surtout que je voudrais voir faire ; comment s'y prend-on?

Edmond. — On commence par faire dissoudre le sucre brut dans de l'eau ; si l'on a cent kilogrammes de sucre, on met trente litres d'eau. On le met sur le feu dans une chaudière, on remue avec une spa-tule en bois, pendant que cela chauffe, puis on y jette cinq kilog. de noir animal fin, que l'on délaie avec soin.

Charles. — Comment, papa, on jette du noir dans

le sucre pour le rendre blanc ! qui est-ce qui a pu inventer cela ?

M. Edmond. — Quand la dissolution, c'est-à-dire le sucre dissous, commence à bouillir, on jette dedans un demi-kilogramme de sang de bœuf.

Charles. — Du sang de bœuf ! Il y a du sang de bœuf dans le sucre ?

M. Edmond. — Pas du tout ; ce sang ne sert qu'à le clarifier, en attirant, en entraînant en écume tout ce qui ne doit pas y rester. Quand le sirop est bien clarifié, on le soutire et on le filtre en le faisant passer dans des sacs de coton peluché. Quand il sort de là, le sirop est encore un peu brun. Pour lui ôter cette couleur, on le fait passer par une couche épaisse de noir en grains, puis on le cuit, et quand il l'est suffisamment, on le fait couler dans ce qu'on appelle le rafraîchissoir, où il se cristallise, après quoi on le met dans des formes, où il achève de se solidifier.

Charles. — Eh bien, en voilà du travail pour nous procurer un petit morceau de sucre !

M. Edmond. — Ce n'est pas encore tout à fait fini ; pour que le sucre soit complètement blanc, quand il a été bien égoutté, bien séché dans les formes, on enlève la croûte superficielle de la base de chaque forme, et l'on verse à la place une bouillie un peu épaisse de terre argileuse, et on met la forme la pointe en bas. L'eau qui imbibe cette terre, filtre lentement à travers la masse, dissout ce qui peut y rester d' mélasse, et l'entraîne avec elle. Après cela le sucre, ayant été séché à l'étuve, peut être livré à la consommation.

CHARLES. — Oh ! je te remercie, papa, de m'avoir donné toutes ces explications. Georges sera bien aussi étonné que moi quand je lui dirai que pour blanchir le sucre, on se sert de noir animal, de sang de bœuf, de terre en bouillie, toutes choses qui ne sont pas blanches du tout. Et puis, ce qui me semble inexplicable, c'est que l'on ait découvert tous ces moyens de fabrication, de préparation.

M. EDMOND. — Si quelque jour tu étudies la chimie, et que tu viennes à connaître les différentes propriétés particulières des corps, et la puissance de leurs actions moléculaires réciproques, c'est-à-dire comment ils agissent les uns sur les autres, tu seras moins étonné des découvertes qui, maintenant, bouleversent toutes les conceptions de ta jeune raison ; mais tu verras toujours qu'il faut bien des études, bien des efforts, bien de la patience, pour arriver à quelque résultat important.

CHARLES. — Je suis presque effrayé de mon ignorance, quand je pense qu'on peut savoir tant de choses. — Ah ! s'il te plaît, pendant que nous parlons du sucre, qu'est-ce que le sucre candi ? est-ce quelque chose de bien différent du sucre blanc ?

M. EDMOND. — C'est le même sirop qu'on a concentré, en le maintenant pendant une quinzaine de jours dans une étuve chauffée à 30 degrés. Les cristaux se forment d'eux-mêmes autour des fils que l'on a tendus dans les cristallisoirs, ils s'y attachent et s'y accroissent ; voilà tout.

CHARLES. — Ah ! voilà toute la différence ?

M. EDMOND. — Oui.

CHARLES. — Et le sucre d'orge ?

M. Edmond. — Pour obtenir le sucre d'orge, on cuit rapidement le sirop, jusqu'à ce qu'en en versant un peu dans l'eau froide, il s'y prenne en masse cassante qui ne colle que très-peu aux doigts. Alors on coule la masse sur une table de marbre légèrement huilée, et quand elle est suffisamment refroidie, on la roule, on en forme ces petits bâtons, que tu connais. On a eu soin de colorer le sirop avec quelques gouttes de teinture de safran. Pour le sucre de pomme, toute la différence consiste en ce qu'on mêle un peu de gelée de pomme dans le sirop, et qu'on l'aromatise avec quelques gouttes d'eau de fleur d'oranger ou d'essence de citron.

Charles. — Cher papa, que je te remercie de la peine que tu prends de m'expliquer toutes ces choses. Je t'assure que j'éprouve un très-grand plaisir à t'écouter.

M. Edmond. Il est bon que tu saches que le sucre à lui seul ne pourrait entretenir la vie, et que, consommé avec excès, il peut produire des accidents plus ou moins graves, tels que des ulcérations dans la bouche, le ramollissement des gencives et le scorbut.

Les savants ont reconnu que les sucres qui proviennent des cannes et ceux qui proviennent des betteraves, sont absolument de même nature, et ne diffèrent en aucune manière, lorsque par le raffinage, on les a amenés au même degré de pureté.

EXERCICE.

Avec quoi fait-on le sucre? Où croissait d'abord la canne à

sucre? Où l'a-t-on transplantée? Ne tire-t-on du sucre que de la
canne? Qui a singulièrement encouragé à découvrir le moyen d'extraire du sucre de quelqu'autre plante de notre pays? Qu'est-ce
qui fit surtout sentir ce besoin? Comment obtient-on le sucre de
canne? Qu'est-ce que la mélasse? Quels ingrédients emploie-t-on
pour activer et compléter la clarification du sucre? Comment
obtient-on le sucre candi? Le sucre d'orge? Le sucre de pomme?
La consommation excessive du sucre offre-t-elle quelque danger?

XV. — DES VENTS.

JULIETTE. — Oh! vois donc, papa, comme les
feuilles, qui tout à l'heure étaient immobiles, commencent à s'agiter! Cela fait du bien de sentir ce
petit vent. Mais comme il devient fort! voilà les
feuilles qui dansent maintenant, et la tête des arbres
qui se balance à droite, à gauche; on dirait qu'ils
deviennent fous. D'où vient-il donc, ce vent?

M. JULES. — Les vents sont causés par le déplacement d'une partie de l'air, mais il n'est pas facile
d'expliquer toutes les causes qui peuvent amener
un changement dans une masse si mobile.

JULIETTE. — Mais c'est singulier, tout était bien
tranquille il n'y a qu'un instant, et puis maintenant,
on sent quelque chose qui passe, qui vous fouette
le visage, qui vous envoie de la poussière dans les
yeux, qui frappe les portes et les fenêtres, enfin qui
n'est pas aimable du tout.

M. JULES. — Il n'y a pas de doute que l'une des
causes les plus puissantes du vent ne soit la prompte
condensation des vapeurs au sein de l'atmosphère.
Ces vapeurs, s'étant plus ou moins resserrées, te-

nant beaucoup moins de place, ou même tombant en pluie, peuvent produire un très-grand vide, qui ne se comble pas sans exciter un déplacement, une secousse plus ou moins sensible.

Henri. — C'est vrai ; souvent on dit : « Oh ! voilà le vent qui s'élève, il y a eu de l'orage quelque part, » c'est-à-dire qu'il y a eu une masse de nuages qui sont tombés en pluie, alors ils ont fait de la place à l'air, qui se presse plus ou moins pour occuper cette place vide ; je comprends cela.

M. Jules. — Et ce petit vent frais qu'on sent le matin, dans les beaux jours, au lever du soleil, ce petit zéphyr si agréable, comment vient-il ?

M. Jules. — On l'attribue à la dilatation que produit dans l'air l'action des rayons du soleil. Les parties dilatées deviennent plus légères ; elles s'élèvent alors ; les parties inférieures se pressent pour occuper les vides ; de là ce petit mouvement dans l'air.

Juliette. — Ah ! oui ; l'un s'en va, l'autre prend sa place, et voilà un petit vent.

M. Jules. — Vous comprenez donc qu'un simple nuage qui passe devant le soleil, peut amener un mouvement dans l'air.

Henri. — N'est-ce pas, papa, parce que le nuage cachant le soleil à quelques parties de l'atmosphère, ces parties perdent la chaleur qui les dilatait, et se resserrent ? alors il y a un déplacement dans l'air, donc il y a du vent.

M. Jules. — C'est cela même. Toutes les fois que, par une raison quelconque, il se produit une condensation ou une dilatation dans les couches d'air, il y a du vent, c'est-à-dire que l'air est mis en mouvement.

HENRI. — C'est sans doute pour cela qu'il y a des courants d'air sur les côtes de la mer, à cause de la différence de température entre la terre et l'eau.

M. JULES.— Oui, et il en est de même des terrains humides, des marécages ; voilà pourquoi La Fontaine a dit dans sa belle fable : *Le Chêne et le Roseau :*

> ... Mais vous naissez le plus souvent
> Sur les humides bords du royaume du vent.

HENRI. — Ah ! oui, je me rappelle.

JULIETTE. — Est-ce que le vent est bien utile ?

M. JULES. — Très-utile, surtout par la diversité de sa direction. Lorsque la terre languit par la sécheresse, que les hommes et les animaux aspirent après la pluie, un vent nous arrive du côté de la mer, poussant devant lui les vapeurs qui se sont amoncelées en nuages, et les déverse sur nos prairies en ondées bienfaisantes. Après, un vent sec vient de l'orient, chasse les nuages, et nous ramène le beau temps. Le vent du nord charrie une grande quantité de particules glacées, et nettoie notre atmosphère de tous les miasmes malsains qu'y avaient répandus l'été et l'automne ; le vent du midi donne à l'air une chaleur vivifiante.

HENRI. — Certainement ; j'ai déjà entendu dire, qu'il est très important qu'il y ait des courants dans l'air, comme il y en a dans l'eau ; un air toujours en repos, ne serait pas plus sain qu'une eau stagnante. Le maître d'école expliquait cela l'autre jour au fils de Jérôme, qui se plaignait de ce que le vent faisait tomber ses pommes.

JULIETTE. — C'est que quelquefois le vent est bien fort !

M. JULES. — Ce n'est rien encore dans nos climats, quoiqu'il cause quelquefois de véritables dommages ; les ouragans sont rares dans les zones tempérées.

JULIETTE. — Qu'est-ce que c'est qu'un ouragan ?

M. JULES. — C'est un vent d'une vitesse qui est quelquefois de vingt lieues à l'heure.

JULIETTE. — Il doit jeter par terre ceux qui se trouvent sur son passage ?

M. JULES. — Il fait plus que cela, il renverse les arbres et les maisons, et bouleverse la surface du sol.

JULIETTE. — C'est bien heureux qu'il n'y en ait pas dans notre pays.

HENRI. — Où ces terribles vents-là se font-ils donc sentir ?

M. JULES. — Dans la zone torride, dans les contrées où la chaleur est excessive, les ouragans sont fréquents, et se déploient avec une violence prodigieuse. On en a vu qui ont parcouru quatre à cinq cents lieues avec une force presque égale.

JULIETTE. Oh ! mais c'est effrayant !

HENRI. — J'ai lu qu'il y a un vent bien désastreux, dont les chameaux annoncent l'approche en se couchant le nez dans le sol.

M. JULES. — C'est le redoutable *simoun*, le vent du désert, qui suffoque les hommes et les animaux, et soulève en volant une telle quantité de sable, que le ciel en est obscurci, et que le soleil perd son éclat, au point de paraître plus pâle que la lune.

Henri. — C'est en Arabie, je crois, que l'on connaît ce vent?

M. Jules. — C'est en Arabie, qu'il porte le nom de simoun, qui vient du mot arabe *samm*, c'est-à-dire poison. En Egypte, on l'appelle *Khamsin*, et *Harmattan* sur les côtes de la Guinée. Malheur aux caravanes qu'il surprend dans leur marche ! Comme il traverse de vastes déserts de sable, fortement échauffés par les rayons du soleil, il est d'une température très-élevée ; il brûle et ensevelit sous des montagnes de sable, les infortunés voyageurs qui se sont exposés à sa furie.

Henri. — Quel est donc le vent, dont te parlait l'autre jour M. Alimel, et dont il disait avoir souffert dans son voyage à Avignon?

M. Jules. — C'est le *Mistral*, qui règne dans la vallée du Rhône ; il souffle du nord-ouest, très-froid et redoutable.

Dans le midi de l'Europe, on appréhende généralement les vents du nord, à cause de leur violence et de leur âpreté. L'opposition de la température élevée de la Méditerranée et celle des Alpes, couvertes de neige, donne lieu à des courants aériens d'une extrême rapidité. Si leur effet s'ajoute au vent général du nord, il en résulte une bise d'une violence inimaginable.

Henri. — J'aurais cru que dans le midi de l'Europe, on souffrait plutôt des vents chauds.

M. Jules. — Il y souffle en effet un vent brûlant qui vient du sud-est, et qu'on appelle le sirocco. Ce vent, très redoutable aussi, fait surtout sentir sa funeste influence en Italie, en Sicile et en Espagne. On l'a vu faire monter subitement le thermomètre jusqu'à 50 degrés centigrades, chaleur du Sénégal.

Henri. — Oh ! mais c'est terrible !

M. Jules. — Certainement. Outre ces vents irréguliers, il y a encore des vents réguliers et périodiques ; les principaux sont les vents *alizés*, qui soufflent constamment de l'est à l'ouest dans cette partie de l'océan Atlantique qui se trouve entre les tropiques, c'est-à-dire dans la zone torride, et les *moussons* qui règnent dans l'océan indien, où ils soufflent six mois du sud-ouest, et six autres mois du nord-ouest.

Henri. — Ainsi, papa, malgré les accidents que cause le vent, tu dis, qu'il produit de grands avantages ; veux-tu avoir la bonté de me les redire, que je les retienne bien, afin que si quelquefois le vent me contrarie, je pense à ses bienfaits pour le supporter avec patience.

Juliette. — J'écoute aussi, car je n'aime pas le vent du tout ; il me fait peur.

M. Jules. — Comme nous l'avons dit, c'est le vent qui rassemble en nuages les vapeurs qui s'élèvent de la surface des mers ; c'est lui qui les promène et les disperse sur l'étendue des continents en nuées bienfaisantes, qui tempèrent les ardeurs du soleil, rafraîchissent les campagnes, conservent ou rendent la vie aux plantes, entretiennent la source des fleuves et des rivières.

Juliette. — Je ne me doutais pas que c'est au vent que nous devons les nuages et la pluie ?

M. Jules. — Maintenant tu le sais, tu tâcheras de le retenir.

Juliette. — J'y penserai quand Jean dira, comme je l'ai entendu dire souvent : « Il nous faudrait bien un peu de pluie, les champs sont bien secs. » Je lui répondrai : Priez le bon Dieu, pour qu'il dise au vent de nous en apporter.

M. Jules. — Les nuages rafraîchissants, les pluies bienfaisantes, ne sont pas les seuls avantages que produise le vent. C'est le vent qui maintient la salubrité des villes et des campagnes, en remplaçant par un air pur l'air qui a été vicié par toutes sortes d'exhalaisons malsaines.

Henri. — C'est encore bien bon cela.

M. Jules. — C'est du vent qu'on se sert pour mettre en mouvement bien des machines, où se broient des grains et des fruits nécessaires à notre alimentation. Très-utile à l'industrie, le vent l'est encore à la navigation, car malgré la découverte du pouvoir de la vapeur, on se servira encore longtemps du vent pour enfler les voiles des barques et des navires.

Henri. — Il n'y a que ce terrible simoun qui m'effraie pour les caravanes.

Juliette. — Il faudra prier le bon Dieu pour qu'il n'y ait jamais de caravanes en route quand ce vent soufflera.

Henri. — Tu as raison.

EXERCICE.

Qu'est-ce que le vent ? Qu'est-ce qui produit le vent ? Qu'est-ce que le mistral ? Le sirocco ? Le simoun ? Où règnent les vents alizés ? Les moussons ? Quels sont les principaux avantages du vent ?

XVI. — SEL, POIVRE, VINAIGRE, HUILE.

CHARLES. — Papa, nous venons de manger de la salade, veux-tu me permettre de te demander, non pas ce que c'est que la salade, j'en ai vu cueillir dans le potager de mon oncle, mais ce que c'est que le sel, le poivre, l'huile et le vinaigre que l'on met dedans? D'où viennent tous ces ingrédients?

M. EDMOND. — Le sel est une substance cristalline, friable, soluble dans l'eau, qu'on obtient par l'évaporation des eaux de la mer, ou que l'on rencontre dans certains terrains, et qui sert surtout pour assaisonner les aliments. Donc, deux sortes de sels, le sel *marin*, celui qu'on retire de l'eau de mer, le sel *gemme*, celui qu'on trouve dans la terre.

CHARLES. — Je te prie, papa, pour que je te suive bien, de me dire ce que c'est qu'une *substance cristalline*. Une *substance* c'est toute espèce de matière, je crois ; mais *cristalline*, cela veut-il dire qui est clair et transparent comme un verre de cristal ? je ne vois pas que le sel ait cette propriété, alors je ne comprends pas.

M. EDMOND. — Ecoute bien. On donne le nom de *cristal* à toute substance qui se présente sous l'aspect d'un corps de forme régulière, et qui est terminé par des surfaces planes disposées symétriquement, c'est-à-dire avec un certain ordre. Le sucre candi t'en offre un exemple.

CHARLES. — Bon! Moi, je croyais que cristal voulait toujours dire très-clair, très transparent, et pas du tout, c'est la forme qui constitue un cristal. Je le sais maintenant.

Après cristalline, tu as dit un autre mot, que je n'ai pas mieux compris.

M. Edmond. — J'ai dit « *friable,* » c'est-à-dire substance qui peut être facilement réduite en poudre.

Charles. — Ah ! oui, je le vois ; le sel blanc est une poudre assez fine. Il y a encore un autre mot, papa.

M. Edmond. — J'ai dit « *soluble* dans l'eau, » c'est-à-dire, qui se dissout facilement dans l'eau, que ses parties y sont promptement séparées.

Charles. — Ah ! oui, qui *fond* aisément dans l'eau.

M. Edmond. — Tu comprends, mais *fondre* n'est pas le mot convenable, c'est *dissoudre* qu'il faut. Un métal, c'est-à-dire de l'or, de l'argent, du fer, du plomb, soumis à une forte chaleur, *fondent*, deviennent liquides ; mais le sel, le sucre, mis dans l'eau, se *dissolvent*.

Charles. — Tiens, c'est drôle ; il me semble que j'ai toujours entendu dire « faire fondre du sucre, faire fondre du sel, » je dirai maintenant dissoudre.

M. Edmond. — C'est sans doute à cause d'une certaine analogie, d'une certaine ressemblance ; le métal qui fond devient liquide, le sucre et le sel dissous dans l'eau semblent s'identifier avec l'eau, ne faire plus qu'un avec elle, et ainsi devenir liquides.

Charles. — Ah ! voilà ; mais je comprends bien la différence. Et maintenant je vais répéter pour voir si j'ai bien retenu.

Le sel est une *substance* ; oui, puisque c'est de la matière ; *cristalline,* parce que cette substance se présente sous une forme régulière, qui offre beaucoup de surfaces planes disposées en ordre ; *friable,* parce qu'il se réduit facilement en poudre ; *soluble,* parce que ses parties se séparent facilement dans l'eau. Ah ! c'est cela, n'est-ce pas, papa ?

M. EDMOND. — Très bien.

CHARLES. — Tu m'as dit, qu'on retire du sel de l'eau de la mer, je comprends bien cela, puisque l'eau de la mer est salée, mais comment fait-on ?

M. EDMOND. — Il suffit de recueillir une certaine quantité d'eau de mer dans des bassins préparés à cet effet, qu'on appelle *marais salants,* et de l'y faire évaporer sous l'action des courants d'air et des rayons du soleil. Quand le sel que l'évaporation a fait déposer, a atteint une épaisseur de quatre à cinq centimètres, on le récolte, et on le met à égoutter. Quand il est bien débarrassé de toute l'eau qu'il contenait, il est généralement très pur, et se présente en masses formées de cristaux très blancs et très volumineux. Lorsqu'il est grisâtre, c'est qu'il n'a pas été traité avec autant de soin.

CHARLES. — Ce sel-là, c'est le sel marin, et l'autre ?

M. EDMOND. — L'autre est ce qu'on appelle le *sel gemme.* On le trouve au sein de la terre, dans des mines, dont quelques-unes ont une étendue très considérable. La plus célèbre est celle de Wieliczka et de Bochnia, près de Cracovie, en Pologne. Ce sont de véritables villes souterraines, où il y a des rues, des places publiques, des églises. Plusieurs centaines de mineurs et leurs familles y sont nés et y finissent leurs jours.

CHARLES. — Comment, papa, sous terre !

M. Edmond. — Sous terre, à 400 mètres de profondeur.

Charles. — Oh ! c'est effrayant. Que de peine il faut donner aux autres pour se procurer la moindre chose ! J'aime mieux le sel marin, on n'a pas tant de mal à se le procurer.

M. Edmond. — Mais tu comprends que ces mines donnent un bénéfice considérable, et, comme je te le dis, occupent un grand nombre d'ouvriers qui, sans cela peut-être, manqueraient de travail, et par conséquent de pain.

Charles. — C'est égal, ces gens-là doivent se trouver bien malheureux.

M. Edmond. — Pas plus malheureux que toi et moi. Le bonheur que nous pouvons goûter sur la terre, dépend beaucoup plus de notre disposition intérieure que des circonstances plus ou moins fortunées que nous traversons ; et en cela la bonté de Dieu se montre d'un manière admirable. Tel pauvre s'assied gaiement pour manger son pain grossier et son morceau de fromage, non loin de la demeure où un riche s'ennuie devant sa table somptueuse, si même il n'y est pas dévoré de soucis.

Charles. — Oh ! c'est vrai, papa, et tu m'en as déjà fait faire la remarque.

M. Edmond. — Et puis ces mineurs étant nés dans les souterrains, y ayant toujours vécu, n'imaginent rien de plus désirable que l'apaisement de leurs besoins naturels ; et s'ils ont le bonheur d'avoir des sentiments religieux, ils savent trouver Dieu à ces profondeurs comme en présence du soleil.

Charles. — Oh ! oui, le bon Dieu se penche vers

eux, il les voit et les entend, perdus qu'ils semblent pour nous autres.

M. EDMOND. — Après les mines de sel de la Pologne, les plus remarquables sont celles de la Catalogne, en Espagne, à Cardona. Celles-ci renferment une montagne de sel, qui **a** plusieurs centaines de mètres de hauteur.

CHARLES. — Quel morceau de sel ! — Est-ce qu'il n'y en a pas en France ?

M. EDMOND. — Nous en avons neuf en exploitation. La plus remarquable est celle des environs de Dieuze, dans le département de la Meurthe. Elle offre une masse de soixante-huit mètres d'épaisseur.

CHARLES. — Alors nous n'avons pas besoin d'en demander à nos voisins, d'autant plus que nous avons trois mers, qui nous en donnent encore, la Manche, l'Océan et la Méditerranée. — Veux-tu maintenant me dire, ce que c'est que le *poivre* ?

M. EDMOND. — Le poivre est le fruit d'un abrisseau des Indes qu'on appelle poivrier ou piper. Les grains séchés et réduits en poudre sont cette épice âcre et brûlante avec laquelle on relève le goût des aliments, mais dont il faut ménager l'emploi.

CHARLES. — Quand il en tombe un petit grain sur la langue, on le sent bien. S'il n'y avait que moi pour l'envoyer chercher aux Indes, il y resterait assurément. Et le vinaigre ?

M. EDMOND. — Le vinaigre est, comme te le dit son nom, du *vin aigre,* c'est-à-dire du vin qu'on a laissé aigrir, ou qu'on a fait aigrir par des moyens artificiels. Orléans, chef-lieu du département du Loiret, est renommé pour la fabrication du vinaigre.

CHARLES. — Cela pique encore ; voyons le doux maintenant ; qu'est-ce que c'est que l'huile qu'on met dans la salade ?

M. EDMOND. — L'huile que l'on sert sur la table est donnée par l'olive, fruit d'un arbre qui croît très-bien dans le Midi de la France, et dont la culture exige très peu de soins.

CHARLES. — Ah ! je connais cela, les olives.

M. EDMOND. — Lorsqu'un veut obtenir des huiles de première qualité, on cueille avec soins les olives avant leur parfaite maturité, ou les porte au moulin, tout entières, c'est-à-dire sans en ôter le noyau, et elles sont broyées sous la meule. L'huile qui découle de cette pâte, c'est l'huile vierge ; elle est verte, et a d'abord une âcreté, qu'elle perd bientôt par le repos et la fabrication.

CHARLES. — On dit que l'huile est bien bonne pour adoucir les brûlures ; ce doit être surtout celle-là.

M. EDMOND. — Cette huile est excellente, ce qui est resté après le premier écoulement, est repassé au pressoir une ou deux fois avec de l'eau bouillante. On obtient ainsi une nouvelle huile, qui est encore assez fine, si les olives sont de bonne qualité. Enfin, le dernier résidu, soumis à l'action plus énergique d'une troisième meule, fournit une dernière qualité d'huile, qui s'emploie pour les lampes et pour la fabrication du savon.

CHARLES. — Ah ! il y a de l'huile dans le savon ? c'est sans doute ce qui le rend si doux. — Ainsi donc, l'huile est le jus de l'olive ?

M. EDMOND. — Il n'y a pas que l'olive qui donne de l'huile, on en extrait aussi des graines d'une sorte de pavot noir, dont la culture est assez répandue en France. Cette huile s'appelle huile blanche ou huile d'œillette; elle est parfaitement saine; aussi il est bien rare qu'elle ne se trouve mêlée en quantité plus au moins grande à l'huile d'olive du commerce.

CHARLES. — L'huile de pavot est-elle moins chère que l'huile d'olive?

M. EDMOND. — Sans doute, et elle est d'un goût bien moins fin. On reconnaît la fraude en agitant la bouteille où est l'huile; si cette huile mousse, il est certain qu'elle contient de l'huile blanche, parce que l'huile d'olive ne mousse jamais.

CHARLES. — Papa, pourquoi dis-tu la fraude?

M. EDMOND. — Parce que, puisqu'on vend cette huile pour être de l'huile d'olive pure, on ne devrait y mêler aucune autre chose.

CHARLES. — Pourquoi fait-on cela?

M. EDMOND. — Pour avoir un plus fort bénéfice.

CHARLES. — Oh ! je ne ferais jamais cela si j'étais marchand; mais je ne veux pas être marchand, je veux être, comme toi, dans un bureau, apprendre le plus possible, et tâcher d'être bon comme toi et maman.

EXERCICE.

Qu'est-ce que le sel? Qu'est-ce qu'un cristal? Que signifient ces mots *friable, soluble*? Quelle différence y a-t-il entre fondre et dissoudre? Comment obtient-on le sel marin? Où trouve-t-on le sel gemme? Quelle est la plus riche mine de sel de l'Europe? Où y a-t-il une montagne de sel? Quelle est la plus riche mine de sel de France? Qu'est-ce que le poivre? D'où vient-il? Qu'est-ce que le vinaigre? Quelle est la ville de France où se prépare le meilleur vinaigre? Quelle plante fournit l'huile que nous mêlons à nos aliments? Qu'est-ce que l'huile d'œillette? Comment reconnaît-on qu'il y a de l'huile d'œillette mêlée à l'huile d'olive?

XVII. — LES MONTAGNES.

Henri. — Je m'imagine, papa, que ce doit être bien intéressant de voyager dans les montagnes.

M. Jules. — C'est fort curieux, sans doute, mais il s'y présente souvent de grands dangers.

Henri. — Tu veux dire de grandes fatigues pour arriver en haut.

M. Jules. — Je ne reviens pas sur le mot danger, parce que d'abord on peut y être surpris par des temps épouvantables, des avalanches, mais de plus il n'est guère possible de s'y aventurer sans être conduit par des guides qui connaissent parfaitement les chemins, parce que souvent les étroits et rapides sentiers qu'il faut suivre pour les gravir, sont bordés de précipices affreux, d'une très grande profondeur, dans lesquels un mouvement à faux, un coup de vent, la moindre chose, peut faire disparaître, hommes et bêtes.

Henri. — Pourquoi dis-tu, hommes et bêtes ?

M. Jules. — Parce qu'on prend souvent des mulets pour gravir ces masses énormes. Leur pas est sûr ; cependant la chute d'un voyageur peut causer de graves accidents à toute une société.

Henri. — Oh ! mais alors, il faut une certaine détermination pour se risquer à aller visiter ces sommets.

M. Jules. — Très-certainement.

Henri — Je ne me faisais pas l'idée de toutes ces difficultés, je croyais qu'il n'y avait qu'à monter. Est-ce que les montagnes sont toutes de même ?

M. Jules. — Non, sans doute ; les unes sont arrondies à leur sommet comm.. des dômes ; d'autres sont comme des aiguilles, dans les Alpes, par exemple ; d'autres encore ont la forme de tours, de cylindres, de cônes, de pics, de murailles ; mais toutes offrent les mêmes difficultés au voyageur.

HENRI. De quoi est composée la masse des montagnes ?

M. JULES. — La masse des montagnes est composée de terre et de roche. On en a vues s'élever subitement, en bouleversant la surface du sol, tel que le mont Jorullo au Mexique, qui sortit de terre en 1759; d'autres, au contraire, s'écrouler, comme il arriva du mont Rosberg, qui, en 1806, s'écroula dans la vallée de Goldau.

HENRI. — Comment, papa, une montagne se former tout à coup, et d'autres s'écrouler ? mais c'est effrayant !

M. JULES. — Oui, sans doute, c'est effrayant, comme les tremblements de terre et les volcans.

HENRI. — Qu'est-ce qui peut causer ces terribles phénomènes ?

M. JULES. — Ce sont les feux souterrains.

HENRI. — Les feux souterrains? Il y a du feu sous la terre ?

M. JULES. — La chose est prouvée à n'en pouvoir douter ; nous sommes placés entre une fournaise immense et une glacière immense. Voilà pourquoi les montagnes présentent quelquefois des eaux thermales à leur pied, tandis que leur sommet ne perd jamais sa couronne de neige.

HENRI. — Des eaux thermales, que veut dire ce mot ?

M. Jules. — On appelle eaux thermales celles qui sortent plus ou moins chaudes du sein de la terre. Elles sont quelquefois brûlantes. Or elles ne peuvent avoir acquis cette haute température, qu'en se trouvant en contact avec des matières plus ou moins ardentes.

Henri. — C'est vrai ; c'est comme l'eau qui chauffe sur le feu. Mais pourquoi les montagnes ont-elles de la neige à leur sommet ?

M. Jules. — Parce que plus on s'élève, plus l'air est rare : alors il laisse passer les rayons du soleil sans s'échauffer sensiblement, voilà, pourquoi la neige n'y fond jamais à la surface.

Henri. — Ah ! voilà. Papa, tu m'as dit, qu'il y a encore dans les montagnes autre chose à craindre, que les mauvais temps et les précipices, je ne me rappelle plus le mot.

M. Jules. — Les avalanches.

Henri. — Les avalanches, oui ; qu'est-ce que c'est qu'une avalanche ?

M. Jules. — Une avalanche est une masse de neige qui se précipite avec fracas du sommet d'une haute montagne au fond des vallées. Cette masse se grossit sans cesse dans sa course, en entraînant avec elle les neiges qu'elle rencontre ; elle acquiert ainsi un volume très considérable, et sa rapidité est telle, qu'elle peut, par la violence avec laquelle elle refoule l'air, suffoquer les hommes et les animaux, qui se trouvent assez près de son passage. Il est inutile de dire que cette masse écrase et renverse les hommes et leurs habitations, et fait entendre un bruit plus terrible encore que celui du tonnerre.

HENRI. — A ce que je vois, les avalanches sont aussi redoutables que le vent.

M. JULES. — C'est vrai, mais l'espace où elles exercent leur funeste influence est beaucoup moins étendu.

HENRI. — C'est heureux.

M. JULES. — On a vu des malheureux qui, revenant au lieu où ils avaient laissé le matin leur habitation, leurs femmes et leurs enfants, ne trouvaient plus qu'une masse effroyable de neige, et se demandaient avec d'indicibles angoisses, si ces êtres aimés existaient encore, ou si l'avalanche les avait enseveli tout vivants.

HENRI. — Est-ce qu'on ne peut pas essayer de pénétrer cette neige ?

M. JULES. — Les efforts les plus énergiques ont toujours été tentés dans ces sortes de cas ; ils sont quelquefois couronnés de succès ; d'autres fois, ils restent infructueux.

HENRI. — La terre échauffée au printemps par les rayons du soleil, fond la neige qui la recouvre immédiatement, de sorte que les masses de neige qui reposaient sur ces couches inférieures, cessent d'avoir un point d'appui, et restent, pour ainsi dire, suspendues. Alors, le pas d'un homme, le grelot d'un mulet, le vol d'un oiseau, suffit pour amener la chûte de ces masses énormes.

HENRI. — Oh ! comme on doit avoir peur ! comme on doit marcher avec précaution ! C'est heureux qu'il n'y en ait qu'au printemps.

M. JULES. — Je ne te dis pas qu'il n'y en a qu'au printemps ; c'est à cette époque de l'année qu'elles sont plus fréquentes et plus dangereuses, mais il y en a aussi en hiver.

HENRI. — Cependant le froid doit empêcher la neige de fondre?

M. JULES. — Aussi en hiver les avalanches ne sont pas produites par la même cause; elles peuvent être déterminées par un vent très-violent, qui ébranle les masses de neige, ou par un froid très-intense et très-sec, qui pulvérise la neige, et lui fait perdre ainsi sa cohésion naturelle.

HENRI. — Qu'est-ce que c'est que la cohésion?

M. JULES. — La cohésion est la force en vertu de laquelle les particules des corps homogènes sont maintenues réunies, ou en vertu de laquelle elles résistent à l'effort qu'on fait pour les séparer.

HENRI. — Ah! je comprends; le froid resserrant la neige, les petites parties qui la composent, ne tiennent plus bien les unes aux autres, alors la masse est facilement ébranlée.

M. JULES. — C'est cela même.

HENRI. — Mais tu m'as dit encore un mot que je n'ai pas compris : des corps?...

M. JULES. — *Homogènes*, c'est-à-dire de même nature.

HENRI. — Ah! c'est facile à retenir. Des corps homogènes, sont des corps composés de parties de même nature.

M. JULES. — Bien

HENRI. — Ainsi, des avalanches, des temps affreux, des précipices, voilà ce qu'on rencontre dans les montagnes.

M. JULES. — Et nous n'avons pas encore parlé

du plus terrible des phénomènes, qui se produit le plus souvent dans les montagnes, des volcans.

HENRI. — Ah! c'est vrai.

M. JULES. — Quelquefois il sort de la bouche du volcan une vapeur noire; d'autres fois, cette large ouverture vomit de l'eau et de la boue, comme le Macalouba en Sicile, mais souvent aussi il s'en échappe des quartiers de rochers, des matières en fusion; les entrailles bouillantes de la terre s'élèvent, jusqu'à ce que leur formidable écume se répande au dehors, et coule, semblable à un fleuve de feu, l'espace de quelques kilomètres, sur les champs voisins, répandant partout le ravage et la désolation.

HENRI. — Sans doute que ces terribles accidents s'annoncent par quelques phénomènes?

M. JULES. — Souvent ils sont précédés de tremblements de terre, qui ne causent pas moins de terreur que les volcans eux-mêmes, car leurs effets sont aussi épouvantablement désastreux. En 1755, quelques secondes suffirent pour détruire les deux tiers de la ville de Lisbonne. Trente mille personnes périrent écrasées sous les débris de leurs propres demeures, qu'avait renversées un tremblement de terre.

HENRI. — Est-ce qu'il y en a souvent, des tremblements de terre?

M. JULES. — Assez souvent, mais ils sont loin d'avoir tous des résultats aussi déplorables. Il n'y a pas fort longtemps qu'une de nos colonies des Antilles, fut aussi maltraitée que Lisbonne.

HENRI. — Si l'on pensait toujours à toutes ces causes de désastres, on ne vivrait pas.

M. Jules. — Il faut vivre cependant, et vivre pleins de confiance en la divine Providence, qui veille sur chacun de nos pas, mais nous tenir prêts à répondre à son appel, de quelque manière et à quelque heure qu'il lui plaise de nous le formuler.

Henri. — Alors il est bien prouvé qu'il y a du feu sous la terre ?

M. Jules. — Parfaitement prouvé, et tu comprends maintenant que les volcans sont comme des soupapes de sûreté qui donnent une issue à la force expansive de la chaleur centrale de la terre, et empêchent de la sorte de plus grands bouleversements.

Henri. — C'est vrai, papa; mais je pense à ces tremblements de terre, à ces roches lancées en l'air, à ces fleuves de feu, et j'en frémis.

M. Jules. — Ce fleuve de feu s'appelle la lave.

Henri. — Est-ce qu'il y a beaucoup de volcans? moi je ne connais encore les noms que de trois.

M. Jules. — On en compte plus de 200 en activité sur la surface du globe, et il est à remarquer qu'ils se trouvent, en très-grande partie du moins, dans des îles ou non loin de la mer.

Henri. — Deux cents! Pourquoi dis-tu en activité?

M. Jules. — Parce qu'il y a un très-grand nombre de volcans éteints; nous en avons plusieurs en France, particulièrement en Auvergne. Quelques-uns de ces volcans, depuis longtemps au repos, dégagent continuellement, par leur cratère, des vapeurs de soufre, qui se condensent et forment ainsi des soufrières ou solfatares naturelles. La plus célèbre est celle de Pouzzoles en Italie.

Henri. — Tout cela est fort intéressant, mais c'est sérieux.

M. Jules. — Puisque nous parlons des montagnes, il faut dire un mot des glaciers qui s'y trouvent.

Henri. — Des glaciers? Ce n'est peut-être pas aussi terribles que les volcans.

M. Jules. — Non. Les glaciers sont d'énormes amas de glace qui se forment sur les flancs de certaines montagnes. C'est surtout dans les Alpes qu'on a étudié ce phénomène; mais il y en aussi dans les Pyrénées, et dans les montagnes de l'Asie et de l'Amérique. La surface d'un glacier est rarement unie; elle est souvent hérissée d'aiguilles fantastiques, de pyramides et d'obélisques de glace, dont la hauteur va quelquefois de 14 à 20 mètres; elle est sillonnée par des fentes, creusée par de nombreuses cavités, interrompue par des crevasses profondes, et percée de petits puits à parois azurées remplis d'une eau limpide.

Henri. — Ces amas de glace occupent donc une grande étendue, pour qu'il s'y trouve ces puits et ces obélisques?

M. Jules. — Très-grande. Cette étendue varie, mais celui d'Aletsch, le plus vaste de tous, a une longueur de 28 kilomètres, sur une largeur moyenne de 5.

Henri. — Oh! mais c'est immense!

M. Jules. — Aussi, on leur donne quelquefois le nom de mer de glace. Ces glaciers descendent incessamment vers la vallée, jusqu'aux régions cultivées;

de telle sorte que, dans la belle saison, les glaces et les moissons se trouvent presque en contact.

HENRI. — Est-ce que cette glace est bien épaisse?

M. JULES. — Certainement; cette épaisseur varie de 100 à 200 mètres.

HENRI. — Oh! quelle masse! Qu'il y a dans les montagnes de choses curieuses, quoiqu'elles soient quelquefois terribles!

M. JULES. — Avant de les quitter, allons nous reposer, en esprit du moins, au célèbre hospice que saint Bernard de Menthon fonda, en 982, sur le mont Saint-Bernard, dans les Alpes. Cet hospice, situé à 2,400 mètres au-dessus du niveau de la mer, est habité par des religieux, qui ont quitté toutes les joies de la terre pour venir attendre là le voyageur fatigué, et lui donner la plus cordiale hospitalité.

HENRI. — Quel sacrifice! car cela doit être bien triste de vivre là-haut, et il doit y faire bien froid!

M. JULES. — Rien n'est plus triste, en effet, que la vue que l'on découvre des fenêtres de l'hospice; toute végétation s'est arrêtée plus ou moins loin sur la route; l'homme et le chien ont pu seuls arriver jusqu'au sommet. Car ces bons religieux dressent des chiens à aller à la rencontre des voyageurs, à les découvrir sous la neige, à les réchauffer de leur haleine, à leur rendre un peu de vigueur en leur présentant une liqueur généreuse, qu'ils portent à leur cou dans une bouteille d'osier, à les conduire à l'hospice, quand ils ont la force de les suivre, à aller chercher les religieux, s'ils ne peuvent pas marcher.

HENRI. — Oh! c'est admirable!

M. JULES. — Oui, c'est admirable, et notre charité

à nous est bien peu de chose, n'est rien, auprès de cette charité qui a fait abnégation de tout. Et ils savent bien que leur vie sera courte sur ces sommets glacés ; mais qu'importe, pourvu qu'elle soit tout employée à faire le bien.

HENRI. — Oh ! je te remercie, papa, d'avoir terminé, par ce touchant tableau, ce que tu as eu la bonté de m'expliquer sur les montagnes. Comme tu disais, cela repose et fait grand bien au cœur ; ce n'est pas ce que je retiendrai le moins bien, je t'assure.

EXERCICE

De quoi sont composées les montagnes ? Que savez-vous du mont Jorullo, au Mexique ? Du mont Rosberg ? Quelle forme ont les montagnes ? Qu'y a-t-il à redouter dans les montagnes ? Qu'est-ce qu'une avalanche ? Qui la produit ? Qu'est-ce qu'un volcan ? Un glacier ? Quel est le plus immense ? La charité n'a-t-elle pas gravi ces redoutables sommets ?

XVIII. — DÉVOUEMENT HISTORIQUE.

CHARLES. — Aujourd'hui, pendant la récréation, le grand Larcher parlait, avec quelques-uns de sa division, d'une ville que les Anglais voulaient prendre, devant laquelle ils sont restés longtemps, et puis qu'ils ont prise, parce que les habitants n'avaient plus rien à manger. Ils faisaient chacun leurs réflexions. Il paraît que le professeur leur a donné cela à raconter ; c'était un concours, et ils avaient livré leur devoir. J'entendais bien quelques mots, mais pas assez pour faire une suite. Les uns parlaient du roi, les autres parlaient de la reine ; le roi était méchant, la reine était bonne. Je me suis promis que je te demanderai ce que c'est.

VICTORINE. — Il y a bien des histoires où l'on voit un méchant roi et une bonne reine ; le méchant Pharaon qui fait jeter dans la rivière tous les petits garçons des Israélites, et sa fille, la bonne princesse, qui sauve le petit Moïse, et le fait élever dans son palais.

CHARLES. — Ce n'est pas cela, c'était dans l'histoire de France.

VICTORINE. — Ah ! moi, je n'apprends encore que l'histoire sainte.

M. EDMOND. — Ce doit être du siége de Calais que tes camarades parlaient.

CHARLES, *vivement*. Oui, papa ; oui, c'est cela, le siége de Calais. Qu'est-ce que c'est qu'un siége ?

M. EDMOND. — Comme tu disais, les Anglais, conduits par leur roi Edouard III.....

CHARLES. — Oui, Edouard III ; c'était celui-là le méchant roi.

M. EDMOND. — Les Anglais voulaient nous prendre la ville de Calais, qui leur donnait une facile entrée en France, puisqu'entre Douvres et Calais le détroit est moins large que partout ailleurs ; mais les habitants de Calais étaient de nobles et fidèles citoyens, et la garnison était commandée par le brave Jean de Vienne ; Edouard III eut donc une peine extrême à réduire les Calaisiens. Ils le retinrent onze mois devant leur ville, et ce ne fut que lorsqu'ils furent réduits à n'avoir plus absolument rien à manger, lorsque les plus forts même pouvaient à peine se soutenir, qu'ils consentirent à se livrer à la merci du roi d'Angleterre, puisqu'ils n'avaient plus qu'à choisir entre ce parti, ou celui de se résigner à mourir de faim.

CHARLES. — Mais comment ne venait-on pas à leur secours?

M. EDMOND. — Il paraît que ce n'était pas facile, puisque notre roi Philippe VI, qui s'était avancé avec une armée jusqu'en vue des Calaisiens, se retira sans avoir rien tenté.

CHARLES. — Les pauvres habitants de Calais durent être bien désolés de le voir s'éloigner?

M. EDMOND. — Ils en furent dans une douleur extrême, et ce fut alors qu'ils supplièrent Jean de Vienne d'ouvrir des négociations avec le roi d'Angleterre, c'est-à-dire de voir s'il n'y avait pas moyen d'entrer en arrangements.

CHARLES. — Oh! je t'écoute. Que demandaient-ils à Edouard III?

M. EDMOND. — Ils lui demandaient la permission de quitter la ville, sans qu'il leur fût fait aucun mal; Gauthier de Mauny, que le roi d'Angleterre avait envoyé à Jean de Vienne, pour écouter ses propositions, répondit que telle n'était pas l'intention de son seigneur et roi, mais qu'il fallait que les Calaisiens se missent tous à sa volonté, pour qu'il rançonnât ou fît mourir à son gré.

CHARLES. — Oh! cela fait froid à entendre; n'avaient-ils pas assez souffert pendant ces onze mois que l'armée anglaise était restée devant la ville!

M. EDMOND. — Sans doute; aussi Jean de Vienne conjura le sire Gauthier d'implorer son roi en leur faveur, et de tâcher de leur obtenir des conditions moins dures. Le seigneur anglais retourna vers son maître, et lui rapporta les paroles et les humbles supplications du gouverneur de Calais ; mais Edouard, irrité de la longue résistance que lui avaient opposée les Calaisiens, et des pertes qu'ils lui avaient fait souffrir depuis longtemps sur la mer, voulait les faire mettre tous à mort.

CHARLES. — Tous les habitants d'une ville ! Oh ! c'est affreux !

M. EDMOND. — Gauthier de Mauny, qui était aussi généreux qu'il était brave, osa faire des représentations à son maître, et lui dire que cette cruauté était un bien mauvais exemple à donner.

CHARLES. — Ah ! voilà un noble cœur ; je l'aime cet Anglais-là ; je veux me rappeler son nom : Gauthier de Mauny !

M. EDMOND. — Il n'y eut pas que lui qui, dans cette circonstance, implora la clémence du roi en faveur de ce peuple, dont tout le crime était d'avoir été fidèle ; les barons et les chevaliers anglais qui étaient présents, se joignirent à lui, et conjurèrent Edouard de faire grâce aux Calaisiens.

CHARLES. — Oh ! c'était beau de voir tous ces guerriers prier pour ceux qui les avaient tant fatigués.

M. EDMOND. — Oui, c'était beau, c'était touchant ; mais ils n'obtinrent qu'une demi-grâce. « Allez dire au capitaine de Calais, » s'écria le roi, pour accorder quelque chose à leur pressante requête, « qu'il me livre six des plus notables bourgeois de la ville ; qu'ils viennent la tête et les pieds nus, la corde au cou, m'apporter les clefs de la ville et du château :

je ferai d'eux à ma volonté, et je prendrai le reste à merci. »

CHARLES. — Oh! quelle triste nouvelle à rapporter à la ville désolée!

M. EDMOND. — Mauny transmit à Jean de Vienne la réponse du roi. Le gouverneur fait aussitôt sonner le beffroi pour rassembler les habitants, et leur donne connaissance de la décision d'Edouard. Un silence profond, causé par la stupeur, règne d'abord dans toute l'assemblée; puis bientôt des sanglots éclatent de toutes parts. Quelles seront les victimes offertes à la vengeance du terrible Edouard? Cependant, il faut donner une réponse dans un délai fixé; le roi était impatient d'en finir. Soudain, le plus riche bourgeois de la ville, qu'on appelait sire Eustache de Saint-Pierre, se lève et dit : « Seigneurs, grands et petits, grande pitié serait de laisser mourir un tel peuple par famine ou autrement, quand on y peut trouver aucun moyen, et serait grande aumône et grande grâce envers Notre-Seigneur qui de tel mal les pourrait garder. J'ai si grande espérance d'avoir pardon de Notre Seigneur, si je meurs pour sauver ce peuple, que je veux être le premier, et me mettrai volontiers à la merci du roi d'Angleterre. »

CHARLES. — Ah! papa, que c'est beau!... Mais il en fallait six!

M. EDMOMD. — Les six victimes se trouvèrent, Jean d'Aire, Jacques et Pierre Wissant, deux frères, tous trois cousins d'Eustache, vinrent se placer près de lui pour partager son sort; deux autres, dont le nom s'est perdu, complétèrent bientôt le nombre demandé.

CHARLES. — Oh ! que c'est fâcheux qu'on ne sache pas les noms de ces deux derniers !

M. EDMOND. — Qu'importe un nom ! cela nous empêche-t-il de bénir leur mémoire, et de la placer bien haut dans notre admiration, et je dirai même dans notre amour?

CHARLES. — Oh ! non, papa, bien sûr. Nous savons qu'Edouard avait demandé six nobles citoyens de Calais, pour satisfaire sa vengeance, et qu'ils allèrent d'eux-mêmes au devant du triste sort qu'ils prévoyaient.

M. EDMOND. — Bientôt on les vit s'avancer vers la porte de la ville, conduits par le gouverneur, qui, blessé récemment, accablé de douleur et de fatigue, pouvait à peine se soutenir. Les larmes et les bénédictions de tous les habitants les accompagnaient. Le gouverneur les remit au sire Gauthier dans le piteux état que le roi avait demandé. « Messire Gauthier, lui dit-il, je vous délivre, comme capitaine de Calais, par le consentement du pauvre peuple de cette ville, ces six bourgeois. Si, je vous prie, gentil sire, que vous vouliez prier pour eux le roi d'Angleterre, que ces bonnes gens ne soient point mis à mort. »

CHARLES. — Papa, que c'est intéressant !

M. EDMOND. — Quand ils arrivèrent dans le camp anglais, et que Gauthier raconta ce qui s'était passé dans la ville, tous ceux qui se trouvaient-là, furent saisis d'admiration; mais Edouard lança à ces héros un regard terrible, et ordonna qu'on leur coupât la tête à l'instant. En vain Gauthier de Mauny lui représenta-t-il l'indignité d'une telle vengeance, sur des gens qui se livraient entre ses mains de leur propre gré, pour sauver leurs concitoyens ; en vain tous les barons et chevaliers qui entouraient le roi, lui firent-ils les mêmes prières, le roi demeura inflexible, et ordonna qu'on fît venir le bourreau. Alors la reine, Philippine de Hainaut, se jeta à ses pieds, fondant en larmes, et le conjura, avec de grandes instances, de pardonner aux bourgeois de Calais, pour l'honneur de Notre Seigneur et pour l'amour d'elle.

CHARLES. — Ah ! la voilà, la bonne reine ! Oh ! je me souviendrai bien de cette histoire, car elle est bien belle. Le roi va sans doute accorder à la reine ce qu'elle demande ?

M. EDMOND. — Le roi resta un moment sans répondre, puis, voyant la douleur de la reine, il lui dit enfin : « Hà ! dame, j'aimerais mieux que vous fussiez autre part qu'ici. Vous me suppliez de telle sorte que je n'ose vous refuser, et, quoique je le fasse à regret, tenez, je vous les donne, faites-en à votre plaisir. »

CHARLES. — Ah ! quel bonheur ! les voilà sauvés !

M. EDMOND. — La reine leur fit promptement ôter les cordes, les fit vêtir, leur fit servir à dîner, et les fit conduire en sûreté hors du camp, après leur avoir donné à chacun six pièces d'or.

CHARLES. — Ah ! tant mieux ! tant mieux ! je suis content. Et les pauvres habitants de Calais, que devinrent-ils ?

M. EDMOND. — Ils durent sortir de la ville sans

en rien emporter Le roi de France, Philippe VI, leur accorda des places, des priviléges, des propriétés, et leur abandonna tous les biens et héritages qui pourraient lui échoir par quelque raison que ce fût.

CHARLES. — Est-ce que les Anglais sont encore à Calais?

M. EDMOND. — Ils y sont restés deux cent onze ans, c'était bien assez! François, duc de Guise, le leur reprit en huit jours, en 1559, et depuis, nous le gardons.

CHARLES. — Oh! les Anglais ne l'ont pas aussi bien défendu que les Français; tu m'as dit, je crois, qu'Edouard III était resté onze mois devant, sans pouvoir le prendre, et que ce n'est que parce qu'ils n'avaient plus rien du tout à manger, que les Calaisiens avaient demandé à entrer en arrangement avec le roi d'Angleterre.

M. EDMOND. — Oui, la défense des Calaisiens fut héroïque, et leur gloire fut couronnée, complétée, pour ainsi dire, par celle des six d'entre eux qui se dévouèrent à une mort presque certaine pour sauver leurs frères.

EXERCICE.

Quel est le roi d'Angleterre qui voulut prendre la ville de Calais? Combien de temps la tint-il assiégée? Pourquoi les Calaisiens demandèrent-ils à capituler? Qui est-ce qui commandait dans la ville? A quelle condition le roi d'Angleterre voulut-il bien laisser la vie aux habitants de Calais? Quel fut le premier qui se dévoua? Que leur arriva-t-il? Que devinrent les habitants de Calais? Combien de temps les Anglais l'ont-ils gardé? Qui le leur a repris? En combien de temps?

XIX. — ANIMAUX UTILES.

HENRI. — Papa, je m'amusais à penser combien certains animaux nous sont utiles, et comme le bon Dieu nous a donné en eux de fidèles serviteurs.

Tu me ferais grand plaisir si tu voulais bien les passer en revue avec moi, pour me les faire connaître, car il y en a dont je ne sais guère que le nom.

M. JULES. — Je le ferai d'autant plus volontiers, que nous trouverons dans cette étude une occasion d'admirer et de bénir cette adorable Providence, qui a placé chaque être en son lieu, et qui lui a donné des facultés en rapport avec nos besoins. Commençons par le chameau, « le navire du désert, » comme l'appelle un de nos poètes.

HENRI. — Le chameau, cet animal dont l'extérieur est si peu agréable ! Je me rappelle en avoir vu au Jardin-des-Plantes avec mon oncle; il a une bosse sur le dos, n'est-ce pas?

M. JULES. — Oui, une bosse graisseuse, dont on peut dire exactement qu'il vit, quand, pour une raison ou pour une autre, il ne reçoit pas une ration suffisante à ses besoins.

HENRI. — Comment, papa, il mange sa bosse?

M. JULES. — Il ne la mange pas du tout, mais elle est absorbée au profit de son estomac, puisqu'alors elle diminue au point de n'être plus qu'une peau flasque et vide, flottant sur son dos.

HENRI. —Alors quand le chameau a jeûné un peu de temps, il n'a plus de bosse?

M. Jules. — Non, mais elle redevient pleine et solide, lorsque, sans excès de fatigue, il reçoit une alimentation suffisante.

Henri. — Voilà qui est particulier !

M. Jules. — Les ours et les marmottes vivent aussi sur leur graisse, pendant tout le temps que dure leur sommeil hivernal. Tu sais que certains animaux s'endorment dès les premiers froids et ne se réveillent qu'au printemps.

Henri. — Comme toutes ces choses sont intéressantes à étudier ! Il y a aussi des chameaux à deux bosses ?

M. Jules. — Oui; et dans cette espèce, les individus sont un peu plus grands que dans celle des chameaux à une bosse.

Henri. — Qu'est-ce que le chameau qu'on appelle dromadaire ? il n'a qu'une bosse.

M. Jules. — Le mot dromadaire veut dire *Coureur;* c'est comme un surnom qu'on lui donne à cause de sa vitesse. Les Arabes et les Égyptiens l'appellent *Méhari.* C'est en les habituant très-jeunes à lutter de vitesse avec les meilleurs chevaux, que les Arabes rendent les Méharis excellents coureurs.

Henri. — Alors c'est pour cela qu'on les appelle les navires du désert?

M. Jules. — Sans doute, et ce qui les rend surtout supérieurs aux meilleurs chevaux de course, c'est que ceux-ci se lassent au bout d'un temps assez court, et que le chameau marche presque indéfiniment ; puis il porte de lourds fardeaux.

Henri. — Alors cet animal rend de grands services à l'homme ?

M. Jules. — De très-grands. Une autre particularité qui le rend encore précieux, c'est qu'il est d'une sobriété extrême, et qu'il peut même se passer de boire pendant plusieurs jours, avantage incalculable dans des pays où l'on parcourt deux ou trois cents kilomètres, et même plus, sans trouver une goutte d'eau. Il sent une source de très-loin, et sert alors de guide à celui qui le monte.

Henri. — C'est un cadeau précieux que le bon Dieu a fait aux habitants de ces pays?

M. Jules. — Là ne se bornent pas les avantages qu'on peut retirer du chameau; le lait de cet animal est de bonne qualité, et plus abondant que celui de la vache; avec son poil le plus fin, on peut faire toutes sortes de tissus; avec le plus gros, qui est très-solide, les Arabes errants font l'étoffe de leurs tentes.

Henri. — Quoique le chameau ne vive pas dans nos climats, je suis bien aise d'avoir fait connaissance avec lui, puisque c'est un animal doux et utile.

M. Jules. — Très-doux, et très-utile.

Nous avons étudié un animal des pays chauds, passons maintenant en Laponie, et voyons le renne attelé à un traîneau, et courant sur la neige glacée, avec autant de facilité que sur un terrain ordinaire.

Henri. — Voilà bien cette Providence dont tu me parlais, papa; dans les sables brûlants, le chameau, qui sait découvrir les sources, quand il en est encore à une assez grande distance, et supporter lui-même plusieurs jours la privation de l'eau;

dans les pays froids, le renne, qui a les pieds faits pour courir sur la neige glacée, dont le sol est couvert dans ces climats. Le renne est-il aussi utile que le chameau ?

M. Jules. — Le renne fait toute la richesse des Lapons. La peau de cet animal, revêtue de ses poils, constitue une fourrure impénétrable, dont ils fabriquent leurs vêtements d'hiver ; l'été, il se servent des peaux dont le poil est tombé ; ils filent aussi ce poil.

Henri. — C'est commode ; si bien que le renne les habille en toute saison.

M. Jules. — La chair du renne leur sert de nourriture, son lait est encore plus substantiel que celui de la vache ; en un mot, pour le Lapon, le renne tient lieu du bœuf, de la brebis et même du cheval. Le renne, attelé à un traîneau, peut faire 24 kilom.(6 l.) à l'heure 125 kil. par jour (31 1. 1[4).

Henri. — C'est une locomotive bien chauffée. Est-il difficile à nourrir ?

M. Jules. — Pas le moins du monde : en été, il broute les boutons et les feuilles des arbres ; pendant l'hiver, il se nourrit uniquement d'une espèce de lichen, qu'il sait très-bien découvrir sous l'épaisseur de la neige, en se servant de ses pieds et de son bois. Comme les autres espèces du genre cerf, auquel il appartient, le renne est doux, inoffensif et s'apprivoise aisément.

Henri. — Je vois qu'il ne cause pas grand embarras, et que les Lapons doivent autant remercier le bon Dieu de leur avoir donné le renne, que les Arabes, d'avoir le chameau.

M. Jules. — Certainement. — Voyons maintenant le cheval.

Henri. — Ah ! c'est à nous, celui-là ! En voilà un animal qui nous est utile !

M. Jules. — Le cheval appartient à une famille de l'ordre des *pachydermes,* c'est-à-dire à cuir épais.

Henri. — Oh ! c'est bien heureux qu'il ait un cuir épais ! Il paraît que le bon Dieu pressentait la brutalité avec laquelle les hommes traiteraient quelquefois cet excellent serviteur, et il lui a préparé un bouclier naturel contre leurs coups ; j'en suis content.

M. Jules. — Les chevaux se nourrissent d'herbes et de graines. Ce sont les animaux les mieux doués de la nature, sous le rapport de la perfection des sens. Il a la vue excellente, et distingue les objets presque aussi bien la nuit que le jour, son oreille saisit aisément le plus léger bruit. L'odorat est peut-être plus parfait encore ; on assure que, dans l'état sauvage, il évente ses ennemis à plus de 5 kilomètres de distance.

Henri. — C'est commode, il peut ainsi les éviter. — Y a-t-il des chevaux partout ?

M. Jules. — Le cheval se trouve aujourd'hui répandu sur toute la surface du globe, mais ce sont les Européens qui l'ont importé en Amérique et dans la Nouvelle-Hollande. En nous donnant le cheval, la Providence nous a fait un don précieux. Dans l'agriculture, il contribue puissamment à nos récoltes, et ne nous en demande pour lui-même qu'une part bien modeste, celle-là même que nous ne pourrions consommer. Dans le commerce et dans l'industrie, il transporte nos marchandises manufacturières et nos produits, et, soumettant ses forces à la volonté de son maître, il rend dix fois plus grande la puissance de l'homme. A la guerre, il est ardent et impétueux.

HENRI.—Oh! oui! Tu te le rappelles, papa, quand nous avons vu passer une grande revue, à Paris, comme les chevaux s'animaient au son de la musique guerrière!

M. JULES. — Le son du clairon le fait bondir. A l'état de domesticité, c'est-à-dire lorsqu'il est entièrement soumis, qu'il vit avec nous, qu'il fait partie de la maison, le cheval se montre à nous comme un animal généralement intelligent, affectueux, et doué de beaucoup de mémoire. Si l'homme veut développer cet heureux naturel, il doit traiter le cheval en compagnon, en ami, et non pas en esclave. Sous le fouet de nos charretiers, le cheval s'abrutit, et dégénère au moral plus encore qu'au physique. Au contraire, l'intelligence, l'attachement, la fidélité du cheval arabe sont portés aussi loin qu'un animal en est capable, parce que l'Arabe traite son cheval comme un membre de sa famille.

HENRI. — Je crois, papa, que les chevaux arabes sont plus petits que ceux de notre pays.

M. JULES. — L'influence du climat, à laquelle il faut joindre celle de la nourriture, qui en est une suite, agit profondément, même sur les chevaux qui vivent à l'état de domesticité. Les extrêmes du froid et du chaud rapetissent leur taille moyenne, parce que ces deux conditions rendent les fourrages également rares; mais le petit cheval, ou poney d'Islande, et du nord de l'Europe, est vif, robuste et plein de feu. On a vu un poney des îles Schetland, haut de 80 centimètres seulement, faire en un jour plus de 50 kilomètres, en portant un cavalier de taille moyenne. Les petit chevaux des pays de montagnes, surtout ceux de la Corse et des Pyrénées, sont aussi ardents et aussi vigoureux que les poneys du Nord.

Henri. — Ainsi, papa, si nous rassemblons tous les avantages que nous tirons du cheval, nous voyons qu'il nous aide singulièrement et puissamment dans nos travaux, et que, quand il est bien traité, il est un excellent domestique et un ami.

M. Jules. — Ajoutons que nous tirons parti de sa peau, de son poil, de ses os, de ses sabots, de son sang, de ses intestins, et que, même en certains pays, sa chair est un aliment.

Henri. — Qu'il est affligeant de voir brutaliser indignement ces animaux! Si jamais j'en ai qui m'appartiennent, j'aurai soin qu'ils soient traités comme le méritent leurs services.

M. Jules. — Tu feras en cela une chose tout à fait juste.

Henri. — Pendant que nous sommes à parler des animaux qui nous transportent, nous et nos fardeaux, tu voudras bien, n'est-ce pas, me dire un mot de l'âne, car il me semble qu'il est aussi bien utile?

M. Jules. — Tu ne te trompes pas; si l'âne n'a pas les brillantes qualités du cheval, il en a aussi de véritables et bien précieuses; et même, quant à son extérieur, moins élégant que celui du cheval, et à son entêtement proverbial, on ne doit les attribuer qu'au peu de soins qu'on lui donne, et aux mauvais traitements qu'on lui fait subir.

HENRI. — C'est inconcevable, papa, qu'on soit dur pour un animal inoffensif, surtout quand cet animal rend des services.

M. JULES. — Et il en rend d'immenses au cultivateur peu aisé ; sa sobriété est telle, qu'il se nourrit des aliments que les autres animaux dédaignent ; sa patience est extrême ; il porte des fardeaux considérables, et la sûreté de son pied, bien supérieure à celle du cheval, le rend surtout précieux dans certaines localités.

HENRI. — Oui, j'ai entendu dire qu'il semble même rechercher les sentiers étroits et malaisés, et que son pied n'y bronche jamais.

M. JULES. — C'est vrai. Une chose encore qui est à considérer, c'est qu'il est bien moins sujet que le cheval aux maladies et aux infirmités. Sa vue est plus perçante, et il a également l'ouïe plus fine et l'odorat plus développé que le cheval.

HENRI. — Vraiment, je ne croyais pas que l'âne fût un animal si précieux ; je le regarderai maintenant avec plus de considération.

M. JULES. — Ajoute que le lait de l'ânesse est recommandé dans certaines maladies, que sa peau est remarquable par sa dureté et son élasticité. Tu ne te doutes peut-être pas, que ce cuir grenu, si estimé dans la reliure sous le nom de chagrin, n'est que de la peau d'âne.

HENRI. — Non, vraiment ; pauvre bête ! on fait plus d'honneur à sa peau, qu'on ne lui en fait à lui-même ! — Voyons le bœu. maintenant, s'il te plaît, papa.

M. Jules. — Le bœuf est un animal lourd, mais robuste ; il est en général lent dans ses mouvements, néanmoins il peut courir assez vite. Dans l'état de domesticité, il est doux, patient, et même capable d'attachement.

Henri. — Quel dommage, que cet animal soit si utile à notre nourriture ! car on le tue sans doute avant qu'il soit vieux.

M. Jules. — Certainement ; pour que la chair du bœuf ait toutes ses qualités, il faut que l'animal soit abattu, vers l'âge de huit ans, et il peut en vivre vingt. C'est avec la peau du bœuf, de la vache et du veau que l'on prépare les cuirs destinés à la confection des chaussures, des harnais, et à une multitude d'autres usages. Avec ses poils, on fait des manteaux de rouliers, presque imperméables.

Henri. — Que veut dire, je te prie, ce mot *imperméable ?*

M. Jules. — Qui ne laisse pas passer l'eau à travers.

Henri. — C'est bien commode pour ces pauvres gens qui voyagent par tous les temps !

M. Jules. — Sans doute. Les tourneurs font avec les os du bœuf une foule de petits ouvrages ; les cornes sont recherchées par les tabletiers, pour faire des tabatières, des peignes, des boutons ; son sang sert au raffinage du sucre, et à clarifier les vins, les sirops ; avec ses intestins, on fait des cordes pour des instruments de musique.

HENRI. — Que de choses obtenues d'un seul animal !

M. JULES. — Aussi on peut juger de l'état industriel et agricole d'un peuple, par le nombre de ces animaux qu'il entretient. L'Angleterre à cet égard l'emporte de beaucoup sur les autres pays.

EXERCICE.

Quels sont les principaux animaux utiles à l'homme ? Quelles sont les qualités du chameau ? Celles du renne ? Celles du cheval ? Pourquoi les chevaux du nord et du midi sont-ils de plus petite taille que ceux du centre ? Comment les Arabes traitent-ils leurs chevaux ? Quels services nous rend l'âne ? A quoi nous sert le bœuf ? Quel est notre impérieux devoir à l'égard de tous ces animaux ?

XX. — ANIMAUX UTILES.

(Suite).

HENRI. — Je crois connaître le mouton. C'est un animal très doux, que l'on élève surtout pour sa chair, qui est une excellente nourriture, et pour sa laine, que l'on emploie dans la fabrication de plusieurs espèces d'étoffes.

M. JULES. — Celle du mérinos surtout est recherchée pour sa finesse.

HENRI. — Le mérinos est donc un mouton ?

M. JULES. — Oui, c'est une espèce que les Espagnols ont d'abord reçue du nord de l'Afrique. Le premier troupeau que nous en avons eu, ne date que de 1766. Vingt ans après, le roi d'Espagne en fit présent d'un second troupeau à Louis XVI, qui les plaça à Rambouillet. Le traité de Bâle, en 1795, obligea l'Espagne à fournir annuellement à la France, pendant cinq ans, un troupeau de cent béliers mérinos et de mille brebis. Depuis, cet animal est très-bien acclimaté en France.

HENRI. — Je ne savais pas cela. Papa, je te prie, qu'est-ce que l'on appelle des moutons de pré salé ?

M. JULES. — Ce sont tout simplement des moutons que l'on engraisse sur le rivage de la Seine, dans les environs du village de Saint-Sauveur, qui est tout près de l'embouchure de ce fleuve. La chair de ces moutons est excellente.

HENRI. — Je croyais que c'était une espèce à part. — Maintenant, si tu veux, nous allons parler du chien, que je crois connaître aussi ; mais je vois bien que j'ai toujours quelque chose à apprendre.

M. JULES. — Le chien est l'ami le plus fidèle, le compagnon le plus agréable et le plus dévoué de l'homme ; on ne tarirait pas sur les qualités qui distinguent cet animal, et le rapprochent de nous, autant que la brute peut approcher de l'être intelligent.

HENRI. — J'en ai vu un, pas gros du tout, qui paraissait conduire un troupeau à lui tout seul ; le berger ne semblait pas s'en occuper, il le laissait faire.

M. JULES. — C'était ce que l'on appelle un chien de berger. Celui-ci pouvait se reposer sur son fidèle serviteur ; il n'avait pas à craindre qu'il laissât un mouton s'égarer ou rester en arrière. Voici un trait assez curieux qu'on rapporte à ce sujet. Un troupeau de près de deux mille bêtes à laine paissait dans les pâturages élevés des monts Cheviots, en Ecosse ; tout à coup il s'élève une de ces tempêtes, accompagnées de tourbillons de neige, qui sont fréquentes dans les montagnes, et le troupeau se trouve entièrement dispersé. La tempête apaisée, le berger désespéré cherche partout son bétail, et n'en a pas de nouvelles. Au bout de deux jours, le chien préposé à la garde des moutons les lui ramena, sans qu'il en manquât un seul. Les montagnards l'avaient vu, avec admiration, aller les chercher dans tous les vallons rocailleux, à 12 ou 15 kilomètres à la ronde, puis, quand il les avait vus au complet, les ramener à la bergerie.

Henri. — Quel aide précieux!

M. Jules. — Infiniment précieux. Et ne t'ai-je pas dit à quelle tâche les emploient les bons religieux du mont Saint-Bernard?

Henri. — Oh! oui; à découvrir les voyageurs sous la neige, et à leur donner les premiers secours. C'est admirable! Et puis, papa, ce qui ne l'est pas moins peut-être, c'est la patience avec laquelle on en voit conduire leur pauvre maître aveugle; car ils ne doitent pas être toujours for à leur aise, retenus par cette corde, et tenant une sébile dans leur gueule; cependant ils ne paraissent pas chercher à s'échapper.

M. Jules. — C'est ordinairement un barbet, appelé vulgairement caniche, qui remplit cet emploi touchant. Il n'existe pas de chien, qui soit plus attaché à son maître, et qui témoigne plus d'intelligence. C'est à cette race, qu'ont appartenu tous les chiens plus ou moins, savants qui ont paru jusqu'à présent.

HENRI. — Oh ! la plus belle de toutes les sciences est certainement leur fidélité et leur dévouement.

M. JULES. — Ces deux qualités se retrouvent dans presque toutes les variétés du chien à un degré plus ou moins éminent. Après avoir servi son maître de toutes ses forces, après lui avoir témoigné une obéissance et une affection qui ne sont surpassées chez les animaux par aucune autre obéissance, par aucune autre affection, il se laisse souvent mourir de douleur, après la mort de celui à qui il avait voué sa vie tout entière.

HENRI. — Oh ! la bonne bête ! l'excellente bête ! c'est bien tout cela que nous trouvons dans notre Séid. Quelle joie il témoigne, lorsque celui de nous qui était absent rentre à la maison ! Mais les petits chiens d'appartement ne paraissent pas avoir autant de cœur.

M. JULES. — Ils sont comme des enfants gâtés, peu attachés à leurs maîtres, et insupportables aux étrangers, qu'ils étourdissent de leur voix glapissante.

HENRI. — Oh ! oui, comme le chien de madame Duclos ; il faut attendre pour dire bonjour, qu'il ait fini d'aboyer. Aussi, quoique cette dame soit fort aimable, je n'aime pas beaucoup quand nous allons lui rendre visite, et ce n'est qu'à cause de son chien, qui fait vraiment plus de bruit qu'il n'est gros, et qui semble toujours vouloir dévorer ceux qui entrent.

M. JULES. — Celui-là est un roquet, c'est-à-dire un chien laid, hargneux et criard, mais qui rachète un peu tous ces défauts, par son extrême attachement pour sa maîtresse.

HENRI. — Pour moi, c'est la plus désagréable bête que je connaisse.

M. JULES. — Sa maîtresse n'en dit pas autant; il la distrait dans sa solitude; et puis, comme je te l'ai dit, il l'aime, cette maîtresse, et ce sentiment pare bien un être aux yeux de celui pour qui il l'éprouve.

HENRI. — Oh! c'est vrai, papa. Dieu a été bien bon de placer près de nous cet animal.

M. JULES. — Je me rappelle avoir entendu un monsieur, qui avait perdu sa femme et ses enfants, dire qu'il n'avait pas de plus grand plaisir que d'en auser avec son chien, que l'animal semblait le comprendre, lui répondre et prendre part à sa douleur.

HENRI. — Je le crois bien, papa. Te rappelles-tu l'autre jour, quand maman s'est levée un peu plus tard, parce qu'elle était indisposée, Séid allait aboyer après quelqu'un qui entrait. Je lui dis doucement : « Tais-toi, mon bon Séid, maîtresse est souffrante ; laisse-la dormir, » et le bon animal se tut, non pas seulement par obéissance, mais comme s'il avait le sentiment de la défense que je lui faisais.

M. JULES. — Il y a aussi des chiens de combat; ceux-là sont d'un autre genre d'utilité; ce sont ces gros chiens que l'on appelle boules-dogues. Quelques-uns, tel que le grand dogue, sont remarquables par leur courage et par leur force; ce dernier s'attache uniquement à son maître. — Les Esquimaux ont un chien qu'ils emploient comme bête de trait. Six ou sept de ces animaux, attelés à un traîneau chargé de 4 à 500 kilogrammes, font aisément en un jour un trajet de 80 à 95 kilomètres.

HENRI. — Les Esquimaux sont, je crois, un peupie qui habite le Labrador, au nord de l'Amérique septentrionale.

M. JULES. — Oui, vers le 60° degré de latitude nord, ce qui veut dire qu'il n'y fait pas très-chaud.

HENRI. — Maintenant, si tu veux bien me dire quelque chose des abeilles, tu me feras plaisir. Je sais bien que ce sont des insectes qui nous donnent la cire et le miel, à l'odeur si parfumée ; c'est même pour les présents qu'elles nous font, que je désire les mieux connaître.

M. JULES. — De tous les insectes dont nous sommes environnés, il n'en est point qui nous offrent un spectacle plus agréable et plus varié. Les abeilles paraissent dès les premiers beaux jours, et, chaque matin, se dispersent de tous côtés, pour recueillir le miel et la cire parmi les étamines et les sucs des fleurs. La récolte faite, elles reviennent à la ruche, où d'autres abeilles s'empressent de les débarrasser de leur fardeau. Tu as vu un de ces merveilleux gâteaux de cire, où sont creusées toutes ces petites cellules si régulières, et dessinées avec tant de symétrie.

HENRI. — Oh ! oui, papa, et je me rappelle mon étonnement en voyant cette perfection.

M. JULES. — L'abeille ne se trompe jamais dans les mesures qu'elle prend pour construire son habitation ; toujours cette forme hexagone, c'est-à-dire à six côtés, et de savants géomètres ont reconnu que c'est là forme qui ménage le plus la cire et l'espace. Les abeilles habitent quelques-unes de ces cellules, d'autres sont destinées à recevoir les œufs et à loger les petits; et d'autres enfin, à servir de magasins pour les provisions d'hiver.

HENRI. — Comme on se récrée l'esprit à étudier toutes ces choses ! O papa, nous sommes entourés de merveilles, quel bonheur de pouvoir y arrêter un peu notre attention !

M. JULES. — Rien ne fait plus de bien, car cette étude est pour nous comme un bain rafraîchissant, au milieu de toutes les préoccupations fatigantes de la vie.

HENRI. — Je crois que dans une ruche il y a une abeille principale, qu'on appelle la reine?

M. JULES. — Oui, et c'est elle qui est la mère de toutes les nouvelles abeilles qui naissent dans une ruche. Des œufs qu'elle a pondus dans les petites cellules, qu'on appelle aussi alvéoles, il sort d'abord des vers, que les abeilles ouvrières nourrissent avec leur trompe. Ensuite, ce ver reste près de quinze jours dans un parfait repos, et comme mort dans sa cellule, qui a été fermée avec un petit couvercle de cire. Dans cet état d'immobilité, on l'appelle nymphe. Quand le temps en est venu, l'insecte ouvre son tombeau, et en sort sous la forme d'une jeune abeille. Aussitôt les abeilles ouvrières s'empressent autour d'elle, l'essuient, la lèchent et lui présentent du miel.

HENRI. — Oh ! c'est ravissant ! et toutes ces transformations !...

M. JULES. — Toutes ces transformations, sans nul doute, ont un objet supérieur à tout le charme qui les entoure; elles doivent nous faire croire à celle qui nous est promise après que, nous aussi, nous aurons été quelque temps immobiles dans le tombeau.

HENRI. — Oh! oui, papa, je commence bien à comprendre que le bon Dieu nous parle, non-seulement par ceux qu'il a particulièrement chargés de nous instruire, mais encore par les mille voix de la création.

M. JULES. — Tu le comprendras d'autant mieux que tu apporteras plus d'attention à tout ce qui s'offre à tes regards dans l'immense domaine de la nature, car le brin d'herbe raconte sa puissance et sa bonté aussi haut que le chêne. — Une qualité remarquable encore qu'ont les abeilles, c'est leur extrême propreté; jamais elles ne salissent d'aucune ordure l'intérieur de leur demeure, et si l'on vient à les enfermer, elles se laissent mourir plutôt que de souiller leur habitation.

HENRI. — Oh! que de leçons nous donne ce faible insecte! Je les aimais déjà, je les regarde maintenant presque avec respect.

M. JULES. — Tu as raison. L'harmonie, l'ordre, le travail pour le bien général, les bons offices de toutes pour chacune, la modération en toutes choses, sont des vertus bien désirables dans la famille et dans la société.

HENRI. — Je tâcherai de me le rappeler, car il serait honteux d'être au-dessous d'un animal dans l'accomplissement des grands devoirs que le bon Dieu nous a imposés.

M. JULES. — N'avons-nous pas vu ensemble comment on tire le miel des alvéoles dans lesquelles les abeilles le déposent?

Henri. — Oui, papa, chez M. Gervais. On pose les gâteaux de cire sur des claies, et l'on porte la température à l'entour de 20 à 30 degrés. Tu vois que j'ai fait attention. Alors la partie la plus pure du miel s'écoule sous l'action de la chaleur. C'est le miel vierge ou miel blanc. Quand il cesse de couler, on soumet les gâteaux de cire à une forte pression, et l'on obtient un miel plus coloré, plus épais, et qui a besoin d'être purifié; c'est le miel jaune.

M. Jules. — C'est bien cela. — Passons maintenant à l'étude d'un autre insecte auquel le luxe et l'industrie sont grandement redevables.

Henri. — Oh! ce doit être le ver à soie.

M. Jules. — Justement. On assure que le ver à soie est originaire du nord de l'Inde. Tout le monde sait que c'est une espèce de chenille qui se nourrit de la feuille du mûrier, et s'enveloppe, pour passer à l'état de chrysalide, d'un tissu de filaments très-fins que nous appelons soie.

Henri. — Je te prie, papa, que veut dire ce mot chrysalide?

M. Jules. — Le mot chrysalide exprime communément l'état d'une chenille renfermée dans sa coque, sous la forme d'une espèce de fève, avant de se transformer en papillon. Ce mot vient du mot grec *chrusos, or*, à cause de la couleur dorée de la plupart des chrysalides.

Henri. — Du grec *chrusos*, qui signifie *or*; merci, papa. — Y a-t-il longtemps qu'on connaît cet animal en Europe?

M. Jules. — Depuis le règne de l'empereur Justinien, vers la moitié du VIe siècle.

Henri. — Du temps des fils de Clovis Ier, n'est-ce pas, papa?

M. Jules. — Oui. Des missionnaires chrétiens, ayant pénétré en Chine, y observèrent les vers à soie et leurs travaux, et la manière d'utiliser leurs cocons. Ils parvinrent à se procurer des œufs de ces insectes, les cachèrent dans des bâtons creux, et arrivèrent à Constantinople, où ils les présentèrent à l'empereur. On fit éclore les œufs dans du fumier, et l'espèce s'en est très-bien propagée sur notre continent.

Henri. — Mais comment fait cet insecte pour fabriquer ce fil admirable?

M. Jules. — Il a sous la bouche une espèce de filière, par deux ouvertures de laquelle il fait sortir deux gouttes de gomme; ce sont là les deux quenouilles qui fournissent continuellement la matière dont il fait son fil.

Henri. — De la gomme?

M. Jules. — Oui, cette gomme qui coule par les deux ouvertures, en prend la forme, et s'allonge en un double fil, qui acquiert la consistance et la longueur nécessaires pour envelopper le ver, quand il en sera temps. Il assemble les deux fils en un, en les collant l'un sur l'autre avec ses pattes de devant. Ce double fil est non-seulement très-délié, mais très-fort.

Henri. — Est-il bien long?

M. Jules. — Chaque cocon a un fil de plus de 500 mètres de long, et comme ce fil est double, et collé l'un sur l'autre dans toute sa longueur, il se trouve que chaque cocon a plus de 1000 mètres de fil.

Henri. — 1000 mètres ! Oh ! mais c'est prodigieux.

M. Jules. — La vie de cet insecte est très-singulière ; il change trois fois de peau dans moins d'un mois, avec des alternatives d'abstinence complète. Enfin il se prépare à la retraite, et fait sortir de sa filière le fil dont il s'enveloppe, et en compose une sorte de petite coque, qu'on appelle cocon. Il y repose tranquillement, et la percerait au bout de quinze jours pour en sortir, si on ne le tuait en l'exposant aux ardeurs du soleil, ou en le mettant dans un four.

Henri. — Pauvre petite bête ! Mais comment fait-on pour prendre ses 1000 mètres de fil ?

M. Jules. — On jette les cocons dans l'eau chaude, et on les agite avec quelques légers brins de bouleau pour en tirer les commencements des fils, et l'on dévide la soie sur un dévidoir fait exprès.

Henri. — Ainsi, c'est à un insecte que nous devons nos plus riches tissus !

M. Jules. — Oui, un ver devient une bénédiction pour des provinces entières, un objet considérable de commerce, et une source de richesses.

Henri. — N'est-ce pas Louis XI qui a établi les manufactures de soieries de Tours ?

M. Jules. — Oui, en 1470, et il y appela des ouvriers de l'Italie et de la Grèce ; c'est à Henri IV que la ville de Lyon doit l'installation de ses fameuses fabriques, dont les produits sont si renommés.

EXERCICE.

Qu'est-ce qu'un mérinos ? Qu'appelle-t-on moutons de présalé ?

Quel est, parmi les animaux, le plus fidèle ami de l'homme ? Quelles sont les qualités qui distiguent les principales races ! Un exemple de l'intelligence du chien de berger ? À quoi certains religieux dressent-ils les chiens ? Qu'est-ce qui distingue le caniche ? Quel est le caractère du roquet ? A quoi les Esquimaux emploient-ils les chiens ? Dites quelque chose du travail des abeilles. Quelle est leur manière de vivre entre elles ? A quoi nous font penser toutes les diverses transformations que nous voyons subir aux animaux ? Jusqu'à quel point les abeilles poussent-elles la propreté ? Qu'est-ce que le miel vierge ? comment l'obtient-on ? Qui a apporté les vers-à-soie en Europe ? A quelle époque ? Qu'est-ce qu'une chrysalide ? D'où vient ce mot ? Quelle est la longueur du fil de soie d'un cocon ? Comment le prend-on ? Qui a établi les manufactures de Tours ? En quelle année ? Et celles de Lyon ?

XXI. — LE PAIN.

CHARLES. — Papa, je te prie, pourquoi ne mangeons-nous pas toujours du pain comme ces petits pains de seigle que l'on vend un sou? Moi, je les trouve bien bons.

M. EDMOND. — Oui, le seigle fait un pain sain, savoureux et qui se conserve longtemps frais, mais il est beaucoup moins nourrissant que le blé à poids égal. C'est-à-dire que si tu absorbes 100 grammes de seigle, ton estomac se sera autant fatigué pour le travail de la digestion que si tu avais absorbé 100 grammes de pain de blé, et tu te trouveras avoir faim beaucoup plus tôt, parce que le seigle contient moins de substance propre à l'alimentation.

CHARLES. — Je ne comprends pas bien, puisqu'il y aura 100 grammes de chacun.

M. EDMOND. — Voilà encore que tu ne fais pas attention. Écoute : Vous arrivez, toi et ta sœur, pour dîner; mais il faut attendre un peu, et pour que votre estomac ne se fatigue pas, je remplis deux

petits verres exactement pareils, c'est-à-dire tenant
chacun autant, l'un d'eau, l'autre de vin, et je vous
les donne à boire ; quel est celui de vous deux dont
l'estomac pourra le mieux attendre ?

CHARLES. — Celui qui aura bu le vin.

M. EDMOND. — Mais cependant les deux verres
tenaient autant ?

CHARLES. — Ah ! papa, je suis bien étourdi ; c'est
que le vin est plus nourrissant que l'eau.

M. EDMOND. — Maintenant tu as compris. Ce n'est
pas la quantité de ce que l'on prend qui nourrit,
c'est la qualité ; voilà pourquoi le meilleur pain,
c'est-à-dire celui qui nourrit le mieux à poids
égal, est le pain fait avec le froment, la meilleure
des céréales. Il est certain que si tu absorbes une
quantité plus considérable de seigle, tu seras autant nourri qu'avec 100 grammes de froment, mais,
je le répète, il y aura une fatigue plus grande de
l'estomac pour opérer la digestion.

CHARLES. — Oh ! j'ai compris tout à fait maintenant. Mais, je te prie, avec quoi fait-on donc le
pain ? car, quoique nous en mangions tous les jours,
nous le trouvons toujours bon, à moins que nous ne
soyons malades.

M. EDMOND. — C'est très-simple, je t'assure ; il
ne faut que de la farine, de l'eau, un peu de sel et
un peu de levain.

CHARLES. — Rien que cela ? mais il y a une manière de préparer ces choses.

M. EDMOND. — Sans doute. Il faut d'abord que
la farine soit travaillée avec de l'eau, de manière à
en être bien pénétrée. Quand cette première opé-

ration est faite, on ajoute à cette pâte une certaine quantité de levain.

CHARLES. — Qu'est-ce que c'est, je te prie, que du levain?

M. EDMOND. — Le levain est de la pâte aigrie que l'on mêle à celle que l'on a obtenue avec l'eau et la farine simple. Cette pâte aigrie détermine, dans la masse à laquelle elle est mêlée, une fermentation qui donne lieu à un dégagement de gaz acide carbonique, et rend la pâte beaucoup plus légère, c'est-à-dire de digestion plus facile. Si l'on ne mettait pas ce levain dans la pâte, on ne produirait qu'un pain compacte, lourd et difficile à digérer.

CHARLES. — D'où viennent donc tous les trous qu'il y a dans le pain?

M. EDMOND. — Ces trous, qu'on appelle les yeux du pain, se forment au moment où le gaz se dégage. Il boursoufle la masse, et y produit ces yeux qui rendent la pâte plus légère.

CHARLES. — Et le sel, quand le met-on? en met-on beaucoup?

M. EDMOND. — On met le sel dans la pâte fermentée, ou le levain, avant de la mêler avec la farine que l'on veut employer. A Paris, on met 500 grammes de sel pour 150 kilogrammes de farine.

CHARLES. — Les ouvriers qui font le pain, ont bien du mal, car souvent, en passant auprès des boulangeries, on les entend geindre.

M. EDMOND. — Oui, lorsqu'ils pétrissent la pâte, qu'ils la portent de droite à gauche, puis de gauche à droite, en la manipulant, en la divisant en gros blocs ou pâtons, qu'ils soulèvent, puis laissent retomber de tout leur poids, afin d'y introduire l'air qui favorise la fermentation.

CHARLES. — Et puis, ils travaillent toujours la nuit; et ce four si chaud! comme cela doit être pénible de se tenir devant pour y placer les pains!

M. EDMOND. — Ce serait une bien utile pensée que celle de la peine qu'ont un grand nombre de nos semblables pour préparer les choses qui nous sont nécessaires. D'abord nous y trouverions un motif pour endurer plus patiemment celle que nous pouvons avoir nous-mêmes, et il en naîtrait un sentiment de compassion qui étouffe l'orgueil, et fait germer une foule de bons sentiments.

CHARLES. — Oh! oui, papa. Je t'assure que je les plains en moi-même, quand j'en vois quelquefois le soir qui prennent le frais avec leurs longues jupes, leurs bras et leurs jambes nus. Pauvre gens!

M. EDMOND. — Quand la pâte est bien pétrie, on la divise en pâtons, auxquels on donne la forme et le poids qu'on désire avoir, puis on les saupoudre avec un peu de remoulage, ou mieux avec de la farine de maïs, pour qu'ils ne puissent s'attacher ni aux doigts, ni aux objets.

CHARLES. — Puis, on les met au four?

M. EDMOND. — Pas encore. On les place dans des corbeilles appelées panetons, garnis d'une grosse toile. Là ils prennent l'apprêt, c'est-à-dire qu'ils fermentent et gonflent avant d'être enfournés.

Lorsque l'apprêt est arrivé à un point convenable, on procède à l'enfournement.

CHARLES. — C'est là le moment à redouter.

M. EDMOND. — On ouvre le four, on en retire

toute la braise, on le nettoie, puis on y place les pains, en ayant soin de mettre les plus gros au fond ensuite les moins gros, en terminant par les plus petits, qui, devant rester moins longtemps au four, doivent être placés plus près de la bouche. L'intérieur doit avoir 300 degrés de chaleur.

CHARLES. — Les laisse-t-on longtemps dans le four?

M. EDMOND. — Les pains de deux kilogrammes doivent y rester de 36 à 40 minutes ; quand on les retire, on a soin de les isoler, afin que la vapeur se dégage plus aisément.

CHARLES. — Et les pains de gruau, avec quoi les fait-on?

M. EDMOND. — Avec la partie la plus riche, la plus nourrissante du froment, celle qui ne se réduit pas en farine, quand on écrase le froment entre des meules peu serrées.

CHARLES. — Ah! c'est cela qu'on appelle le gruau?

M. EDMOND. — Le gruau de froment, car il y a aussi le gruau d'avoine?

CHARLES. — Et le pain bis?

M. EDMOND. — Le pain bis est aussi un pain de froment, dont la couleur provient de ce que les parties corticales n'ont pas été séparées de la farine. Tu vas me demander ce que c'est que les parties corticales ?

CHARLES. — Oui, papa, car je ne connais pas ce mot.

M. EDMOND. — Ce sont tout simplement les parties qui appartiennent à l'écorce.

CHARLES. — Ah ! merci. Et le vermicelle, avec quoi est-il fait ?

M. EDMOND. — Le vermicelle est une pâte alimentaire non fermentée faite avec du gruau de froment.

CHARLES. — Et la semoule, je te prie, papa ?

M. EDMOND. — La semoule est une pâte faite avec la farine la plus fine réduite en petits grains.

CHARLES. — Le macaroni doit être à peu près la même chose.

M. EDMOND. — Oui, c'est une pâte pour laquelle on emploie aussi une farine très-fine, et que l'on dispose en tubes, comme tu le connais.

CHARLES. — Maintenant que nous avons parlé du pain et des pâtes, qui font une partie de nos aliments, tu me feras plaisir, papa, de me parler demain des boissons, du vin, du cidre, de la bière.

M. EDMOND. — Volontiers.

EXERCICE.

Pourquoi ne mangeons-nous pas toujours du pain de seigle ? Que veut dire « plus *nourrissant à poids égal* ? Avec quoi fait-on le pain ordinaire ? Comment fait-on le pain ? Qu'est-ce que le levain ? D'où viennent les trous qu'il y a dans le pain ? Pourquoi, en faisant le pain, porte-t-on la pâte de droite à gauche, de gauche à droite, qu'on la soulève et la laisse retomber ? Quelle est la température du four lorsqu'on y met le pain ? Combien de temps un pain de 2 kilogrammes, doit-il y rester ? Qu'est-ce que le pain de gruau, le pain bis ? Avec quoi fait-on le vermicelle ? la semoule ? le macaroni ?

XXII. — DU VIN, DU CIDRE, DE LA BIÈRE.

CHARLES. — Papa, tu m'as promis de me parler

aujourd'hui des boissons ordinaires, je vais bien t'écouter.

M. EDMOND. — La plus généreuse boisson de l'homme, celle qui a été connue dès la plus haute antiquité, c'est le vin. Le vin proprement dit est la liqueur alcoolique, c'est-à-dire chargée d'alcool, que l'on obtient par la fermentation du jus du raisin. Un bon vin rouge contient ordinairement environ 88 parties d'eau, sur 100 parties obtenues par la pression du grain ; l'alcool vient ensuite, et c'est à cette substance que le vin doit sa propriété enivrante ; plus il y est abondant, plus le vin est chaud et généreux.

CHARLES. — C'est vrai, on sent que le vin pur fait chaud à l'estomac ; je sais maintenant que c'est parce qu'il s'y trouve quelque chose que l'on appelle de l'alcool.

M. EDMOND. — Ou esprit de vin.

CHARLES. — L'alcool ou l'esprit de vin, c'est donc la même chose ?

M. EDMOND. — Oui.

CHARLES. — Ah ! j'avais bien déjà entendu dire *de l'esprit de vin*, mais je ne connaissais pas le mot alcool ; c'est sans doute le mot savant.

M. EDMOND. — C'est cela même.

CHARLES. — Avant de mettre le raisin dans la cuve où on l'écrase, ôte-t-on les queues des grappes ?

M. EDMOND. — Puisque nous en sommes aux mots savants, disons les pédoncules.

CHARLES. — Pédoncule veut donc dire la queue ?

M. Edmond. — Pédoncule est le nom que l'on donne à la tige qui supporte la fleur ou le fruit.

Charles. — Encore un mot que je ne connaissais pas, et je crois qu'il y en a encore beaucoup d'autres. Eh bien, je te prie, ôte-t-on les pédoncules?

M. Edmond. — Non, le plus souvent; cependant dans certaines localités, où l'on veut obtenir des vins d'une qualité supérieure, on les en débarrasse.

— Quand le raisin est jeté dans les cuves, des hommes le foulent afin de briser les grains et de déterminer ainsi la fermentation nécessaire. En effet, elle ne tarde pas à se manifester par de petites bulles d'acide carbonique qui se forment dans la masse, et viennent crever à la surface. Ce premier phénomène est bientôt suivi d'une augmentation notable de chaleur, qui se fait sentir dans les cuves; puis tout s'y met en une sorte d'ébullition, pendant laquelle l'acide carbonique se dégage en grande abondance. Quand il ne se produit plus de bulles, que le moût ne bout plus, le liquide se trouve coloré en rouge; il a perdu sa douceur, et a acquis la saveur vineuse; c'est ce que nous appelons le vin.

Charles. — Combien de temps faut-il pour produire ce changement?

M. Edmond. — La durée en est très-variable; certains vins ne peuvent supporter la cuvée que six à sept heures, et d'autres sont à peine assez faits au bout de neuf jours. Cela dépend de plusieurs causes qui activent ou retardent la fermentation, laquelle le débarrasse de la plus grande partie des impuretés qui s'y trouvent. Cette fermentation dure environ quinze jours, après quoi on le soutire de nouveau.

CHARLES. — Et ce qui reste dans les cuves, est-ce que ce n'est plus bon à rien ?

M. EDMOND. — Après le soutirage, on enlève les pellicules et les grappes qui sont dans la cuve, et on en obtiént, au moyen du pressoir, le vin qui y est resté, toujours en proportion considérable. Ce vin est bon, et on le mêle avec le premier. On fait ensuite une boisson nommée piquette, en soumettant les grappes à un nouveau pressurage, et en y ajoutant de l'eau.

CHARLES. — Il ne doit pas y avoir beaucoup d'alcool dans cette piquette, elle n'enivre pas?

M. EDMOND. — C'est une boisson tout à fait commune.

CHARLES. — Pourrait-on faire du vin blanc avec du raisin rouge ?

M. EDMOND. — Oui; mais il faudrait avoir soin de soutirer le vin avant la fermentation, dès que le grain serait écrasé, parce que ce n'est que par la fermentation que la matière colorante contenue dans la pellicule extérieure est dissoute.

CHARLES. — Tu m'as dit, papa, que le bon vin rouge contient ordinairement quatre-vingt-huit parties d'eau sur cent parties, mais tu ne m'as pas dit qu'on mît de l'eau dans les cuves en écrasant le raisin.

M. EDMOND. — On n'en met pas non plus; cette eau se trouve naturellement dans le grain de raisin, comme l'alcool; c'est ce que l'on appelle la partie aqueuse, c'est-à-dire la partie d'eau.

CHARLES. — Ah ! je n'avais pas compris cela; que

je suis donc ignorant ! — Papa, voudrais-tu bien me dire maintenant comment on fait le cidre ?

M. Edmond. — Le cidre est une liqueur fermentée que l'on extrait des pommes, et qui, dans certains pays, en Normandie, en Bretagne, par exemple, remplace le vin. Le cidre de Normandie jouissait déjà d'une grande réputation dès le XIII⁰ siècle.

Charles. — Fait-on du cidre avec toutes les pommes ?

M. Edmond. — On le pourrait à la rigueur, mais on ne prend guère pour cette fabrication que les espèces qui ne sont pas propres à la table. Quand le cidre a été fait avec de bons fruits et traité avec soin, et qu'il n'est pas trop nouveau, il donne une boisson agréable, saine et généreuse, qui produit la plupart des effets du vin. Les habitants des pays qui en font habituellement usage, sont forts, robustes, frais et d'un bel embonpoint. Mais les cidres faits avec des fruits gâtés ou trop mûrs, les cidres troubles et altérés, sont indigestes, malsains, et peuvent produire beaucoup d'accidents.

Charles. — C'est comme toutes les choses mal préparées, elles font du mal au lieu de nourrir. — Ah ! voyons la bière maintenant.

M. Edmond. — La bière est après le vin la boisson la plus salubre ; elle a pour base l'orge, germée et soumise à la fermentation, et le houblon. La petite bière et la bière de force moyenne coupée d'eau calment parfaitement la soif, en même temps qu'elles stimulent légèrement l'estomac, et accélèrent la digestion. Les bières fortes, dites aussi bières doubles, ont des propriétés nutritives assez prononcées. La bière est la boisson ordinaire des Scandinaves, des Allemands, des Belges, des Hollandais, des habitants de la Grande-Bretagne.

CHARLES.—Nous en buvons bien aussi en France ; moi, je l'aime, mais quand elle ne pique pas trop.

M. EDMOND. — Lorsque la bière a été faite avec soin, c'est une très-bonne boisson ; mais lorsqu'elle est mauvaise, elle peut occasionner des désordres, et donner des coliques.

EXERCICE.

Quelle est la boisson la plus généreuse ? Qu'est-ce que l'alcool ? Combien le bon vin rouge ordinaire contient-il de parties d'eau, sur 100 ? Qu'est-ce qui colore le vin ? Peut-on faire du vin blanc avec du raisin rouge ? Quand le raisin a été écrasé dans la cuve, à quoi voit-on que la fermentation commence ? Qu'est-ce que la piquette ? Avec quoi fait-on le cidre ? Quelles sont les propriétés du bon cidre ? Avec quoi fabrique-t-on la bière ? Quelles sont les propriétés de la bonne bière ? Quels sont les peuples dont elle es a boisson ordinaire?

XXIII. — DES LIQUIDES

HENRI. — Papa, je viens de m'amuser à aider à Jean à arroser ses fleurs, mais j'ai voulu lui aider aussi à tirer de l'eau, j'en ai eu assez d'un seau. Tant que le seau était dans l'eau, cela allait bien ; mais lorsqu'il a fallu l'arracher, puis l'enlever, j'ai dû prier Jean de venir m'aider, je ne sais si j'en serais venu à bout. Pourquoi donc était-il si léger dans l'eau, et si lourd hors de l'eau?

M. JULES. — Je suis satisfait de ta question, elle

va me conduire à te faire quelques explications. Sache donc qu'un corps solide plongé dans un corps
liquide y perd une partie de son poids égale au poids
du liquide qu'il déplace. Ainsi, supposons un corps
capable de déplacer cinq décimètres cube d'eau,
comme un décimètre cube d'eau pèse un kilogramme,
ce corps pesé dans l'eau donnera cinq kilogrammes
de moins que si on le pèse dans l'air.

HENRI. — Oh! voilà qui est particulier! et à quoi
attribue-t-on cet effet?

M. JULES. — Cette diminution de poids que les
corps éprouvent, lorsqu'ils sont plongés dans un liquide, est due à la pression de bas en haut que le
liquide exerce contre la surface des corps immer-
gés; c'est ce que l'on appelle la *poussée des liquides.*

HENRI. — Je ne savais pas que les liquides eus-
sent la propriété de peser de bas en haut; les solides ne pèsent que de haut en bas.

M. JULES. — Oui, mais les liquides pèsent non-
seulement de haut en bas, de bas en haut, mais encore latéralement, c'est-à-dire de côté; voilà pourquoi l'eau entre dans un bateau qui est percé dans
le fond, pourquoi les digues qui retiennent les eaux
d'un lac, d'un étang, se crèvent quelquefois, cédant
à l'effort qu'elles supportent, et que l'eau exerce sur
elles latéralement.

HENRI. — Quelle est donc la raison de ces pressions dans tous les sens?

M. JULES. — C'est que les molécules en sont extrêmement mobiles, et, étant pressées elles-mêmes

par l'air, elles doivent faire effort contre tout ce qui leur fait obstacle.

HENRI. — D'après ce que tu me disais qu'un solide diminue de poids à proportion du poids d'eau qu'il déplace, qu'arriverait-il s'il déplaçait un poids d'eau égale à son propre poids?

M. JULES. — Si on le pesait alors, il ne ferait pas incliner l'aiguille de la balance, elle resterait parfaitement verticale, le poids serait nul, et ce corps lui-même resterait stationnaire dans le liquide à quelque profondeur qu'on le mît, parce qu'il s'y trouverait en équilibre.

HENRI. — Et s'il était plus lourd?

M. JULES. — Il irait au fond.

HENRI. — Et s'il était plus léger?

M. JULES. Il ne s'enfoncerait pas, il surnagerait, ou ne s'enfoncerait que jusqu'à ce qu'il eût déplacé un poids d'eau égal au sien.

HENRI. — Mais, papa, si on le mettait au fond de l'eau?

M. JULES. — Réponds toi-même. Quand tu es dans un bain, si tu joues avec un morceau de liége, que tu l'entraînes au fond de l'eau, puis que tu viennes à le lâcher, qu'arrive-t-il?

HENRI. — Oh! il remonte à la surface. Mais, papa, j'ai une petite difficulté qui me vient à l'idée.

M. JULES. — Voyons.

HENRI. — Si je pose une planche sur l'eau à plat, sur son côté le plus large, elle flotte sur l'eau; si je la tourne dans l'autre sens, elle s'enfonce; pourquoi cela, puisqu'elle ne pèse pas plus d'une manière que de l'autre?

M. Jules. — Non, elle ne pèse pas plus ; mais le poids de l'eau qu'elle déplace, présentée par le côté étroit, n'est pas égal au sien ; donc elle se trouve plus lourde comparativement au volume d'eau déplacé, et elle va au fond. Dans l'autre sens, au contraire, elle offre une surface assez étendue pour que l'eau déplacée égale son propre poids ; alors elle surnage.

Henri. — Ah ! voilà ce qui m'embarrassait ; je me disais : Il y a bien assez d'eau sous la planche pour la soutenir, — mais c'est qu'il ne faut compter que le poids de l'eau que la planche déplace.

M. Jules. — C'est cela.

Henri. — J'ai besoin de me le répéter ; il est un peu difficile, je t'assure, de comprendre par exemple, que mon couteau, qui n'est pas lourd, va aller au fond de l'eau, si je le lâche, et que la barque dans laquelle nous montons plusieurs personnes, surnagera ; mais c'est parce que la barque est assez large et assez longue pour déplacer, en s'enfonçant, un poids d'eau égal au sien et à celui des personnes qui sont dedans.

M. Jules. — Tu y es tout à fait maintenant, et tu ne t'étonneras plus de voir flotter sur la mer ces lourds bâtiments si pesamment chargés, comme nous en avons vu au Havre.

Henri. — Non ; je me dirai : Ce bâtiment ne va pas au fond de la mer, parce qu'il est construit de manière à déplacer, en entrant dans l'eau, un poids d'eau égal à celui de toute sa masse, et des marchandises qu'il contient.

M. Jules. — Bien. Maintenant tu comprends aussi

pourquoi les esquifs légers et les immenses bâtiments semblent glisser sur la surface des eaux.

Henri. — Cela dépend de la manière dont ils son construits.

M. Jules. — C'est bien clair, n'est-ce pas?

Henri. — Oh ! oui, papa. — Voudrais-tu m'expliquer comment on établit un jet d'eau dans un jardin ; pourrions-nous en avoir un ici ?

M. Jules. — Certainement ; il ne s'agirait que de placer un réservoir à une certaine élévation, et d'y adapter un tuyau recourbé, percé à son extrémité de plus ou moins de trous ; la pression de l'eau contenu dans le réservoir ferait jaillir le liquide à l'extrémité du tuyau ; l'eau s'élèverait à peu près au niveau du réservoir.

Henri. — Cela ne paraît pas bien difficile ; mais pourquoi l'eau, en jaillissant, s'éleverait-elle jusqu'au réservoir?

M. Jules. — J'ai dit à peu près, parce que la pression de l'air d'une part, et la force d'attraction de la terre de l'autre, l'empêcheraient d'y atteindre tout à fait, mais c'est une propriété qu'ont les liquides, de se mettre toujours de niveau. Si tu verses de l'eau dans une théière, cette eau s'élèvera dans le bec juste à la même hauteur que dans le corps de la théière. Cette propriété qu'ont les liquides de se mettre de niveau, sert à faire monter l'eau aux différents étages d'une maison, jusqu'à la hauteur d'un réservoir quelconque.

Henri. — Outre les services immenses que l'eau nous rend pour nos besoins journaliers de nourriture et de propreté, je crois qu'on l'emploie encore comme force pour aider à faire mouvoir des machines?

M. Jules. — L'eau mise en mouvement est capable d'effets prodigieux, et l'homme a su les mettre à profit, les appliquer à une foule de besoins et de travaux. C'est ainsi qu'un faible cours d'eau dirigé de manière à venir frapper les aubes d'une roue de moulin, fait tourner cette roue, qui alors elle-même met en mouvement tout le mécanisme intérieur du moulin, et broie ainsi le grain qu'on y a placé. Lorsqu'on veut obtenir des effets plus puissants, on rend le courant d'eau plus rapide, ou on le conduit à une certaine hauteur, d'où il retombe avec une force d'autant plus grande que cette hauteur est plus élevée. C'est ainsi que, dans les ports de mer, dans les usines, dans les scieries, l'eau est employée comme force motrice, et, par son secours, l'homme peut accomplir des choses qui lui seraient impossibles, s'il était privé de ce puissant agent. Mais c'est surtout lorsqu'elle est réduite à l'état de vapeur, qu'elle produit les effets mécaniques les plus vigoureux et les plus constants dont l'industrie ait encore pu se prévaloir.

Henri. — A quoi tient donc cette puissance de la vapeur? c'est si léger, il semblerait que c'est si peu de chose!

M. Jules. — L'eau soumise à la chaleur se transforme en vapeur ; or, une quantité d'eau à l'état liquide occupant un décimètre cube, chauffée à cent degrés et réduite en vapeur, occupera un espace dix-sept cents fois plus considérable, parce que la vapeur cherche toujours à s'étendre. C'est cette force de tension de la vapeur qui emporte les wagons sur la route de fer, et produit ces effets prodigieux de mécanique dont les anciens n'avaient pas même l'idée.

HENRI. — Qui est-ce qui a eu l'idée le premier de se servir de la vapeur comme force?

M. JULES. — Ce fut un médecin français, Denys Papin, vers le milieu du dix-septième siècle, et l'appareil qu'il composa porte le nom de *marmite de Papin*, ou digesteur. Cette découverte servit à démontrer la puissance mécanique de la vapeur, et le pouvoir dissolvant de l'eau portée à des températures plus hautes que cent degrés. On emploie encore aujourd'hui le digesteur à extraire des os une substance alimentaire très-abondante, qu'on nomme *gélatine*.

HENRI. — N'était-ce pas une découverte bien importante?

M. JULES. — Très-importante. La détermination de la force élastique de la vapeur d'eau à différentes températures, a été regardée à juste titre par les savants, comme un des problèmes les plus intéressants et les plus utiles de la physique

HENRI. — Ç'a a été le point de départ, et depuis, bien certainement, on a perfectionné cette découverte et on en a fait de nouvelles applications?

M. JULES. — Sans doute; les plus belles, les plus importantes sont les machines à vapeur, nom qu'on donne à toute machine dont le moteur est la force élastique de la vapeur de l'eau bouillante.

HENRI. — Un moteur, c'est ce qui met en mouvement, n'est-ce pas, papa? Je te fais cette question qui est peut-être un peu simple, mais c'est afin d'être certain que je comprends bien tout ce que tu prends la peine de m'expliquer; c'est si intéressant!

M. Jules. — Tu ne te trompes pas, le *moteur* est l'agent qui imprime le mouvement. Pour mettre une machine quelconque en mouvement, il faut nécessairement employer une certaine puissance; or, toute source de puissance mécanique porte le nom de moteur.

Henri. — Est-ce bien compliqué, une machine à vapeur?

M. Jules. — Une machine à vapeur se compose de trois choses : une chaudière, où l'eau se forme en vapeur; un cylindre en fonte contenant un piston; un espace appelé condenseur, destiné à condenser la vapeur par le refroidissement, lorsqu'elle a produit son effet.

Henri. — Papa, s'il te plaît, qu'est-ce qu'un piston?

M. Jules. — Un piston est une pièce mobile qui est fixée à l'extrémité d'une tige, et qui reçoit alternativement un mouvement de va-et-vient, dans un cylindre où elle glisse à frottement. Tu comprends que ce mouvement alternatif produit dans les pompes une aspiration et un refoulement du liquide ou de l'air dans le cylindre. Dans la machine à vapeur, la force qui fait mouvoir le piston vient de l'intérieur pour agir au dehors; dans les pompes, au contraire, la force vient de l'extérieur pour agir dans l'intérieur.

Henri. — Explique-moi, je te prie, comment la vapeur fait aller un bateau ou des wagons.

M. Jules. — C'est très-simple. La tige du piston est liée à un balancier ou levier, auquel elle communique un mouvement alternatif qui, par le moyen d'une manivelle, se transforme en un mouvement de rotation continu.

Henri. — Alors c'est à peu près comme le rémouleur, qui par le mouvement de son pied, fait tourner sa meule?

M. Jules. — Justement. Eh bien, la manivelle de la machine à vapeur, mène ce qu'on appelle un *arbre de couche*, qui transmet le mouvement, soit à l'aile du bateau à vapeur qui fend les eaux, soit à la roue de la locomotive qui entraîne à sa suite un ou plusieurs wagons, soit aux instruments qui doivent travailler la pierre, le bois, les métaux, etc. Par des dispositions extrêmement ingénieuses, la machine à vapeur gouverne elle-même son propre travail, en sorte qu'elle n'exige guère que le service d'un homme, chargé de ne point la laisser manquer de combustible.

Henri. — Mais, papa, j'ai déjà entendu dire que les machines à vapeur éclatent quelquefois.

M. Jules. — Sans doute qu'il faut des connaissances et du soin pour construire ces machines. Il est important que la résistance des parois de la chaudière dans laquelle se forme la vapeur, soit proportionnée à la force élastique que cette vapeur doit y acquérir; de plus, il faut encore que celle-ci ne puisse dépasser sa limite de tension. C'est pour cela que toute chaudière doit être munie de plusieurs soupapes de sûreté de différents genre, afin de prévenir les graves accidents que peut occasionner un excès de tension dans la chaudière.

HENRI. — Oh ! que toutes ces choses sont intéressantes à étudier !

M. JULES. — Oui, mon ami ; de même qu'on ne se lasse pas d'admirer les merveilles de la nature, et d'y rencontrer partout la main qui les a prodiguées avec tant d'amour, de même on ne se lasse pas d'admirer ce que le génie de l'homme peut découvrir, ce qu'il peut créer, parce qu'après tout ce génie n'est qu'une étincelle émanée de l'Intelligence souveraine, c'est un des plus beaux présents que le Créateur ait faits à la créature. Aussi, l'homme ne doit point s'en enorgueillir, il ne doit en éprouver qu'un immense sentiment de reconnaissance, d'autant plus que, mille fois, la Providence, sous le nom de hasard, est venue à son aide, et l'a mis sur la route du progrès dans les sciences et dans les arts !

EXERCICE.

Pourquoi un corps pèse-t-il moins dans l'eau que dans l'air ? Dans quels sens sont les pressions des liquides ? Qu'arrive-t-il lorsqu'on met dans l'eau un corps plus léger que l'eau ? Un corps de poids égal ? Un corps plus lourd ? Comment les barques et les immenses bâtiments peuvent-ils surnager ? Comment établit-on un jet d'eau ? A quoi tendent sans cesse les liquides ? Quelles sont les applications de cette propriété ? L'homme ne se sert-il pas de l'eau comme d'un aide puissant ? Qu'est-ce qu'un moteur ? De quoi se compose une machine à vapeur ? Qu'est-ce qu'un piston ? Comment la vapeur fait-elle aller un bateau, une locomotive ? A quoi est analogue le mouvement qu'imprime le piston ? Quelle est la force de tension de la vapeur de l'eau bouillante ? Quelles sont les précautions à prendre pour une machine à vapeur ? L'homme peut-il se glorifier de ses découvertes, et des travaux de son génie ?

XXIV. — DU SON. GAZ POUR L'ÉCLAIRAGE.

VICTORINE. — Dis-moi, je te prie, papa, pourquoi quelquefois, quand une personne me parle, je n'entends pas tout de suite ce qu'elle me dit, et que je l'entends un peu après, quand elle ne parle plus !

M. EDMOND. — C'est parce qu'il faut un certain temps au son pour arriver jusqu'à notre oreille. Ne te rappelles-tu pas que nous en avons parlé un jour, au sujet du temps qui s'écoule entre l'éclair et le coup de tonnerre, que nous avons dit alors que le son parcourt 340 mètres par seconde.

VICTORINE. — Ah ! oui ; je l'avais oublié.

M. EDMOND. — Et pour que le son conserve cette vitesse, il faut que rien ne contrarie sa propagation, sa marche.

CHARLES. — Qu'est-ce que c'est donc que le son ? Je sais bien que c'est quelque chose que l'on entend, mais qu'est-ce qui produit ce quelque chose ? J'agite la sonnette, j'entends un bruit clair, distinct ; je pose un doigt dessus, ce n'est plus la même chose ; d'où vient cela ?

VICTORINE. — Ah! oui, papa, je me le suis souvent demandé aussi.

M. EDMOND. — Le son est le résultat des vibrations d'un corps sonore, transmises de proche en proche jusqu'à l'oreille, par l'air environnant ; s'il n'y a pas de vibrations, il n'y a pas de son ; s'il n'y a pas d'air, le son n'est pas propagé.

VICTORINE. — Qu'est-ce que c'est que des vibrations?

M. EDMOND. — C'est le mouvement d'allée et de venue qu'exécutent les molécules d'un corps solide, lorsqu'une cause quelconque les dérange momentanément de leur position d'équilibre. Frappe légèrement avec ton couteau sur ton verre, les molécules du cristal éprouveront à l'instant une sorte de frémissement, qui leur fera rendre un son; pince une corde de mon violon, il en sera de même. Vous comprenez maintenant que, si les molécules d'un corps ne sont pas mises en mouvement, il n'y a pas de son.

VICTORINE. — Ah! oui, je comprends bien.

CHARLES. — Et moi aussi.

M. EDMOND. — Eh bien maintenant, vous devez comprendre aussi comment en mettant le doigt sur l'objet sonore, vous en changez le son?

CHARLES *vivement*. — Oh! oui, papa, c'est parce qu'on arrête les vibrations.

M. EDMOND. — C'est cela. Maintenant comprenez-vous comment, s'il n'y a pas d'air, le son n'arrive pas à notre oreille.

CHARLES. — Pas tout à fait.

M. EDMOND. — Il faut que ce mouvement de vibration, qui a été imprimé au cristal, à la corde, ou à tout autre corps, se communique de proche en proche pour pouvoir arriver jusqu'à nous. Ainsi, si l'on place un timbre d'horloge sous le récipient d'une machine pneumatique, qu'on le frappe avec un ressort quelconque, on entendra très bien le son; mais si l'on fait le vide sous la machine, c'est-à-dire si l'on en aspire l'air, on aura beau frapper le timbre, on n'entendra rien, puis qu'il n'y aura pas d'air pour nous apporter le son.

CHARLES. — Ah! c'est vrai.

M. EDMOND. — L'air est le principal véhicule du son, mais il ne l'est pas seul ; les liquides, les gaz et tous les corps solides, dont les molécules sont capables de se communiquer les vibrations, peuvent transmettre le son.

CHARLES. — Oh ! oui, papa. Un jour, chez mon oncle, Henri et moi, chacun à notre tour, nous nous amusions à promener une plume au bout d'une poutre, et celui qui était à l'autre bout, entendait très-bien le bruit que faisait ce léger frôlement. C'était donc les molécules de la poutre qui éprouvaient des vibrations, et nous transmettaient ainsi celles de la plume.

M. EDMOND. — Sans doute. C'est ainsi qu'en appliquant l'oreille sur le sol, on peut entendre le bruit du canon, le roulement du tambour ou les pas des chevaux, que les seules vibrations de l'air n'auraien tpas pu faire percevoir.

CHARLES.—Ah ! oui ; j'ai lu que les peuples qui ont de grands espaces autour d'eux, écoutent ainsi, pour découvrir la marche et le nombre de leurs ennemis.

VICTORINE. — Papa, tu as dit tout à l'heure un mot, que je n'ai pas bien compris : L'air est le principal....

CHARLES. Véhicule du son.

VICTORINE. — Oui, *véhicule*. Qu'est-ce que c'est que cela?

M. EDMOND. — On appelle véhicule ce qui sert à

transmettre, à conduire. Ainsi en disant : « L'air est le principal véhicule du son, » c'est comme si l'on disait : « L'air est ce qui conduit le mieux le son, ce qui le transmet le mieux. »

VICTORINE.—Ah ! Et l'air peut-il produire le son, ou ne fait-il seulement que le conduire ?

M. EDMOND. — L'air peut produire le son ; c'est lui qui résonne dans le murmure des zéphyrs, dans le sifflement du vent, dans les mugissements de la tempête.

VICTORINE. — Ah ! Et pourquoi une voiture fait-elle plus de bruit, quand elle entre sous une porte, dans une maison, que quand elle est dans la rue?

M. EDMOND. — Parce que, dans le cas que tu me cites, les ondes sonores étant comprimées, en largeur et en hauteur, acquièrent plus d'intensité, plus de force.

CHARLES. — C'est comme quand on crie dans un puits ; c'est la même raison, n'est-ce pas?

M. EDMOND. Oui ; les ondes sonores sont comprimées latéralement.

CHARLES. — Qu'est-ce que c'est que les ondes sonores ?

M. EDMOND. — Je vous ai dit que le son se propage de proche en proche, en excitant des vibrations dans différentes couches de l'air environnant, et ceci se passe d'une manière analogue à l'effet que produit une pierre que l'on jette dans l'eau tranquille ; on voit une multitude de cercles se former sur l'eau, autour du point où la pierre est tombée, et se propager au loin, les cercles s'élargissant toujours ; seulement pour le son, les ondulations, les

cercles, ne se forment pas seulement horizontale-
ment, ils se forment dans tous les sens. C'est cette
sorte de ressemblance qui a fait donner le nom
d'ondes sonores aux différentes couches d'air mises
en ébranlement par les vibrations d'un corps sonore.

CHARLES. — Alors, quand on resserre ces ondes
sonores, le son est plus fort !

M. EDMOND. — Oui. C'est sur ce principe que sont
établis les porte-voix, qui sont des cylindres évasés à
une de leurs extrémités, et dont on se sert en mer
pour se faire entendre de loin, et au milieu du bruit
des flots.

VICTORINE. — Papa, quelquefois on dit un mot,
ou plusieurs mots, et on en entend un, deux qui sont
répétés dans l'air, d'où cela vient-il.

M. EDMOND. — De ce que les ondes sonores ont
rencontré un obstacle qui les renvoie, comme le
mur contre lequel tu as lancé ta balle te la renvoie,
c'est ce qu'on appelle un écho.

CHARLES. — Mais alors, papa, il devrait y avoir
un écho dans toutes les salles, sous toutes les voûtes,
puisque les ondes sonores vont frapper les murailles qui doivent les renvoyer, et je n'en ai pas encore
entendu répéter des mots ; il n'y a qu'un certain
bruit, mais rien de distinct; pourquoi cela ?

M. EDMOND. — C'est que, pour qu'il y ait ce que
nous appelons un écho, il faut que la surface qui
renvoie les ondes sonores, soit à une certaine distance de l'oreille ; autrement le son direct et le son
répété, renvoyé, se confondent, et il n'y a plus
qu'une simple résonnance.

VICTORINE. — Papa, je te prie, qu'est-ce que l'accordeur fait à mon piano lorsqu'il vient l'arranger ?

M. Edmond. — Si la corde donne un son trop grave, il la resserre, la raccourcit; si, au contraire, elle donne un son trop aigu, il la détend, il l'allonge.

Victorine. — Mais pourquoi cela ?

M. Edmond. — C'est parce que ce qui fait la différence d'un son grave à un son aigu, provient du nombre de vibrations donné dans un certain temps ; plus la corde donne de vibrations, dans une seconde, par exemple, plus le son est aigu ; moins elle en donne, plus le son est grave. Tu comprends maintenant que si la note qu'elle donne est trop *haute*, il faut allonger la corde ; si la note est trop *basse*, trop grave, il faut la raccourcir.

Victorine. — Ah ! je n'avais jamais osé le lui demander, mais je suis contente de le savoir.

Charles. — Oh ! quelque chose que je serais content de connaître, c'est ce que l'on allume le soir, qui jette si promptement une si vive clarté, dès qu'on en approche une petite flamme. Je sais bien que cela s'appelle du gaz, mais voilà tout.

M. Edmond. — Pour t'expliquer cela le mieux possible, je suis obligé d'employer des termes un peu savants ; mais il n'y a pas de mal que tu te familiarises avec ces termes ; apporte donc toute ton attention, car, en effet, c'est intéressant, et tu le trouverais encore bien plus, si, comme nous, tu avais vu ces lanternes dans lesquelles on plaçait une lampe, et qui, sous le nom de réverbères, offraient leur pâle clarté à ceux qui traversaient la ville pendant la nuit.

CHARLES. — Il n'y a donc pas longtemps que l'on se sert de gaz.

M. EDMOND. — Depuis 1818 seulement. Quoique la découverte en soit due à un ingénieur français, nommé Philippe Lebon, ce sont les Anglais qui en profitèrent les premiers. En 1805, c'est-à-dire quatre ans seulement après la publication du mémoire de notre savant, plusieurs fabriques de Birmingham étaient éclairées au gaz.

CHARLES. — M. Philippe Lebon ne devait pas être content de voir des étrangers recueillir, avant ses compatriotes, le fruit de sa science et de son travail.

M. EDMOND. — Non, sans doute, car, comme il n'arrive que trop souvent à ceux qui font de grandes découvertes, qui émettent des idées nouvelles importantes, il fut accueilli avec indifférence, et mourut sans avoir eu la satisfaction de voir sa patrie réaliser ce qu'il avait conçu.

CHARLES. — Oh ! c'est triste, cela ; et tu dis, papa, que cela arrive souvent ?

M. EDMOND. — Très-souvent ; heureux encore quand on ne ravit pas l'honneur de la découverte à celui qui l'a réellement faite.

CHARLES. — Eh bien, je vais écouter de toute mon attention, ce que tu vas me dire sur celle-ci.

M. EDMOND. — Retiens d'abord qu'on donne le nom de *gaz* à des fluides aériformes permanents, c'est-à-dire qui persistent dans leur état, tant qu'ils ne sont soumis qu'à l'influence des seules forces naturelles.

CHARLES. — Voyons, que je répète. Un gaz est un

fluide, c'est-à-dire quelque chose dont les molécules ne se tiennent pas, au contraire, se fuient sans cesse, lorsqu'elles ne sont pas renfermées, et tendent à se disséminer, à s'éparpiller dans l'espace. Est-ce cela ? J'ai entendu le professeur des grands l'expliquer, et je l'ai copié pour le retenir.

M. EDMOND. — C'est bien cela, je suis content.

CHARLES. — Maintenant *aériforme,* cela veut veut dire qui a la forme de l'air. *Permanent,* tu viens de me l'expliquer, cela veut dire qui reste toujours gaz naturellement ; ce n'est pas comme la *vapeur,* qui redevient de l'eau dès qu'elle se refroidit. Mais, papa, tu m'as dit « les gaz, » il y en a donc de plusieurs sortes ?

M. EDMOND. — On en connaît une trentaine, dont quatre seulement sont à l'état simple ; ce sont l'oxigène, l'hydrogène, l'azote et le chlore. Sept seulement, parmi lesquels sont l'oxygène et l'azote, se trouvent à l'état libre dans la nature, les autres s'obtiennent par des opérations chimiques.

CHARLES. — Ah ! je ne savais pas cela. Et quel est celui qu'on emploie pour l'éclairage ?

M. EDMOND. — Le gaz de l'éclairage est essentiellement formé d'hydrogène carboné ; la flamme de l'hydrogène à l'état de pureté donne une lumière bien moins vive que celle de l'hydrogène uni au carbone en certaines proportions, et cette dernière est d'autant plus brillante, que l'hydrogène contient une plus grande quantité de carbone.

CHARLES. — Comment le trouve-t-on ce gaz hydrogène ?

M. EDMOND. — Le gaz hydrogène que l'on emploie

pour l'éclairage, se tire ordinairement de la houille ou charbon de terre ; pour cet effet on soumet la houille à la distillation, dans de grands cylindres en fonte. Le gaz qui se dégage va d'abord se rendre dans un condensateur rempli d'eau, où il se dépouille du goudron et d'autres gaz qu'il renferme, puis dans un dépurateur contenant de la chaux vive, qui le débarrasse en grande partie de son acide sulfhydrique. De là, il se rend dans le gazomètre, qui lui sert d'abord de réservoir, et d'où il est distribué par des tuyaux dans tous les lieux qu'il est destiné à éclairer. Je n'ai pas besoin de te dire que ce gaz est très-inflammable, tu vois toi-même la promptitude avec laquelle il prend feu, dès que l'allumeur approche sa mèche de l'extrémité du tuyau.

CHARLES. — Est-ce qu'il ne reste rien de la houille, quand on en a retiré le gaz ?

M. EDMOND. — Il reste le coke, que tu connais bien.

CHARLES. — Oh ! oui ; on en brûle beaucoup à la classe ; il donne beaucoup de chaleur, mais jamais je n'en vois sortir ni flamme, ni fumée.

M. EDMOND. — Le coke ne peut donner ni flamme ni fumée, puisqu'on en a retiré le gaz qui les produit.

CHARLES. — Ah ! je ne savais pas pourquoi. Papa, tu as nommé le carbone ; qu'est-ce que c'est, je te prie ?

M. EDMOND. — Le carbone est un corps solide qui se présente dans la nature et dans les arts, sous les aspects les plus variés. Le diamant, le graphite ou plombagine, le noir de fumée, la houille, l'anthracite, le coke, le charbon de bois, le charbon animal, sont des variétés de carbone.

CHARLES. — Je ne me serais pas douté que le diamant et le charbon appartinssent à une même classe.

M. EDMOND. — Lorsque tu auras fait quelques pas dans la route de la science, tu verras des choses qui t'étonneront encore davantage. Pour aujourd'hui reposons-nous ; amuse-toi à regarder cette illumination si prompte, qui se fait en ce moment par la ville, et qui n'est pas sans charmes, maintenant que le flambeau du jour verse sa clarté dans un autre hémisphère.

EXERCICE.

Qu'est-ce que le son ? Qu'appelle-t-on vibrations ? Quel est le principal véhicule du son ? Qu'est-ce qu'un véhicule ? L'air est-il le seul véhicule du son ? Exemple ? L'air peut-il *produire* le son ? Qu'est-ce que les ondes sonores ? Qu'arrive-t-il si on les comprime ? Qu'est-ce qu'un porte-voix ? Qu'est-ce qu'un écho ? Qu'est-ce qui fait la différence d'un son grave à un son aigu ? Que faut-il faire quand une corde de piano ou de violon donne un son trop grave ? Qu'est-ce que le gaz de l'éclairage ? D'où le tire-t-on ? Qui a découvert qu'on pouvait s'éclairer ainsi ? Depuis quand s'éclaire-t-on au gaz ? Qu'est-ce qu'un fluide ? Quelle différence y a-t-il entre un gaz et la vapeur ? Qu'est-ce que le coke ? Qu'est-ce que le carbone ?

XXV. — ON N'EST BIEN QU'A SA PLACE.

HENRI. — Que je suis heureux, papa, que tu puisses et que tu veuilles bien, chaque jour, me consacrer quelques instants pour m'aider à m'instruire ! Je vois tant de pauvres enfants qui n'ont jamais connu cette douce joie, qui ont appris à peine à lire et à écrire, d'autres qui n'ont rien appris du tout, et dont l'intelligence n'a jamais reçu la moindre culture ; ô papa, quel malheur !

M. JULES. — Oui, certes, c'est un grand malheur, parce que souvent ces pauvres petits êtres s'abrutissent tout à fait, leurs bons sentiments n'étant pas plus développés que les facultés de leur esprit ; ils grandissent dans la misère et dans le vice, et finissent souvent dans le crime.

HENRI. — Que c'est triste ! mon Dieu, que c'est triste ! on ne saurait trop le dire. Cependant, il est bien à croire que parmi ces petits délaissés, il y en a qui pourraient devenir des hommes remarquables par leurs vertus ou par leur science.

M. JULES. — Ils ressemblent à une riche terre dont nul ne prendrait soin, et qui, au lieu de se couvrir de florissantes moissons, ne donneraient que de mauvaises herbes, que des épines. Que de bons et nobles génies ont pris naissance dans les conditions les plus obscures !

HENRI. — Mais, papa, quelquefois les parents ne secondent pas comme ils le pourraient, les bonnes dispositions de leurs enfants, parce qu'ils ne les comprennent pas. J'ai été bien touché, je t'assure, en lisant quelques pages sur l'enfance de Charles Linnée, dans le livre que tu as eu la bonté de m'apporter hier. Ce pauvre enfant ne voulait s'occuper que de fleurs, et son père, croyant que c'était paresse et indocilité, parce qu'il cherchait toujours à se sauver dans les champs, son père, qui ne se doutait pas que son fils deviendrait un grand savant, le plaça en apprentissage chez un cordonnier, qui le traitait fort brutalement. Oh! moi qui ne serai jamais un savant, il me semble que je serais bien malheureux, si j'étais tout à coup privé de mes livres, et forcé de tenir un outil.

M. Jules. — Cependant tous ceux qui tiennent un outil sont loin d'être malheureux; il y a parmi les artisans, des hommes fort intelligents, et qui rendent de grands services; une des principales conditions pour être le mieux possible, c'est d'être à sa place, c'est-à-dire là où la Providence nous veut.

Henri. — Voilà sans doute, surtout, pourquoi Charles Linnée se trouvait si mal chez le cordonnier, parce que le bon Dieu a bien prouvé plus tard qu'il lui avait donné des capacités autres que celles qu'il faut pour raccommoder ou confectionner de la chaussure.

M. Jules. — As-tu vu combien il eut à souffrir lorsqu'il fut admis à suivre le cours de l'université d'Upsal? Ne recevant rien de sa famille, il se vit souvent obligé de reprendre son ancien métier pour subvenir à ses besoins de première nécessité. Cependant alors il était loin de se trouver malheureux, parce qu'il pouvait, chaque jour, satisfaire son goût pour son étude favorite, la botanique. Souvent le bon Dieu fait payer par des privations matérielles les ineffables joies de l'intelligence et du génie, tel que de nos jours notre grand et estimable peintre Hippolyte Flandrin, qui mangea si souvent du pain sec avant de pouvoir arriver à se fair* une petite réputation, lui dont on admire les travaux dans plusieurs de nos églises, et par qui l'Empereur fit faire son portrait en grandeur naturelle.

HENRI. — C'est vrai, papa, j'ai eu souvent occasion de le remarquer dans mes lectures. Mais comment se fait-il qu'il se trouve des gens pour remplir tant d'emplois bien pénibles et bien répugnants, pour lesquels la société est cependant bien heureuse de trouver des bras, mais desquels il semble que chacun devrait s'éloigner avec répugnance?

M. JULES. — Mon cher enfant, admirons encore ici le soin de la Providence, toujours bonne et attentive, dont nous devons nous attacher à ne pas contrarier les vues, mais au contraire, à suivre les desseins avec une confiance toute filiale. Tous les hommes ont une *vocation,* c'est-à-dire sont appelés par Dieu à faire telle ou telle chose. Toutes les fois que nous suivons cette vocation, que nous répondons à l'appel de Dieu, les choses sont dans l'ordre, et notre vie marche comme une machine dont les rouages sont bien réglés, sont tous à leur place. Si, au contraire, nous voulons faire ce que Dieu ne nous demande pas, ou ne pas faire ce qu'il nous demande, tout est gêné, contraint, tiraillé, parce qu'il y a désordre.

HENRI. — Je comprends très-bien cela ; ainsi, papa, tu crois qu'il y a des gens que le bon Dieu appelle à être balayeurs des rues, vidangeurs ou tout autre état aussi peu agréable?

M. JULES. — Très-certainement, j'en suis convaincu; et personne, dans quelque position si infime qu'il soit, n'est privé de la dose de joie et d'honneur que le bon Père du ciel accorde à tous ceux qui remplissent leur devoir, qui se sont mis à la place où il les veut, et qui en acceptent toutes les obligations, toutes les fatigues. Aussi ce mot, que j'ai entendu souvent répéter, est de la plus grande vérité : « Il y a des grâces d'état, » c'est-à-dire des grâces attachées spécialement à telle position, à tel moment difficile inhérent à la profession que l'on a embrassée par inspiration, par soumission à la volonté de Dieu.

HENRI. — Mais, papa, comment la connaître, cette vocation, cette inspiration ?

M. JULES. — Cela est d'abord le devoir des parents ; il faut étudier avec soin le caractère et les aptitudes des enfants ; souvent cette vocation se manifeste sensiblement et dès l'enfance, surtout pour les professions qui ne sont le partage que d'un petit nombre, le partage des âmes d'élite, sous le rapport du génie ou de la vertu.

HENRI. — C'est vrai, papa. Ce que tu me dis, me rappelle le fils de M. de Saint-Albin, qui voulait absolument se faire prêtre, et qui l'a été, malgré tous les obstacles qu'il a rencontrés de la part de sa famille. Moi, je ne sais encore quelle profession je désire embrasser ; mais ce que je sais, c'est que je veux de tout mon cœur, faire ce que le bon Dieu veut que je fasse, et le faire de mon mieux.

M. JULES. — Avec cette disposition, tu n'as pas à craindre de te tromper, quand viendra le moment de te décider.

HENRI. — Mais est-ce qu'il faudra que je travaille pour gagner de l'argent?

M. JULES. — Sans doute; notre fortune est trop modeste pour que tu puisses te dispenser de te faire une position par ton travail.

HENRI. — Oh ! ce n'est pas le travail qui me contrarie, bien au contraire; je me trouverais bien malheureux de rester à ne rien faire, et je trouve que le bon Dieu a été bien bon de nous imposer le travail; mais ce qui ne me ferait pas plaisir, ce serait de penser : « Je fais ceci pour gagner de l'argent. » Je sais qu'il faut bien qu'on en ait, on ne pourrait pas subvenir à ses besoins, mais je voudrais qu'on travaillât pour travailler, et que l'argent vînt tout seul sans qu'on y pensât.

M. JULES. — Il est bien facile de te contenter et j'approuve très-fort ton sentiment. Ainsi, par exemple, si tu es dans une administration, tu feras avec zèle tout ce qui sera de ton devoir, sans penser à autre chose, et, lorsqu'à la fin du mois tu toucheras tes émoluments, tu pourras te donner le plaisir de penser que l'argent est venu tout seul.

HENRI. — Je disais que je ne sais pas ce que je veux être, mais je sais que je ne veux pas être dans le commerce.

M. JULES. — Il y a des commerçants fort recommandables, et tout à fait dignes de la confiance et de l'estime publiques.

HENRI. — Oh ! je ne veux pas dire le contraire; mais je sens que ce n'est pas mon goût d'acheter et de vendre ; j'aimerais mieux fabriquer, il me semble que je serais plus utile.

M. Jules. — Il faut qu'il y en ait qui fabriquent, et d'autres qui vendent; il n'y a qu'une chose importante, c'est d'être honnête dans la profession qu'on a embrassée, car nous avons besoin de celui qui vend comme de celui qui fabrique.

Henri. — C'est vrai, papa, en y réfléchissant bien, on trouve que nous avons tous besoin les uns des autres, et que, si les pauvres ne peuvent pas se passer des riches, les riches ne peuvent pas davantage se passer des pauvres.

M. Jules. — Voilà encore une des raisons pour lesquelles nous devons être bons pour tous, parce qu'il est visible que celui qui nous a créés, a voulu faire de nous tous une grande famille, dans laquelle tous les membres ont des droits, comme ils ont tous des devoirs.

Henri. — C'est vrai, papa. Oh! ce que j'aimerais bien à faire, ce qui me rendrait le plus content, ce serait de savoir écrire de belles et bonnes choses qui fissent du bien à tous ceux qui les liraient, qui les fissent m'aimer sans me connaître.

M. Jules. — Voilà un désir louable, car certainement, celui qui écrit un bon livre, mérite la reconnaissance de tous les gens de bien. Cependant, ne porte pas envie à ceux à qui Dieu donne cette noble tâche; désire avec ardeur servir tes semblables, et la Providence saura bien t'en fournir l'occasion, d'une manière ou d'une autre. Si quelque jour il te vient la pensée d'écrire, conjure-la de t'éclairer, de ne pas permettre qu'un désir de vaine gloire se glisse dans les motifs qui te feront agir, car ce serait comme le ver qui pénètre dans un fruit excellent, et qui le gâte.

Henri. — Oh! non, papa; je voudrais écrire pour les enfants des livres comme je suis si heureux d'en lire moi-même; des livres dans lesquels je rappellerais tes douces leçons.

M. Jules. — En attendant, profite du temps qui t'est donné pour t'instruire, afin que, quand tu auras l'âge, tu puisses dire au bon Maître : « Me voilà à vos ordres; employez-moi à ce à quoi vous me jugerez bon, car j'ai un grand désir de vous servir, et d'être utile à mes frères. »

Henri. — Oh ! oui, papa, c'est bien comme cela que je veux toujours penser; c'est le moyen, je crois, de ne pas me tromper de chemin.

M. Jules. — Oui, mon enfant; et souviens-toi aussi, en passant, qu'il y a plus d'une manière de faire l'aumône; que tu ne dois pas te contenter d'être bienfaisant, qu'il te faut surtout être charitable; car la bienfaisance est simplement l'acte du bien; la charité, c'est le même acte inspiré par l'amour; entre la bienfaisance et la charité, il y a la distance de la terre au ciel.

EXERCICE.

Dans quelle profession est-on le mieux ? Comment se trouve-t-il des gens pour remplir les emplois les plus désagréables? Qu'est-ce que la vocation ? Comment peut-on être certain que l'on suit sa vocation ? De quoi faut-il se défier lorsqu'on écrit ? Qu'est-ce qui donne du prix à toutes nos actions ? Quelle différence y a-t-il entre la bienfaisance et la charité ?

XXVI. — FROID, NEIGE, GLACE, THERMOMÈTRE, BAROMÈTRE, HYGROMÈTRE, HYGROSCOPE.

CHARLES. — As-tu vu, papa, comme il y a de la neige sur les toits? Toute cette neige est tombée cette nuit, et il en tombe encore beaucoup en ce moment. Je me rappelle que tu m'as dit qu'elle préserve les plantes du froid, par sa belle couleur blanche, qui empêche la chaleur de la terre de s'en aller dans l'air, et le froid de l'air de pénétrer dans la terre.

M. EDMOND. — C'est bien cela.

CHARLES. — Comment cette neige est-elle venue?

M. EDMOND. — Tu sais bien que la neige est de l'eau qui serait tombée en pluie, si la température de l'atmosphère ne s'était abaissée, c'est-à-dire ne fût devenue plus froide.

CHARLES. — Ah! c'est vrai! Comme elle paraît légère! comme les flocons en sont gros!

M. EDMOND. — La neige est beaucoup plus légère que l'eau, et quand elle est fraîchement tombée, elle tient douze fois plus de place que l'eau qu'elle donne étant fondue. Les flocons sont d'autant plus gros qu'il fait moins froid quand la neige se forme; en Suède et en Norwège, où le froid est bien plus intense que dans nos climats, la neige est très-fine, très-serrée.

CHARLES. — Pourquoi est-elle si blanche?

M. EDMOND. — La neige doit sa blancheur à la grande division de ses parties. Tous les petits glaçons qui la composent sont transparents, mais ils sont séparés par des intervalles remplis d'air dont la réfrangibilité est bien différente.

CHARLES. — Ré fran gi bi li té, voilà un mot bien long et bien savant, que je ne connais pas.

M. EDMOND. — On appelle réfrangibilité la propriété qu'ont les corps de produire la réfraction, c'est-à-dire le changement de direction d'un rayon lumineux. C'est en vertu de la réfraction qu'un bâton qu'on plonge obliquement dans l'eau, paraît brisé.

CHARLES. — Et c'est en vertu de la réfrangibilité que la neige est blanche ?

M. EDMOND. — C'est parce que la lumière éprouve un grand nombre de réfractions en passant par tous ces petits intervalles différents.

CHARLES. — Le grand Larcher comprendrait peut-être bien cela, mais c'est un peu savant pour moi. Je vais cependant tâcher de retenir les mots. — Ah! je te prie une autre chose qui m'étonne, c'est de voir les glaçons venir toujours au-dessus de l'eau; ils sont donc plus légers? moi, je croyais qu'ils étaient plus lourds.

M. EDMOND. — Tu te trompais, ils sont réellement plus légers, et c'est heureux ; car si les glaçons tombaient au fond des lacs ou des rivières, ceux-ci deviendraient d'immenses glaciers, que les rayons du soleil ne pourraient atteindre. Au contraire, les glaçons flottant sur l'eau, en vertu de leur porosité, préservent de la congélation les parties inférieures, et fondent facilement, lorsque la température de l'atmosphère devient plus douce.

CHARLES. — Ah ! c'est très bien arrangé comme cela ! — Mais pourquoi donc la glace fait-elle quelquefois éclater les fontaines, les vases où elle se forme ?

M. EDMOND. — Tu comprends que pour que la glace soit poreuse, et par là plus légère que l'eau liquide, il faut qu'elle ait subi un travail de dilatation, c'est-à-dire d'augmentation de volume.

CHARLES. — Ah ! oui, je comprends.

M. EDMOND. — Cette force de dilatation est irrésistible, c'est-à-dire qu'elle brise tout. Un physicien, voulant en faire l'épreuve, remplit d'eau une bombe de plus de trois centimètres d'épaisseur, et la ferma avec un bouchon maintenu par une forte pression. Il l'exposa ensuite à un froid de plusieurs degrés au-dessous de zéro ; la bombe se fendit en trois endroits. Des expériences renouvelées ont prouvé que l'effort que fait l'eau en se congelant, serait capable de soulever plusieurs milliers de kilogrammes.

CHARLES. — Alors je ne m'étonne plus qu'elle brise des fontaines de pierre. Mais il paraît qu'elle est très-dure aussi, puisqu'on patine dessus ; puis je vois bien qu'on a de la peine, quand on veut la casser pour en débarrasser les rues.

M. EDMOND. — Outre sa force de dilatation, la glace a aussi une grande force de résistance. En 1740, par un froid très rigoureux, on fit à Saint-Pétersbourg un canon taillé dans un bloc de glace ; on y mit un boulet qu'on fit partir, et la glace n'éclata pas. Mais ce qu'il y a peut-être de plus curieux, c'est l'épreuve faite avec des lentilles de glace, qui concentraient assez bien les rayons du soleil pour enflammer de la poudre à canon.

CHARLES. — Ceci est encore plus singulier. Je me rappelle m'être amusé avec Henri à brûler de petits morceaux de papier noir avec une lentille de verre, mais jamais avec une lentille de glace ; et j'aurais craint qu'on ne se moquât de moi, si j'avais proposé de l'essayer.

M. EDMOND. — Il y a ainsi autour de nous une infinité de choses et de faits qui nous semblent impossibles, et qui sont cependant très-possibles.

CHARLES. — C'est vrai, papa, tu me l'as déjà prouvé plus d'une fois. — La neige ne tombe plus; pourvu qu'il ne vienne pas de verglas maintenant! c'est surtout ce que je crains dans l'hiver, à cause des malheurs qui peuvent arriver. Mais je ne comprends pas comment vient ce redoutable miroir, qui fait tomber les personnes et les pauvres chevaux.

M. EDMOND. — La formation du verglas est bien simple ; il faut que l'air soit assez chaud pour que la pluie s'y forme et non la neige, et que le sol soit assez froid pour geler la pluie à mesure qu'elle tombe. Cette pluie qui, par une température plus élevée, aurait mouillé la terre, la recouvre, par l'effet du froid, d'une couche de glace mince, unie, transparente, qui est le verglas.

CHARLES. — Sur lequel on a tant de peine à marcher. — Papa, combien dis-tu qu'il y a de degrés aujourd'hui ?

M. EDMOND. — Il y a trois degrés centigrades au-dessous de zéro.

CHARLES. — Cela veut-il dire qu'il fait grand froid ?

M. EDMOND. — Tu le sens bien.

CHARLES.—Ah ! tu sais, moi, je ne suis pas frileux, il faut que tout le monde dise « il fait grand froid, » pour que je sente qu'il fait froid. Mais pourquoi as-tu dit *centigrades.*

M. EDMOND. — Parce que je t'ai dit le nombre de degrés sur l'échelle du thermomètre divisée en cent degrés ; si j'avais regardé sur l'autre échelle, celle au haut de laquelle il y a *Réaumur,* au lieu de trois degrés, je t'aurais dit deux degrés quatre dixièmes.

CHARLES. — Pourquoi cela, papa ?

M. EDMOND. — Parce que sur le thermomètre de Réaumur, l'échelle n'est divisée qu'en 80 degrés ; mais cela revient au même.

CHARLES. Et moi, je ne comprends pas du tout.

M. EDMOND. —Ecoute ; ce n'est pas difficile. Pour construire un thermomètre, on enferme du mercure ou de l'esprit de vin dans un appareil de verre semblable à celui-ci, un petit tube surmontant un petit réservoir. On plonge cet appareil dans de la glace fondante, et on marque zéro au point où l'esprit-de-vin ou le mercure s'arrête ; on le plonge ensuite dans l'eau bouillante, et, si l'on veut avoir un thermomètre centigrade, on marque 100 au point où le liquide s'arrête ; 80, si l'on veut avoir un thermomètre de Réaumur. Tu vois que cela revient au même, dès qu'on sait de quelle échelle on se sert ; puisque les deux limites extrêmes sont les mêmes, le rapport est facile à établir.

CHARLES. — Ah ! oui ; mais comment a-t-il pu venir à l'idée que cette petite chose pourrait servir à faire connaître s'il fait plus chaud ou plus froid, dehors, par exemple, quand on n'a pas encore quitté la chambre ?

M. Edmond. — Tu ne te rappelles donc plus que les corps, surtout les liquides, se dilatent par l'effet de la chaleur, et se contractent par le froid.

Charles. — Pardon, papa.

M. Edmond. — Eh bien, c'est sur ce principe qu'on s'est basé pour établir le thermomètre. Quand il fait plus chaud, le liquide se dilate et monte dans le tube; quand il fait plus froid, il se resserre, il occupe sensiblement moins de place, il descend vers le réservoir.

Charles. — C'est vrai. Pourquoi a-t-on appelé cela un thermomètre ? Qu'est-ce que ce mot-là veut dire, *thermomètre* ?

M. Edmond. — Si tu savais le grec, tu ne me ferais pas cette question, car thermomètre est formé de deux mots grecs, *thermos* chaud, et *metron* mesure, et veut dire *mesure de la chaleur*.

Charles. — Ce nom est bien donné. Mais tu m'as dit qu'une des limites de l'échelle du thermomètre est l'eau bouillante, comment peut-on fixer cette limite sans casser ce petit tube si mince ?

M. Edmond. — On ne trempe pas le tube dans l'eau bouillante, on le suspend au-dessus, dans un vase à long col, qui contient l'eau. Dès que cette eau entre en ébullition, il se dégage tout autour du tube, dans le col du vase, une vapeur dont la température est la même que celle de l'eau où elle se forme; le mercure ou l'esprit-de-vin monte dans le tube. Quand il a atteint son point le plus élevé, qu'il y reste stationnaire, on marque sur l'échelle comme je te l'ai dit, 100 ou 80.

CHARLES. — Je te remercie, papa; maintenant je m'y reconnaîtrai; de ce côté, l'échelle centigrade; de celui-ci, l'échelle Réaumur. — Réaumur, est-ce encore du grec?

M. EDMOND. — C'est le nom du physicien qui a établi ainsi le thermomètre.

CHARLES. — Ah! quelle bêtise je disais!

M. EDMOND. — Ce n'est pas une bêtise, ce n'est que manque de savoir, et c'est permis à ton âge.

CHARLES. — Papa, *baromètre*, voilà encore un mot qui vient du grec, bien sûr, voyons si je vais deviner. *Mètre* veut dire mesure; et *baro?* Ah! *baro* veut sans doute dire le beau temps ou le mauvais temps. Y suis-je, papa?

M. EDMOND. — Pas tout à fait; *mètre* veut bien dire mesure, mais *baro* vient de *baros* qui signifie poids. *Baromètre* signifie donc mesure du poids.

CHARLES. — Comment, mesure du poids? mais le baromètre n'est pas une balance.

M. EDMOND. — Non, dans le sens que tu l'entends, mais en un certain sens, puisque le baromètre est un instrument destiné à évaluer les pressions atmosphériques. C'est donc, comme tu vois, une sorte de balance?

CHARLES. — Eh bien, voilà encore une chose dont je ne me doutais guère. *A mesurer les pressions atmosphériques;* pressions, — oui, qui pèse. Ah! comme on se fait quelquefois de singulières idées quand on est ignorant! Mais cependant, papa, tu dis : « Il fera beau, le baromètre monte, » ou bien : « Il fera mauvais, le baromètre descend. »

M. Edmond. — Mon cher enfant, c'est tout simple ; c'est que le beau et le mauvais temps dépendent des variations qui arrivent dans l'atmosphère ; voilà pourquoi on a imaginé ces baromètres dits baromètres à cadran, qui sont cependant loin de prédire le temps d'une manière certaine, parce qu'une foule de causes peuvent contribuer à produire une erreur en ce point. Ainsi, en réalité, le baromètre, comme son nom le dit, indique uniquement les variations de la pression atmosphérique.

Charles. — Me voilà encore attrapé.

M. Edmond. — Mais tu vas être bien étonné en apprenant que cet appareil si simple sert à mesurer la hauteur des montagnes.

Charles. — Comment, papa, à mesurer la hauteur des montagnes ?

M. Edmond. — Oui, l'expérience en a été faite en 1646, par notre savant Pascal, sur le sommet du Puy-de-Dôme.

Charles. — Tu conviendras, papa, qu'il y a bien de quoi s'étonner. Et comment s'y prend-on, je te prie ?

M. Edmond. — On se sert d'un baromètre à cuvette. C'est un tube de verre fermé par une extrémité. On le remplit de mercure, puis, bouchant avec le doigt l'extrémité ouverte, on le renverse sens dessus dessous, en le plongeant, par cette extrémité, dans une cuvette contenant aussi du mercure. On retire son doigt ; aussitôt le mercure descend dans la cuvette, et, après quelques oscillations, se fixe à une hauteur de 76 centimètres environ, laissant au-dessus, au haut du bout fermé, un espace vide, qu'on appelle *chambre barométrique,* ou chambre de Torricelli, nom de celui qui a inventé le baromètre.

Charles. — Mais je ne vois pas comment on peut mesurer la hauteur des montagnes avec ce tube, cette cuvette, ce mercure et cette chambre vide.

M. Edmond. — Patience et attention. Je t'ai dit que le mercure s'arrête à 76 centimètres, l'expérience faite par un temps sec et au niveau de l'océan, parce qu'à cette hauteur, le mercure fait équilibre à une colonne d'air de même grosseur que l'intérieur du tube du baromètre, et ayant toute la hauteur de l'atmosphère.

Charles. — Ah! voilà qui est curieux ; je crois qu'il commence à faire un peu jour dans mon idée. Si tu veux, je vais te dire ce que je pense?

M. Edmond. — Certainement, mais, réfléchis, afin d'approcher au moins de la vérité.

Charles. — Voilà ce qu'il me semble. Puisque 76 centimètres font équilibre à toute la hauteur d'une colonne d'air, si l'on s'élève, le mercure n'arrivera plus jusque là; puisqu'il y aura moins d'air au-dessus, le mercure ne devra pas monter aussi haut pour lui faire équilibre. Si l'on mesure de combien il faut qu'on s'élève pour que le mercure baisse d'un centimètre, ce ne sera plus qu'un calcul pour avoir la hauteur d'un sommet.

M. Edmond. — Mon cher enfant, tu as parlé comme Pascal, et, en effet, le raisonnement est simple ; je suis cependant très-content que tu l'aies trouvé. Mais si le raisonnement est simple, il n'est pas du tout facile d'en faire l'application, à cause des phénomènes, dont il faut tenir compte, telles que la densité de l'air, moindre sur les hauteurs qu'au niveau de l'océan, la température qui devient plus basse à mesure que l'on s'élève ; mais ceci est l'affaire des savants ; pour nous, contentons-nous de savoir qu'une élévation de dix mètres cinq décimètres au-dessus du niveau de la mer, fait baisser le mercure d'un millimètre dans le tube.

CHARLES. — Je tâcherai de bien me le rappeler et je suis content d'avoir encore appris cela. Mais, je te prie, encore une petite question : qu'est-ce que c'est que ces petits capucins qui se couvrent de leur capuchon, ou se découvrent, selon qu'il doit faire beau temps ou mauvais temps ?

M. EDMOND. — Ces petits instruments sont des espèces d'*hygromètres*.

CHARLES. — Voilà encore un mot grec qui veut dire « mesure de ?... »

M. EDMOND. — Mesure de l'humidité. L'hygromètre sert à déterminer la quantité pondérable de vapeur d'eau, que l'air contient à tel moment donné.

CHARLES. — Alors *hygro* veut dire *humidité*, puisque *mètre* veut dire *mesure*.

M. EDMOND. — Oui.

CHARLES. — Mais *pondérable* est-ce du grec aussi ? Je ne sais pas ce que ce mot veut dire.

M. EDMOND. *Pondérable* veut dire « que l'on peut peser. »

CHARLES. — Ah ! alors tous les corps sont pondérables ?

M. EDMOND. — Oui.

CHARLES. — Moi, je croyais que ces bons hommes étaient des espèces de baromètres, puisqu'ils annoncent la pluie et le beau temps.

M. EDMOND. — Ils ne l'annoncent pas d'une manière certaine. La corde à boyau ou la substance végétale qui, par l'effet du plus ou moins d'humidité de l'air, se tord ou se détord, et fait ainsi mouvoir le capuchon ou le parapluie du petit personnage, annonce bien en effet l'état d'humidité de l'atmosphère, mais il est illusoire de penser que la pluie ou le beau temps doive toujours nécessairement résulter de l'état indiqué. Ces instruments sont de véritables jouets, qui ne méritent pas même le nom d'*hygromètres*, car ils ne *précisent* nullement la quantité de vapeur d'eau contenue dans l'air.

CHARLES. — Comment faut-il les appeler alors, si ce ne sont pas de véritables hygromètres ?

M. EDMOND. — Ce sont des hygroscopes.

CHARLES. — Oh ! encore un mot ! hygro....

M. EDMOND. — Hygroscope, c'est-à-dire *j'observe l'humidité,* parce qu'ils indiquent simplement si l'air est ou n'est pas chargé d'humidité.

CHARLES. — Hygroscope, j'observe l'humidité. — Ah ! papa ; j'ai encore bien des choses à apprendre avant d'être seulement sur la route de la science ; mais, en ne me décourageant pas, je puis arriver au moins à m'instruire un peu, et c'est ce que je désire.

M. EDMOND. — C'est un désir louable, dans lequel je ne puis que t'encourager grandement.

EXERCICE.

Qu'est-ce que la neige ? Dans quel rapport est le volume de la neige avec le volume d'eau qu'elle donne étant fondue ? Qu'est-ce que la réfraction ? Pourquoi les glaçons surnagent-ils ? Pourquoi l'eau en se solidifiant brise-t-elle quelquefois les vases qui la contiennent ? Quelle est la force de dilatation de la glace ? Citez un exemple ? Quelle est la force de résistance de la glace ? Citez un exemple ?

Un autre exemple ? Qu'est-ce que le verglas ? Comment se forme le verglas ? Comment fait-on un thermomètre ? Comment le thermomètre marque-t-il l'élévation ou l'abaissement de la température ? Que veut dire le mot thermomètre ? Que veut dire le mot baromètre ? A quoi sert le baromètre ? A quoi Pascal a-t-il appliqué le baromètre ? Comment fait-on un baromètre à cuvette ? Qu'est-ce que la chambre de Torricelli ? Quelle est la proportion de l'élévation au dessus du niveau de la mer avec l'abaissement du mercure dans le tube ? Qu'est-ce qu'un hygromètre ? Les petites figures qui se couvrent d'un capuchon ou d'un parapluie, sont-elles des baromètres ou des hygromètres ? Qu'est-ce qu'un hygroscope ?

XXVII. — DES QUERELLES.

CHARLES. — Que le catéchisme a donc été amusant aujourd'hui !

M. EDMOND. — Amusant ?

CHARLES, *se reprenant*. — Intéressant, je veux dire.

M. EDMOND. — J'aime mieux ce mot-là. Il faut t'habituer, mon cher enfant, à employer toujours l'expression propre, c'est-à-dire celle qui rend le plus exactement ta pensée, et je ne crois pas que le mot *amusant* ait été ici le mot propre.

CHARLES. — Non, papa, car on ne va pas au catéchisme pour s'amuser. Il est bien vrai cependant, je t'assure, que nous ne nous y ennuyons pas le moins du monde, et que ce serait une grande punition pour moi d'être privé d'y assister. M. l'abbé Gervais a toujours de si bonnes choses à nous dire ! et puis il les dit d'une manière si agréable !

M. Edmond. — Je comprends que le bon abbé cherche à donner de l'attrait à une étude fort sérieuse pour votre âge.

Charles. — Oh ! oui, papa ; il donne souvent des exemples, il raconte des histoires.

M. Edmond. — Intéressantes ?

Charles. — Oui, intéressantes. Aujourd'hui, il nous expliquait le cinquième commandement ; il nous montrait le mal qu'il y a à se quereller, et les suites funestes qu'une querelle peut avoir. Il nous disait : « Il faudra, quand vous vous sentirez disposés à contester, à disputer, vous rappeler ceci. — Un jour, un jeune religieux, d'un caractère fort doux et fort simple, qui était entré jeune au couvent, et n'avait eu que de bons exemples dans la maison paternelle, demanda ingénument à un père : Mon père, voulez-vous me dire, s'il vous plaît, ce que c'est qu'une querelle ? — M. l'abbé, interrompant l'histoire, nous dit : Y en a-t-il beaucoup parmi vous, mes petits amis, qui pourraient faire cette question ? Ne savez-vous pas trop, pour en avoir été témoins, ce que c'est qu'une querelle ? Peut-être vous-mêmes, avez-vous eu le malheur de vous y laisser aller quelquefois. Écoutez, et tâchez de retenir. » Puis il continua l'histoire.

« Le père répondit au jeune religieux : « Mon fils, voici un livre de prières ; je vais le mettre entre nous deux, et je vous dirai que ce livre est à moi ; vous soutiendrez qu'il est à vous, et nous aurons une querelle.

Le jeune religieux. — Ah ! bien.

Le Père. — Mon fils, vous voyez ce livre, eh bien il est à moi.

Le jeune Religieux. — Non, mon père, je crois qu'il est à moi.

Le Père. — Je vous assure qu'il est à moi.

Le jeune Religieux. — Eh bien, s'il est à vous, gardez-le.

Le père se mit à sourire, en voyant qu'ils n'avaient pas pu avoir même un semblant de querelle.

M. l'abbé Gervais ajouta : « Que ce serait une chose excellente de toutes manières, si toutes les contestations pouvaient se terminer aussi promptement et aussi doucement ! C'est ce que je voudrais faire bien entrer dans la mémoire de votre cœur. » Puis il continua : Écoutez, en voici deux autres qui ne s'entendirent pas aussi promptement.

— Tu comprends, papa, quand M. l'abbé Gervais dit « écoutez, » que nous ne laissons pas notre esprit courir après les mouches.

Voici son autre histoire :

Il y avait dans un village deux jeunes hommes qui avaient vécu ensemble dans une grande union, on peut dire depuis leur naissance, puisque les chaumières de leurs parents se touchaient. Ils avaient été à l'école ensemble, ils avaient fait leur première communion le même jour, marchant l'un à côté de l'autre : ils s'étaient mariés à quelques semaines de distance l'un de l'autre, et avaient chacun deux charmants petits enfants ; ajoutons qu'ils étaient un peu cousins. C'étaient deux habiles cultivateurs, ne reculant jamais devant la besogne, aussi leurs petites affaires allaient en prospérant, conséquence du travail, de l'ordre et de la sage conduite. Un jour, un assez beau lot de terre se trouva à vendre non loin de chez eux, ils résolurent de l'acheter chacun à demi. Quand on en vint à mesurer le terrain pour tracer la limite, il se trouva un pommier juste sur la ligne de séparation. Au lieu de s'entendre à l'amiable pour la possession de cet arbre, chacun prétendit qu'il appartenait à son terrain, et le réclama vivement. On fit venir des experts, on mesura et on remesura. Une fois, on trouvait que le pommier était plutôt dans le lot de gauche ; une autre fois, on trouvait qu'il appartenait au lot de droite, et l'on ne concluait à rien, et les esprits s'échauffaient tellement, qu'un jour Jacques dit à Pierre, qu'il arracherait plutôt le pommier que de le lui laisser. Pierre riposta dru en faisant une autre menace, et l'on se quitta ennemis autant qu'on avait été amis jusqu'alors. Les deux jeunes femmes firent tout ce qu'elles purent pour arranger l'affaire, mais ne vinrent à bout de rien, et les maris leur défendirent de se fréquenter désormais. Il y avait déjà quelques jours que cela durait, lorsque le vénérable curé qui les avait baptisés tous les deux, averti de cet état de choses, et apprenant qu'ils étaient encore dans ce moment même au pied du malencontreux pommier, s'y transporta aussi vite que ses jambes le lui permirent, et dès qu'il fut près d'eux : « Eh bien, eh bien, mes enfants, qu'est-ce que j'entends dire ? la discorde se met entre vous au sujet d'un arbre ? »

Ils s'étaient découverts en voyant le pasteur, et Pierre lui dit vivement : Monsieur le curé, voyez, cet arbre est sur mon terrain. — Non, répliqua Jacques ; monsieur le curé, voyez plutôt s'il n'est pas sur le mien. — Je vais vous mettre d'accord tous les deux, mes enfants, et vous étonner peut-être; eh bien moi, je déclare que cet arbre appartient à tous deux également; il penche un peu plus ses branches sur le terrain de Jacques, mais il a ses racines dans le terrain de Pierre; donc il n'y a qu'un moyen d'arranger l'affaire justement, c'est d'en partager également la récolte. Mais comme vous devez quelque chose au bon Dieu pour vous être ainsi fâchés, le premier panier sera pour les pauvres.

— Accordé, M. le curé, dit Pierre.

— Conclu, M. le curé, dit Jacques.

— Et moi, je ferai avec les plus belles pommes, une belle tarte pour M. le curé, dit la femme de Pierre, qui s'était avancée jusqu'au champ, pour voir si la chose allait enfin s'arranger.

— Il n'est pas question de moi ici, mes chers amis; mais je me retire heureux, parce que je vois que vous êtes encore mes bons et fidèles enfants.

La joie fut grande dans les deux familles, et cette triste affaire, qui avait failli les désunir à tout jamais, resserra les liens d'affection qui, jusqu'à ce jour, leur avaient fait la vie plus douce.

A quelque temps de là, ils reçurent la récompense de leur respectueuse déférence à leur pasteur, et du sacrifice qu'ils s'étaient fait mutuellement d'une pitoyable idée, Pierre eut le bonheur, au péril de ses jours, de sauver la vie à son ami, qu'à sa demande il avait accompagné dans une course nécessaire. Comme par pressentiment, il coûtait à Jacques de faire ce chemin seul.

En route, son pied glissa sur le bord d'un ravin

profond, dans lequel il tomba, et où il aurait infailliblement péri, sans le courage et le dévouement
de son compagnon.

M. l'abbé Gervais nous fit remarquer combien
Pierre eût été malheureux, si Jacques, son ami de
près de trente ans, était mort avant qu'il se fût ré-
concilié avec lui ; et combien au contraire il était
heureux d'avoir pu conserver un père à ses enfants,
et à lui-même un ami, sur le dévouement duquel il
pouvait à jamais compter.

Tu penses, papa, que M. l'abbé ajouta encore bien
des choses pour nous faire comprendre que, si nous
avons eu le malheur de céder à une mauvaise inspiration, et de nous laisser aller à des contestations
qui blessent la charité, il faut nous hâter de réparer cette faute en faisant, s'il est nécessaire, toutes
les avances pour amener une réconciliation, un arrangement à l'amiable.

M. EDMOND. — Je t'engage, mon cher Charles, à
bien retenir ces excellents conseils, et à les mettre
en pratique, si l'occasion s'en présente, et elle ne
manque jamais de se présenter : il est si facile de
se froisser les uns les autres, même souvent sans le
vouloir.

Je vais à mon tour te raconter les déplorables
conséquences d'une querelle qu'on n'a pas arrêtée
par une franche réconciliation, par quelques excu-
ses.

Deux individus, vivant chacun avec sa famille,
demeuraient sur le même palier depuis près de deux
ans. Quelques politesses échangées de part et d'autre avaient amené des relations presque journa-
lières, dans lesquelles chacun trouvait quelques

charmes. Bref, cette liaison était tellement devenue habitude, qu'il ne semblait pas qu'on pût jamais cesser de se voir.

Un soir, M. Duval arrive chez son voisin Legerel pour faire sa partie ou causer, comme à l'ordinaire, et dit que sa femme et sa fille vont venir dans un moment. Il avise sur le secrétaire un livre qu'il n'avait pas encore vu.

— Qu'est-ce que vous lisez là, voisin ?

— Un ouvrage que j'ai entendu vanter très-fort par mon chef de bureau, et je l'ai apporté pour le faire lire à ma femme.

M. Duval prend le livre, et s'écrie : Quoi ! c'est cela ! mais mon cher, vous ne le lirez pas au quart ; c'est une pitoyable production d'un pitoyable esprit. Il n'y a que des imbéciles qui puissent goûter un tel écrit.

— Alors, reprit M. Legerel, mon chef de bureau et moi, nous sommes dans cette catégorie, car nous l'avons lu tout entier tous les deux, et nous y avons trouvé un grand plaisir.

— Eh bien, dit M. Duval, vous n'êtes pas difficiles ; je vous croyais l'esprit plus fin. Mais non, je vous ai déjà entendu louer des platitudes, ça ne doit pas m'étonner. Pour moi, je n'ai trouvé absolument rien qui vaille dans ce volume ; le peu que j'en ai lu m'a causé un ennui transcendental, et je me sui hâté de fermer le livre.

— Je vous assure, dit M. Legerel, que votre opinion en littérature ne me fait absolument rien, car je me suis déjà aperçu que vous n'êtes pas fort sur ce point.

La conversation, engagée sur ce ton, alla toujours

en s'animant, jusqu'à ce qu'enfin, après s'être dit mutuellement les paroles les plus désobligeantes, M. Legerel pria, mais non poliment, M. Duval de sortir, et de ne jamais remettre les pieds chez lui, ce que celui-ci protesta désirer depuis long-temps.

Les voilà brouillés, ennemis mortels ; chaque femme donna raison à son mari, et les choses res-tèrent sur ce pied.

Impossible de demeurer plus longtemps si près l'un de l'autre, il fallut donner congé et perdre cha-cun un terme, ce qui n'allait à la bourse ni de l'un ni de l'autre ; mais c'eût été une guerre continuelle, on aima mieux s'imposer des privations, se sou-mettre à une gêne extrême, plutôt que de céder ; chacun déménagea.

Quelques mois après, le frère de M. Duval perdit la place qu'il occupait. Un de ses amis, qui était lié avec le chef de bureau de M. Legerel, pria cet em-ployé supérieur de s'intéresser à lui, ce que ce mon-sieur fit avec empressement. L'affaire prenait bonne tournure, lorsqu'un jour il manda le solliciteur, afin de causer avec lui et de juger par lui-même de ses connaissances et de son aptitude.

La première personne que M. Duval jeune vit en entrant dans le bureau, fut M. Legerel ; ils éprou-vèrent tous deux une émotion qui n'échappa pas à M. Sorbain. Ce fonctionnaire adressa différentes questions au jeune homme ; mais celui-ci, qui avait eu connaissance de la scène déplorable qui avait eu lieu, troublé par la présence de M. Legerel, répondit mal, et refroidit singulièrement les bonnes inten-tions de son protecteur. De plus, quand il fut sorti,

M. Sorbain demanda à M. Legerel s'il le connaissait ; celui-ci raconta la soirée dans laquelle le chef de bureau avait été si peu ménagé. Cela suffit pour déterminer M. Sorbain à cesser ses démarches obligeantes, ne pouvant avoir chaque jour auprès de lui deux employés si mal disposés l'un pour l'autre.

M. Duval aîné ne manqua pas de savoir la raison qui avait empêché son frère d'obtenir l'emploi avantageux qu'il sollicitait ; il en conçut un tel chagrin, qu'il se déclara une fièvre cérébrale, dont il mourut, laissant sa femme et ses deux enfants dans la plus grande détresse.

CHARLES. — Oh ! c'est bien triste, cette histoire-là. Qui aurait pu penser qu'une si petite chose amènerait un si grand mal ?

M. EDMOND. — C'est justement parce que nous ne pouvons prévoir les conséquences de toutes nos actions, qu'il faut veiller sans cesse sur nous, afin de ne nous laisser jamais aller à commettre le mal, de quelque manière que ce soit. Alors, si la peine nous arrive, au moins nous n'avons pas à éprouver les tortures du remords.

EXERCICE.

Pourquoi Charles trouvait-il le catéchisme amusant ? De quel mot son père le reprit-il ? Quelle histoire avait d'abord racontée l'abbé Gervais ? Quelle autre ensuite ? Pourquoi Pierre et Jacques s'étaient-ils fâchés ? Qu'est-ce qui rétablit l'union qui existait d'abord entre eux ? Qu'est-ce qui amena une brusque rupture entre M. Duval et M. Legerel ? Quelles en furent les conséquences ? A quoi devons nous veiller sans cesse ?

XXVIII. — LES LIVRES, PAPIER, IMPRIMERIE.

Henri. — Papa, quelle bonne chose qu'un livre! nul cadeau ne me plaît autant.

M. Jules. — Bonne chose, oui ; excellente même. Mais on peut dire des livres ce qu'Ésope disait de la langue, « c'est ce qu'il y a de meilleur et de plus mauvais. »

Henri. — Je comprends cela, puisqu'un livre est une pensée écrite et reproduite indéfiniment, le livre est bon ou mauvais, selon que la pensée qui l'a dicté est bonne ou mauvaise.

M. Jules. — Et remarque qu'un mauvais écrit peut faire infiniment plus de mal qu'une mauvaise parole prononcée, parce qu'il se transmet plus facilement, et, comme tu dis, indéfiniment ; puis, il reste, il subsiste. On finirait peut-être par oublier la parole, on reprend l'écrit quand on le veut, et on entretient, on aggrave même le mal qu'en a causé la première lecture.

Henri. — Les bons livres produisent le même effet dans le bien ; je te vois toujours relire avec le même bonheur quelques beaux ouvrages que tu as dans ta bibliothèque, et j'ai hâte d'être assez avancé pour les comprendre, afin d'y puiser la même joie que toi.

M. Jules. — Ajoute surtout « et le même amour du bon et du beau. »

Henri. — Je crois, papa, que tu n'as pas besoin de livres pour t'inspirer ce sentiment, tu le trouves dans ton cœur.

M. Jules. — C'est comme si tu me disais, cher enfant, que je n'ai pas besoin de prendre de la nourriture, que je suis assez fort. Il ne suffit pas d'avoir reçu la vie, il faut l'entretenir ; et cela est exact, à la rigueur, de la vie morale comme de la vie physique. C'est une loi imprescriptible que nous devons, par les bonnes œuvres, entretenir la charité vivante en nous, et, par les bons livres de tous genres, entretenir l'activité de l'intelligence, l'élévation des pensées et des sentiments.

Henri. — C'est bien triste de voir qu'il se trouve des gens assez malheureux pour écrire des choses qui peuvent faire du mal aux autres.

M. Jules. — C'est commettre le plus grand de tous les crimes ; celui qui empoisonnerait une fontaine publique, mériterait moins de malédictions que celui qui met un mauvais livre en circulation ; le premier ne ferait périr que des corps, le second s'attaque à ce qu'il y a de plus noble en nous, à ce qui constitue notre véritable vie, à notre intelligence, à notre cœur. Il fausse notre intelligence par l'exposé de doctrines erronées et perverses ; il corrompt notre cœur en lui montrant les images du vice, et en le préconisant.

Henri. — Oh ! je ne veux jamais lire de tels livres ; mais, papa, je te prie, comment les reconnaître d'abord ?

M. Jules. — Presque toujours au nom de celui qui les a signés ; un mauvais arbre ne peut produire de bons fruits. Un auteur de mœurs dissolues peut-il rien écrire qui fasse du bien à ses semblables, qui les encourage dans le sentier de la vertu ?

Henri. — Mais, papa, on ne connaît pas toujours la vie intime des auteurs.

M. Jules. — Il faut alors prendre conseil, s'informer. Il est rare, du reste, qu'on ait le désir de lire un livre rien que d'après le titre qu'il porte; c'est, le plus souvent, parce qu'on en a entendu parler qu'on désire le connaître.

Henri. — C'est vrai, papa; et alors la règle de conduite est toute tracée.

M. Jules. — Si l'on s'en écarte, ce sera sciemment, volontairement, et on deviendra responsable du désordre qu'une mauvaise lecture jette toujours en nous. Il serait impossible d'énumérer les malheurs de tous genres qui ont été causés, jusqu'à présent, par les mauvais écrits.

Henri. — Je te promets, papa, de ne lire que ce que tu auras approuvé d'avance.

M. Jules. — C'est une sage résolution à laquelle je t'engage fortement à être fidèle.

Henri. — Quel malheur qu'on fasse un si déplorable emploi d'une si belle chose, l'imprimerie!

M. Jules. — C'est la lutte incessante du bien et du mal, qui doit durer jusqu'à la fin; c'est l'ivraie jetée parmi le bon grain dans le champ du père de famille, et qui ne doit être arrachée qu'au temps de la moisson.

Henri. — On devait être bien privé, quand on n'avait pas de livres; c'est si agréable de lire en famille!

M. Jules. — On en sentait moins la privation que nous ne la sentirions nous-mêmes maintenant, si on les supprimait tous. Mais alors aussi, ceux qui avaient le talent de raconter d'une manière intéressante, étaient fort bien accueillis de tous, soit qu'ils fussent eux-mêmes les inventeurs des récits qu'ils faisaient, soit qu'ils rapportassent des faits dont ils avaient été témoins, ou qu'ils avaient recueillis dans leurs voyages.

HENRI. — On écrivait cependant bien des choses.

M. JULES. — Sans doute ; sans cela, comment eût-on pu conserver les magnifiques productions des anciens? On écrivit d'abord sur des peaux de mouton et de chèvre, préparées à cet effet, et polies avec la pierre ponce.

HENRI. — N'est-ce pas ce qu'on appelle du parchemin ?

M. JULES. — Le parchemin destiné à l'écriture et à l'imprimerie se fait, en effet, avec les peaux de veau, de mouton et d'agneau. Ce fut à Pergame, ville de l'Asie-Mineure, que, vers l'an 240 avant l'ère chrétienne, la préparation de ce produit acquit un tel perfectionnement, qu'il fut désormais appelé du nom de cette ville *pergamenum*, dont nous avons fait *parchemin*.

HENRI. — C'est un peu savant ceci. Mais, comment faisait-on des livres avec cela ?

M. JULES. — Tu dois croire que les livres des anciens étaient loin de ressembler aux nôtres. On écrivait sur une feuille très-longue, composée le plus souvent d'un grand nombre de feuilles attachées ou collées à la suite les unes des autres ; on les roulait ensuite autour d'un bâton ou d'un cylindre, et c'était ce que l'on appelait en latin *volumen*, c'est-à-dire rouler, d'où vient notre mot *volume*.

HENRI. — Ces sortes de livres devaient coûter bien plus cher que les nôtres?

M. Jules. — Incomparablement. Une seule édition des écrits d'un poète grec, le grand Homère, fut vendue une somme équivalente à 10 ou 12 mille francs de notre monnaie.

Henri. — Ah ! tout le monde ne pouvait pas se faire ce cadeau ! mais on a fini par inventer le papier, alors il a été, sans doute, plus facile de faire des livres ?

M. Jules. — Ce n'était pas seulement la matière qui rendait les livres chers, c'était le travail des copistes.

Henri. — Est-ce qu'on n'écrivait que sur du parchemin ?

M. Jules. — Même avant l'invention de ce produit, les Égyptiens écrivaient sur le papyrus, que l'on préparait avec les pellicules fournies par la tige d'une plante qui croissait autrefois en abondance sur les bords du Nil. On rapporte que des manuscrits sur papyrus furent placés dans le tombeau d'un des premiers rois de Rome, c'est-à-dire six à sept cents ans avant l'ère chrétienne, et nous savons que les plus anciens diplômes connus des rois mérovingiens étaient écrits sur papyrus. L'usage de ce produit se conserva jusqu'au commencement du xiie siècle, où il fut totalement remplacé par le papier.

Henri. — Avec quoi fit-on d'abord le papier ? car sans doute, il a été fort perfectionné depuis son invention.

M. Jules. — On fabriqua d'abord le papier avec du coton. Cet art nous vint des Chinois, de chez qui il passa chez les Arabes, puis à Constantinople, puis en Italie, puis dans toute l'Europe. Au commencement du XIII° siècle, on substitua au coton les chiffons, de coton d'abord, puis, un siècle plus tard, les chiffons de toile de lin. Cette dernière invention donna du papier plus fin, plus beau, et à meilleur marché. Alors les manuscrits se multiplièrent ; puis vint l'imprimerie.

HENRI. — Vers le milieu du XV° siècle, je crois ?

M. JULES. — Il est bien à croire que l'imprimerie ne fut inventée ni d'un seul coup, ni par une seule personne. Dès le XIV° siècle, des moines allemands avaient imaginé de graver dans le bois des images de saints, de les couvrir de noir, puis d'y appliquer du papier. Ce procédé avait déjà été employé par des artistes inconnus, pour la fabrication des cartes à jouer. Ensuite à Harlem, en Hollande, on avait imprimé, de la même manière, des recueils d'images avec de courtes légendes, et même des livres de chant pour les églises, et des livres d'école. Tout cela était déjà beaucoup, mais ce n'était pas encore l'imprimerie.

HENRI. — Comme il me semble que l'on devait suivre avec attention les progrès de cet art nouveau !

M. JULES. — Oh ! sans doute que bien des combinaisons furent essayées avant qu'on arrivât à quelque chose de satisfaisant. Jean Guttenberg, de Mayence, imagina aussi de graver sur des planches de bois des pages entières, qui s'imprimaient à un aussi grand nombre d'exemplaires que l'on voulait.

HENRI. — Mais pour arriver, par ce procédé, à imprimer tout un volume, il fallait un travail immense !

M. JULES. — Sans doute ; aussi Guttenberg essaya

d'un autre moyen ; mais le succès n'ayant pas répondu à ses espérances, et sa fortune se trouvant en partie épuisée, il s'associa avec un orfèvre nommé Faust, qui fournit les fonds nécessaires pour de nouvelles expériences.

HENRI. — Quelle persévérance, et que de sacrifices !

M. JULES. — Ce n'est jamais que par le dévouement que l'on arrive à opérer de grandes choses. Guttenberg et Faust appelèrent, en tiers, dans leur entreprise, un homme plein de sagacité, nommé Pierre Schœffer. Ce fut lui qui, en fondant des caractères métalliques mobiles, trouva tout-à-fait le secret de l'art, sauf les perfections qu'il a acquises depuis.

HENRI. — Oh ! comme ils durent être contents, quand ils virent qu'ils avaient réussi ! Je m'en réjouis pour eux. Sait-on quel livre ils imprimèren d'abord ?

M. JULES. — Un des premiers livres qui sortirent des presses des trois associés, fut une Bible portant le millésime 1462, dont le titre, les sommaires et les lettres initiales sont écrits à la main.

HENRI. — Sans doute qu'une fois les principes de l'art découverts, il se propagea avec rapidité ?

M. JULES. — Bientôt toutes les grandes villes de l'Europe eurent des imprimeries. François Ier, en 1531, établit à Paris la fameuse Imprimerie Royale, que Louis XIII plaça ensuite au Louvre, et qui est devenue depuis si importante, si remarquable sous le rapport typographique.

HENRI.— Que veut dire ce mot, je te prie ?

M. JULES.— La typographie est l'art de multiplier

mécaniquement, au moyen de caractères mobiles, les exemplaires d'une œuvre manuscrite. C'est proprement ce que nous appelons l'imprimerie.

HENRI. — Comme on dut admirer les premiers ouvriers qui se livrèrent à cet art !

M. JULES. — Sans doute ; et cependant l'ignorance et la superstition furent sur le point de faire avorter cette admirable conception, qui devait avoir des résultats incalculables.

HENRI. — Comment donc cela, papa ?

M. JULES. — Les premiers imprimeurs furent poursuivis comme sorciers ; des tribunaux confisquèrent leurs livres ; mais Louis XI les protégea, arrêta les poursuites, et acheta leurs ouvrages.

HENRI. — Ah ! il fut bien inspiré ce jour-là. Je me suis souvent demandé comment on vient à bout de placer ces caractères si petits, ces points, ces accents, dans un ordre si parfait, avec une régularité si admirable ; et il paraît que ce travail s'opère avec une rapidité non moins étonnante que sa perfection.

M. JULES. — Dieu a donné à l'homme des facultés intellectuelles et physiques, dont l'application devrait contribuer à son bonheur dès ici-bas, et le remplir de reconnaissance et d'amour pour son Créateur ; mais trop souvent il oublie dans quel but tous ces dons lui ont été accordés ; il oublie la main qui l'en a comblé ; heureux encore quand il ne retourne pas contre cette main adorable, les bienfaits qu'il en a reçus, quand il ne s'en sert pas pour l'outrager.

HENRI. — Oh ! ne pensons pas à cela, papa, c'est trop triste. Je veux m'arrêter plutôt sur le bonheur

que j'aurai, si, un jour, le bon Dieu permet que je
livre aux habiles ouvriers d'une imprimerie, quelques bonnes pages qui puissent faire un peu de bien
à ceux qui les liront.

EXERCICE

Avec quoi composait-on les livres autrefois ? Quelle forme
avaient-ils ? Qu'est-ce que le parchemin ? Le papyrus ? Le papier ?
Quels essais précédèrent la découverte de l'imprimerie ? Comment
le peuple traita-t-il les premiers imprimeurs ? Qui les protégea ?
Qui établit l'imprimerie royale à Paris ? A qui attribue-t-on la
découverte complète de l'imprimerie ? Qu'est-ce que la typographie ?

XXIX. — LES PETITS DÉFAUTS, LES PETITES VERTUS.

VICTORINE. — Maman, ne trouves-tu pas que
Mme Réval est bien sévère pour sa petite fille? lui
avoir donné le fouet parce qu'elle avait pris un petit
gâteau ! et Bertile n'a que quatre ans !

Mme EDMOND. — Je te répondrai d'abord, ma chère
petite, que Mme Réval est parfaitement maîtresse
chez elle; que ce qu'elle fait ne nous regarde pas,
et que nous n'avons pas le droit de la juger.

VICTORINE *un peu confuse*. — Maman, c'est parce
que cela me faisait de la peine de voir pleurer Bertile, qui est si gentille.

Mme EDMOND. — Penses-tu donc que sa mère était
bien joyeuse de la corriger? Tu connais la bonté
de Mme Réval.....

VICTORINE. — Oui, maman ; mais elle n'avait pas même l'air en colère, elle lui parlait d'un ton fâché, voilà tout.

Mme EDMOND. — Certainement qu'elle n'était pas en colère, mais elle avait senti l'impérieux devoir de punir une mauvaise action, et elle l'avait fait de la manière qu'elle l'avait jugé le plus en rapport avec le caractère de son enfant. Peut-être aussi était-ce la seconde fois que Bertile se rendait coupable d'une faute si grave.

VICTORINE. — Mais, maman, tu ne m'as pas donné le fouet, quand j'ai pris le petit morceau de sucre ; tu sais, quand j'ai remis le couvercle de travers.

Mme EDMOND. — Le même genre de correction ne doit pas s'employer indifféremment à l'égard de tous les enfants ; avec les uns, il suffit d'une réprimande grave, mais affectueuse ; avec les autres, il faut la sévérité, et quelquefois même la correction. Là où la douceur a échoué, il faut agir ; parce que le devoir des parents est de prendre tous les moyens pour essayer d'arrêter le mal à sa source.

VICTORINE. — O maman, ma plus grande punition est toujours la tristesse que tu montres de mes fautes, et le refus que tu me fais alors de ces tendres caresses que je veux toujours mériter.

Mme EDMOND. — C'est ainsi que pensent et agissent les enfants qui ont du cœur ; mais malheureusement tous n'en ont pas.

VICTORINE. — Oh ! oui, il y en a qui, lorsqu'on les gronde, répondent : « cela m'est égal. »

Mme EDMOND. — Souvent cela ne leur est pas égal du tout ; mais ils ont de l'orgueil, ils ne veulent pas paraître céder, et c'est ce qui leur fait prononcer cette mauvaise parole.

Victorine. — Il y en a aussi qui le disent pour tout de bon, et qui ne sont sensibles à rien.

Mme Edmond.—Je ne sais lequel est le plus triste.

Victorine. — Mais tous les parents ne prennent pas les fautes de leurs enfants tant au sérieux ; il y en a beaucoup qui se contentent d'une faible réprimande, et qui disent : «ce défaut se passera avec l'âge et la raison. »

Mme Edmond. — Ces parents ont grand tort. L'enfant ne perd pas ses défauts, si on ne l'y aide par la réprimande et la correction ; au contraire, ses défauts grandissent avec lui, se changent quelquefois en vices, et vont parfois même plus loin.

Victorine. — Bonne mère, je t'en prie reprends-moi toujours de mes fautes ; punis-moi, si tu le juges nécessaire, plutôt que de me laisser mes défauts.

Mme Edmond.—Je t'assure, chère enfant, que j'y suis très-résolue, quoi qu'il m'en coûte.

Victorine.—Comme une mère doit avoir du chagrin, quand elle voit que ses enfants sont devenus méchants, parce qu'elle ne les a pas punis, quand ils étaient jeunes !

Mme Edmond. — Oh! oui ; d'autant plus que les enfants mal élevés n'aiment jamais leurs parents ; c'est la première punition que le bon Dieu leur inflige.

Charles. — Ah! ça, c'est bien vrai ; il n'y a qu'à voir si Arthur Bellot aime les siens ! et pourtant ils cèdent à tous ses caprices ; mais Georges Samville, à qui sa mère ne passe rien, comme il l'aime, cette bonne mère !

Mme EDMOND. — J'ai entendu raconter une histoire terrible, qui vient à l'appui de ce que nous disons.

Une femme restée veuve très-jeune, ne se consolait de la mort de son mari, qu'en gâtant outre mesure le pauvre enfant qu'il lui avait laissé. Tout ce que Raoul faisait était charmant, était admirable ; s'il avait joué quelque mauvais tour à ses camarades, elle trouvait que c'était un ravissant espiègle. Le maître de pension, qui ne le jugeait pas ainsi, se plaignit ; la mère se récria qu'on n'aimait pas son fils, et le retira de cette maison. Dans une autre, il en fut de même ; mais le maître n'att endit pas quela mère le reprît, il le lui rendit au bout de deux mois, après avoir vainement essayé l'affection, le raisonnement, les punitions.

Vous pouvez bien penser qu'avec une telle conduite, il n'acquit pas beaucoup de science ; à peine à quinze ans savait-il lire et signer son nom. Lorsque sa mère ſfut lasse de le présenter à des instituteurs qui se hâtaient de purger leur maison d'un si mauvais élève, il fallut penser à prendre un état, car la veuve était loin d'être riche, elle ne vivait avec son fils qu'à force de travail et d'ordre ; mais l'état qui convenait le mieux à Raoul, était celui de fainéant ; aussi, de dix à douze patrons chez lesquels il s'essaya à divers métiers, pas un ne le garda plus de quelques jours. Ce n'était pas cependant qu'il manquât d'intelligence, mais n'ayant été astreint à rien de sérieux dès son jeune âge, tout le lassait dès qu'il en avait tâté. Il coûtait donc beaucoup à sa mère, et ne lui faisait pressentir dans l'avenir que le plus triste sort.

Un jour que cette malheureuse femme osa lui faire quelques remontrances, il l'outragea de paroles, et la quitta, en lui disant qu'il saurait bien se passer d'elle. Il s'associa à une bande de mauvais sujets, qui achevèrent bientôt de le pervertir, et, une fois dans le sentier du mal, il y marcha à grands pas. La justice enfin se saisit de lui, et il dut payer ses crimes de sa vie. Une heure avant de mourir, il fit demander sa mère; on crut qu'il voulait peut-être adoucir, par quelques bonnes paroles, par quelques témoignages de repentir, l'affreuse douleur dans laquelle elle était plongée. Elle vint et s'approcha de lui en lui tendant les bras; Raoul la repoussa durement, en lui disant : « Méchante mère, c'est vous qui m'avez préparé le triste sort que je subis. Si, au lieu de céder à tous mes caprices, vous m'aviez corrigé de mes défauts, lorsque j'étais enfant, si vous m'aviez fait prendre des habitudes de travail et d'honnêteté, je ne serais pas maintenant sur le point de subir la mort des criminels. »

CHARLES. — Mère, cette histoire est affreuse; est-ce qu'elle est possible?

Mme EDMOND.— Malheureusement que trop vraie. Sans doute, tous les enfants dont l'éducation est négligée, n'arrivent pas à ce degré de perversité; mais les mauvais instincts de notre nature corrompue se développent en eux, se fortifient, et ne peuvent manquer de causer de grands désordres. Le premier est infailliblement la perte du respect et de l'amour pour leurs parents; vient ensuite l'égoïsme, qui engendre la dureté pour les autres. Voyez un tel être dans la société, placez-le à la tête d'une famille, quel bien voulez-vous qu'il fasse? Quelle influence salutaire voulez-vous qu'il exerce sur ceux qui dependent de lui ?

VICTORINE. — Je comprends maintenant que Mme Réval ait corrigé Bertile ; peut-être connait-elle l'histoire que tu viens de nous conter.

VICTORINE. — Est-ce sans doute aussi pour la même raison, bonne mère, que tu m'as tant grondée, parce que j'avais « un peu causeuse » à mon bulletin? Toutes mes autres notes étaient bonnes, celle-là seule était faible, et tu m'as dit que tu ne m'embrasserais pas de la journée, lorsque je t'apporterais un bulletin semblable.

Mme EDMOND. — Sans doute, chère enfant. Outre qu'il ne faut ici absolument que de la bonne volonté, qu'une résolution bien arrêtée, cette attention à ne pas causer t'habitue à te vaincre, à te rendre forte contre toi-même, et, dans la vie, c'est le point le plus important. On commet beaucoup plus de fautes par faiblesse que par méchanceté; on dit pour s'excuser, et l'excuse est honteuse, « c'est plus fort que moi ! »

VICTORINE. — Mais, maman, quelquefois la tentation est si grande, qu'on a bien de la peine...

Mme EDMOND. — Voilà le véritable mot lâché ; « on a bien de la peine ! » Et depuis quand la peine dispense-t-elle de l'effort? n'est-ce pas elle qui fait tout le mérite du bien? *la peine* qu'on a à l'accomplir, n'en double-t-elle pas le prix?

VICTORINE. — C'est vrai, maman. Il y a à la classe une petite fille de huit ans qui ne cause jamais, et tout le monde dit qu'elle est « momie. » Celle-là n'a pas de mérite ?

Mme EDMOND. —Non, puisqu'elle ne fait que suivre le penchant de sa nature, qui la porte à être silencieuse, mais elle a peut-être le mérite d'endurer la souffrance sans se plaindre.

VICTORINE. — Ah ! c'est possible, maman, car elle est bien pâle et bien mince.

Mme EDMOND. — Alors ce mot de momie est très-mal placé. Du reste il me donne l'occasion de te faire encore une recommandation, c'est de ne jamais donner de sobriquets à tes compagnes ; c'est très-peu spirituel, d'abord, et souvent très-peu charitable.

VICTORINE. — Maman, qu'est-ce que c'est donc qu'un sobriquet ?

Mme EDMOND. — C'est un surnom qu'on donne à une personne par dérision.

VICTORINE. — Ah ! oui, comme d'appeler « petit nain » une élève qui est trop petite pour son âge.

Mme EDMOND. — Sans doute.

VICTORINE. — Il y avait dans la deuxième classe une élève qui s'appelait Léontine ; elle était grande comme Adeline, qui a six ans, et elle en avait près de dix. Plusieurs élèves s'amusaient à l'appeler « petit nain, » parce qu'elles voyaient que cela la taquinait beaucoup ; alors sa maman l'a retirée, et l'a mise dans une autre classe.

Mme EDMOND. — Tu vois, chère enfant, la triste conséquence d'une chose qui n'était peut-être au fond qu'un enfantillage, mais qui avait une certaine tournure de méchanceté ; ces élèves ont causé un dommage à leur maîtresse sans en avoir l'intention.

Et puis, retiens, chère enfant, que la taquinerie a
quelque chose de détestable, et certes celui qui s'y
livre fréquemment, peut être accusé de n'avoir pas
un bon cœur. Comment en effet se plaire à ce qui
fait tant soit peu de peine aux autres. Je n'ai jamais pu supporter voir taquiner, surtout un enfant,
parce qu'on lui fait un mauvais caractère.

VICTORINE. — C'est pour cela que tu disais l'autre
jour à Mme Verrier qui se plaignait du peu d'amabilité de sa belle-mère, de son caractère difficile :
« Ce n'est pas étonnant, quand elle était jeune,
chacun dans sa famille se plaisait à la taquiner, et
elle n'avait pas sa mère pour la défendre !

Mme EDMOND. — Mais, oui.

VICTORINE. — Je te promets maman de ne jamais
taquiner mes compagnes ; je ne veux pas faire perdre
une élève à Mme Lebel, ni donner un mauvais caractère à quelqu'une, de peur qu'on ne l'aime pas,
quand elle sera grande.

Mme EDMOND. — Je te le répète, chère enfant, les
petites fautes ont souvent une portée incalculable,
c'est-à-dire qu'elles produisent des effets qu'on aurait été bien loin de supposer.

VICTORINE *écoutant,* maman, j'entends mon vieux,
tu me permets, n'est-ce pas ?

Mme EDMOND. — Oui, tiens, voilà deux sous.

VICTORINE. — Dont un de ma bourse, comme
d'habitude.

Mme EDMOND. — Oui.

Victorine s'empresse de descendre porter les deux
sous à un vieillard, qui tirait quelques sons discor-
dants d'un mauvais instrument. En montant, elle
dit, toute joyeuse, à sa mère : tu vois que je n'ai pas

oublié ce que tu m'as dit, qu'il ne faut jamais jeter par la fenêtre ce que l'on donne à un vieillard. »

Mme EDMOND. — Tu en comprends toi-même la raison ; cet infortuné mérite des égards particuliers à cause de son âge. Et puis la vieillesse est souvent accablée de tant de douleurs, que peut-être le mouvement qu'il ferait pour ramasser la pièce de monnaie qu'on lui jette, lui occasionnerait une souffrance dans son pauvre corps, si fatigué ; la première conséquence d'une charité faite de la sorte, serait une plainte, au moins intérieure.

VICTORINE. — Je m'efforce, maman, de bien faire attention à tout ce que tu me dis. Je me rappelle aussi que tu m'as recommandé de ne jamais parler de ce que j'ai devant une élève qui a moins que moi.

Mme EDMOND. — L'oubli de cette convenance peut avoir quelque chose d'odieux, suivant les circonstances plus ou moins pénibles, dans lesquelles se trouve la personne devant qui l'on parle. Ainsi parler d'un bon repas qu'on a fait, des choses délicates qu'on a mangées devant celui qui n'a que bien juste l'indispensable, ou de la bonté de ses vêtements devant celui qui est à peine couvert, n'est-ce pas manquer gravement ?

VICTORINE. — Oh ! oui, maman ; c'est presque du mauvais cœur.

Mme EDMOND. — C'est au moins de la sottise. Une chose à laquelle il faut encore veiller, c'est de ne pas parler avec dédain d'une profession devant des personnes qui l'exercent, ou qui ont quelqu'un dans leur famille qui s'y livre.

VICTORINE. — Je vois, maman, qu'il faut vraiment

veiller à bien des choses pour ne pas tomber en quelque faute.

Mme EDMOND. — Il faut veiller à tout. Aussi dès maintenant, habitue-toi à ne jamais parler de ce qui ne te regarde pas, à ne jamais faire de question indiscrète, surtout à ne jamais répéter le mal que tu auras entendu dire de quelqu'un.

VICTORINE.—Il restera encore bien assez de choses à dire, bien assez de sujets de causerie agréable avec mes bonnes amies.

Mme EDMOND. — Mes bien chers enfants, je ne saurais aussi trop vous recommander la plus excessive délicatesse pour tout ce qui regarde le bien des autres. Ne vous servez jamais sans leur permission du crayon, ni même de la règle d'un camarade, d'une compagne. Pour prendre cet objet, il faut ouvrir leur bureau ; et celui qui ne se fait pas scrupule d'ouvrir un bureau, même qui n'est pas fermé à clé, ne se fera peut-être pas plus de scrupule un jour d'ouvrir la porte d'un appartement, et d'y dérober tel objet qu'il y trouvera à sa convenance. Dans les grandes fautes, le point de départ est quelquefois presque imperceptible : c'était si peu de chose, on n'y a pas fait attention, et le mal a jeté ses racines, et elles sont devenues profondes et indestructibles.

Tout en nous n'est qu'habitude ; tâchons de n'en former que de bonnes dès l'enfance, puisque c'est dès cet âge que notre vie prend sa direction.

Il y avait à la classe où j'ai été élevée, une charmante petite fille, qui possédait tout ce qui attire l'affection, un visage toujours souriant, des manières gracieuses, un grand empressement à rendre de petits services. Jamais elle ne se plaignait des contrariétés qu'elle pouvait endurer de la part des autres élèves, qu'elle était toujours prête à excuser ; aussi Nathalie était chérie de toutes. Mais notre maîtresse, qui voyait plus loin que nous, n'était pas sans inquiétude sur l'avenir de cette enfant ; elle était légère, inappliquée. Lorsque Mme Fournel s'en plaignait à sa mère, celle-ci répondait ! Elle est si jeune ! patience, Nathalie deviendra plus attentive ; mais Nathalie grandissait et ne changeait pas. Un peu de sévérité de la part de ses parents aurait pu amener un heureux changement ; cette sévérité manqua, et Nathalie est aujourd'hui très-peu heureuse dans son ménage, où elle ne sait pas entretenir l'ordre, parce que l'ordre, une des premières qualités d'une femme, une des plus indispensables, ne se trouve pas là où il n'y a pas le goût du travail.

Victorine. — Je comprends, parce que la mère ne se donne pas la peine de soigner les vêtements comme tu soignes les nôtres.

Mme Edmond. — Alors tu comprends aussi que la dépense s'augmente ; il faut renouveler plus souvent ce qu'on ne sait pas entretenir. Il peut en survenir de la gêne dans la maison ; le mari n'est pas content, et voilà un intérieur troublé, tout le bonheur d'une vie perdu, parce qu'on a épargné quelques punitions à une enfant. Pour avoir craint de lui faire répandre quelques larmes à votre âge, où elles tarissent si vite, on lui en a préparé de bien amères, que rien ne vient adoucir.

Victorine. — Maman, est-ce que c'est pour cela que tu nous recommandes de ne jamais mettre des bas où il y a un trou, même tout petit ?

Mme EDMOND.—Sans doute; ce trou, petit le matin, sera grand le soir; la blanchisseuse l'agrandira encore, et il faudra passer incomparablement plus de temps à le raccommoder que lorsqu'il ne manquait qu'une ou deux mailles; puis le bas vaudra moins.

VICTORINE. — Oh! c'est vrai, maman; quand on réfléchit, on voit qu'on devrait faire attention à tout.

Mme EDMOND. — A tout, tu as raison, puisque chacune de nos actions peut avoir une portée souvent beaucoup plus grande que nous ne saurions nous l'imaginer. Ainsi, par exemple, cette mince feuille d'étain qui enveloppe le chocolat, c'est bien peu de chose! beaucoup de personnes les déchirent, les enfants jouent avec, elles sont perdues sans nul profit. Rassemblez un certain nombre de ces feuilles conservées avec soin, voilà tout de suite le moyen de faire une petite aumône à quelque pauvre chiffonnière; et, surtout quand on n'est pas riche, il ne faut négliger aucun moyen de pouvoir faire l'aumône.

VICTORINE. — Oh! c'est vrai, maman. J'ai fait prendre l'habitude à plusieurs de mes compagnes de garder ces feuilles, quand elles peuvent en avoir. Elles me les donnent; tu sais, mère, je t'en ai apporté un bon petit paquet la semaine dernière. La pauvre vieille Augustine est bien contente, quand elle ajoute ces feuilles aux misérables chiffons qu'elle a ramassés.

Mme EDMOND. — Certainement, comme tu dis, c'est peu de chose, et ce peu n'est pas sans avoir de grandes conséquences. D'abord, il vous habitue, vous, chers enfants, à vous préoccuper des besoins des autres, à ne rien perdre de ce qui peut leur être tant soit peu utile; il réjouit le cœur de celle qui le reçoit, et lui vient en aide, un jour de temps en temps au moins, pour compléter son chétif repas.

VICTORINE. — C'est toi, maman, qui m'as fait prendre cette habitude.

Mme EDMOND. — Je n'ai fait que te transmettre l'enseignement de mon excellente mère. « Ne perdez jamais rien, mes enfants, » nous disait-elle, « ce qui ne vous sert pas, peut être utile à d'autres. » Elle ne pouvait voir traîner le plus petit morceau de pain. Si elle en voyait par terre, dans la rue, elle le ramassait, et le posait proprement sur une borne (il y avait des bornes alors). « Du pain, » disait-elle, « il y en a tant qui en manquent ! »

VICTORINE. — C'est pour cela, maman, que tu nous élèves dans les mêmes sentiments.

Mme EDMOND. — Dans les sentiments que vous tâcherez vous-mêmes d'inspirer à vos enfants, si le bon Dieu vous en donne. C'est ainsi que le bien se propage; et n'oubliez pas qu'il n'y a pas de petits défauts, pas de petites vertus, parce que tout est grand dans ce qui touche à l'âme. N'est-pas ce que le Maître adorable nous fait pressentir, quand il nous dit « qu'un verre d'eau donné pour l'amour de Lui, pourra être l'occasion d'une magnifique récompense. »

EXERCICE.

Est-ce qu'il est bien nécessaire de corriger les enfants dans leur jeune âge? Racontez une triste histoire qui prouve cette nécessité. Suffit-il d'empêcher de croître les défauts? Citez quelques bonnes habitudes auxquelles on doit former les enfants. Peut-on faire peu de cas d'un petit défaut ou d'une petite vertu? Citez un mot de Notre-Seigneur qui est un encouragement aux petites vertus.

XXX. — DE LA NAVIGATION.

HENRI. — Je me suis souvent demandé comment il a pu venir à l'esprit de l'homme de s'abandonner aux flots de la mer, porté par une frêle embarcation; car, si bien garni, radoubé et cuirassé que soit un navire, c'est une coquille de noix comparée à la force du vent, à l'impétuosité des vagues.

M. JULES. — Il est certain qu'il y a là bien lieu de s'étonner, et l'on ne peut s'empêcher d'y reconnaître l'action de la Providence qui, voulant que l'homme franchît toutes les barrières que la nature semblait avoir mises entre lui et ses semblables, l'a rempli d'intrépidité et de courage, et lui crie sans cesse : « Va! »

HENRI. — Il est probable qu'il a commencé à s'essayer sur des eaux tranquilles, sur des fleuves peu profonds et peu rapides; puis il a voulu tenter l'Océan, et il s'est élancé sur ses ondes.

M. JULES. — Nous voyons, dès le XIIIe siècle avant l'ère chrétienne, un nommé Jason et ses compagnons, connus sous le nom d'Argonautes, tenter des aventures, et parcourir trois ou quatre cents lieues de mer.

HENRI. — Et sur quelles embarcations?

M. JULES. — Leurs vaisseaux n'étaient que des espèces de barques longues ou pirogues, qu'on dirigeait avec la rame ou l'aviron, dont les nageoires de poissons avaient donné l'idée. Plus tard, les Phéniciens imaginèrent de tirer parti de la puissance du vent, en mettant des voiles à leurs navires.

HENRI. — Après le voyage des Argonautes, ne trouve-t-on pas dans l'antiquité le souvenir de quelque expédition importante?

M. JULES. — La plus longue et la première grande expédition dont l'histoire fasse mention, vers 610 avant notre ère, est celle que les Phéniciens exécutèrent autour de l'Afrique, par l'ordre de Néchao, roi d'Égypte. Cette expédition dura trois ans.

HENRI. — Mais c'était un magnifique voyage !

M. JULES. — Dans le siècle suivant, un Carthaginois s'avança jusqu'au nord de l'Angleterre; et vers 320, Pythéas de Marseille découvrit l'Islande, qu'il désigna sous le nom de Thulé.

HENRI. — Est-ce que les Romains, qui étaient si puissants, ne firent pas aussi de grands voyages?

M. JULES. — Non; la navigation ne leur dut aucun progrès. Dans leurs guerres avec les Carthaginois, ils se servaient de lourdes galères, et nous ne voyons pas qu'ils soient sortis des eaux de la Méditerranée.

HENRI. — Mais plus tard, quand vint le goût des découvertes, il fallut bien s'occuper de perfectionner l'art de la navigation.

M. JULES. — Au XIe siècle de notre ère, les marins génois, vénitiens, marseillais et catalans, renouèrent les relations que l'antiquité avait établies entre l'Orient et l'Occident; cependant ils ne firent faire à l'art aucun progrès. Mais au XIVe siècle, quand on eut découvert la boussole, quand Jean

Gioja l'eut perfectionnée, alors s'ouvre la seconde période de la navigation.

HENRI. — C'est cette chose si simple, ce petit cadran sur lequel tourne librement une aiguille aimantée, qui a amené de si grands résultats ?

M. JULES. — Chose bien simple, en effet, que cette aiguille ; mais elle a la propriété de se tourner toujours vers l'étoile polaire. Et c'est ainsi que notre âme devient capable des plus grandes choses, quand elle se tourne vers Dieu, qui est sa véritable étoile polaire, celle qu'elle doit toujours regarder, si elle ne veut pas s'égarer sur les mers de la vie, mille fois plus semées d'écueils que les immensités orageuses de l'Océan.

HENRI. — Comme tout te fournit l'occasion d'énoncer une pensée qui fait du bien !

M. JULES. — N'est-ce pas pour cela que tout a été créé? N'est-ce pas pour nous ramener sans cesse vers Celui qui est notre fin, comme il est notre principe?

HENRI. — Comme avec ces pensées, toutes les choses et tous les événements grandissent!

M. JULES. — Mais aussi sans ces grandes et larges idées, comme tout est froid et mesquin ; c'est comme le plus magnifique paysage, quand le soleil est descendu au-dessous de l'horizon.

HENRI. — Oh! oui, papa. — Chistophe Colomb connaissait la boussole?

M. JULES. — Sans doute, puisqu'il ne fit son grand voyage qu'à la fin du XVe siècle. Avant lui, les Portugais avaient découvert l'île de Madère, en 1419; les Espagnols s'étaient avancés jusqu'aux îles Canaries; on connaissait les Açores; enfin, en 1492, le

génois Colomb, protégé par la reine Isabelle, après
avoir lutté pendant deux ans contre des difficultés
de tous genres, s'embarqua au petit port de Palos,
en Espagne, et après une navigation périlleuse,
pendant laquelle la révolte de son équipage mit plusieurs fois sa vie en danger, il aborda à Guanahani,
qu'il nomma San-Salvador, île qui appartenait au
continent américain.

Dès lors, l'autre moitié du globe fut ouverte aux
explorations des navigateurs et des savants, comme
à l'infatigable charité de nos missionnaires.

HENRI. — Comme cette découverte dut échauffer
les esprits !

M. JULES. — Elle imprima à la navigation une activité sans exemple dans les annales de l'histoire.
La fréquentation de la haute mer obligea de modifier
les constructions navales, et rendit l'emploi des rames de moins en moins efficace ; on les abandonna.
La voilure reçut des modifications qui permirent des
opérations plus variées et plus sûres. La science
nautique marcha d'un pas plus assuré dans la voie
du progrès.

HENRI. — Qu'est-ce qu'on appelle la science nautique ?

M. JULES. — C'est celle qui a rapport à la navigation.

HENRI. — Ah ! oui.

M. JULES. — Dans le XVIᵉ siècle, différentes] in-
ventions donnèrent au marin le moyen de calculer
sa route plus exactement et plus rapidement. On
perfectionna les instruments destinés à l'astronomie
nautique et les chronomètres, ce qui ajouta succes-
sivement à la sécurité des grands voyages.

Henri. — Papa, tu as dit « chronomètre. »

M. Jules. — Les chronomètres qu'on appelle aussi montres marines ou garde-temps, sont de grosses montres à l'usage des navigateurs. Elles servent surtout à mesurer le temps avec l'exactitude la plus rigoureuse. Le mot chronomètre, comme son nom l'indique, *chronos* temps, *mètre* mesure, signifie mesure du temps. Les chronomètres servent surtout à déterminer la longitude en mer, c'est-à-dire la distance à laquelle on se trouve d'un méridien choisi pour point de départ, de celui de Paris par exemple; tu sais que la longitude est donnée par la différence d'heure qu'il y a entre celle du lieu où l'on est et celle du lieu d'où l'on compte.

Henri. — Oui, papa, je me le rappelle; la différence d'une heure donne quinze degrés de distance. — Qu'est-ce qui a inventé les chronomètres?

M. Jules. — C'est un anglais nommé Harrisson, en 1736. Quelques années après, ils furent introduits en France par Pierre Leroi, qui les perfectionna considérablement.

Henri. — Je suis bien aise qu'un Français y ait mis quelque chose, car cet objet doit être d'une extrême importance pour les navigateurs qui, sans son secours, auraient sans doute grand'peine à savoir à quel point de l'immensité ils se trouvent, et n'ont peut-être pas d'autres moyens de le découvrir.

M. Jules. — Je n'en connais point d'autres jusqu'à présent.

Henri. — Maintenant, il y a des navires qui vont à l'aide de la vapeur.

M. Jules. — Oui, et c'est avec le XIXe siècle que la navigation entre dans la troisième phase. Dans la

première on ne connaissait que les rames et l'aviron
dans la seconde on les remplaça par des voiles, et
voilà maintenant l'application de la vapeur à la pro-
pulsion des navires qui inaugure une révolution
d'une portée incalculable, dont nous sommes les témoins.

HENRI. — Il doit être bien plus facile de diriger la
vapeur que les voiles?

M. JULES. — La manœuvre ayant désormais à sa
disposition un instrument puissant, dont la volonté
de l'homme peut régler à son gré les mouvements,
n'a plus besoin des combinaisons étudiées, et souvent si difficiles à exécuter, à l'aide desquelles elle
parvenait à maîtriser le caprice des éléments. Chaque jour voit s'opérer quelque nouveau progrès dans
ce mode de navigation, déjà si remarquable par la
rapidité et la régularité de sa marche.

HENRI. — C'est bien encore le cas de s'écrier :
«Oh! que l'homme est capable de grandes choses! »
—Dis-moi, je te prie, un navire peut-il suivre une
route directe entre son point de départ et celui vers
lequel il se dirige?

M. JULES. — Il est rare qu'il y parvienne, parce
que les circonstances de la navigation ne le permet-
tent que très-difficilement. Dans le cas où la confi-
guration des terres s'oppose à ce qu'on suive la voie
la plus courte, on tourne les côtes en tâchant de ne
pas trop s'en éloigner.

HENRI. — Est-ce que les vents ne contrarient pas
aussi quelquefois la marche du navire?

M. JULES. — Oh! sans doute. Alors on est obligé
de courir des bords continuels, c'est-à-dire de lou-
voyer, de prendre des détours, pour éviter le vent.

Aussi, lorsqu'on le peut, on préfère aller chercher, par une route détournée, des vents ou des courants fixes et favorables dans des parages parfaitement connus.

HENRI. — Par ce moyen on arrive peut-être encore plus vite que si l'on persistait à lutter contre les vents et les courants, pour suivre la route directe ?

M. JULES. — Oui : tu comprends que le bâtiment à vapeur n'a pas toutes ces difficultés à vaincre.

HENRI. — C'est un immense avantage. — Oh ! quelle vie que celle de ces hommes de la mer ! que de travaux ! que de fatigues ! que de périls !

M. JULES. — Cette vie si aventureuse, si austère, est tracée dans quelques vers qui se trouvent dans un manuscrit que j'ai là ; fais-moi le plaisir de me les lire : tu y trouveras peut-être toi-même quelque charme.

HENRI. — Je n'en doute pas, papa. *(Henri lit).*

Il a grandi l'enfant au milieu des orages,
Dans sa lutte incessante avec les éléments ;
Emporté par les flots sous des ciels incléments,
Il a trempé sa lèvre aux plus amers breuvages.

Ses tempes ont bruni sous la zone de feu,
Sa main s'est endurcie aux labeurs les plus rudes,
Et du vaste océan les âpres solitudes
L'ont vu passer cent fois toujours prêt à l'adieu.

Il a des pics fameux vu fumer les cratères,
Les plus étranges bruits ont troublé son sommeil ;
Des climats où jamais ne sourit le soleil,
Il a foulé les bords pleins d'horribles mystères

Que de fois de la nef qui porte son destin,
Le vent a déchiré les impuissantes voiles !
Que de fois son regard, implorant les étoiles,
A vu luire l'éclair et lugubre et soudain !

La soif a bien souvent dévoré ses entrailles,
La faim l'a déchiré comme un cruel vautour ;
Il a vu près de lui s'abattre tour à tour,
Les fléaux pourvoyeurs des grandes funérailles.

Les flots se sont joués de son fragile esquif,
La mer a sous ses pas entr'ouvert ses abîmes,
Des monts de l'océan il a touché les cîmes,
Il a vu les brisants courant sur le récif.

Parlant. Quel tableau ! et je m'en figure bien l'exactitude. Heureusement que ces hommes sont généralement religieux.

M. Jules. — Ils le sont au moment du danger du moins ; c'est déjà quelque chose.

Henri. — Mais quand ils ont été sauvés après un vœu fait à Marie, Étoile des mers, ils ne manquent jamais de l'accomplir. Je me rappelle que d'ex-voto nous avons remarqués dans les différentes chapelles où nous sommes allés prier, lors de notre voyage en Normandie.

M. Jules. — C'est vrai, et nous devons en bénir Dieu, comme de tout ce qui fait du bien aux hommes, et rien autant que la religion n'a cet admirable privilége.

EXERCICE.

Qui est-ce qui porte l'homme à s'aventurer sur l'immensité des mers ? Quel est le premier voyage maritime dont l'histoire fasse mention? Quelles sont les différentes phases de la navigation, et par quoi les distingue-t-on? Qu'est-ce que la boussole? les chronomètres? Qui les a inventés? et perfectionnés? Peut-on suivre une route directe sur l'Océan? Quelles îles les Portugais et les Espagnols découvrirent-ils avant le voyage de Christophe Colomb? En quelle année ce Génois fit-il son premier voyage? Où aborda-t-il? Quels dangers eut-il à courir? Donnez une idée de la vie et des travaux d'un marin. Quel est le sentiment qui les anime au moment du danger? Qu'est-ce qu'un ex-voto?

XXXI. — LA SAINT-JULES

JULIETTE. — Quel bonheur! maman; c'est aujourd'hui cette chère fête pour laquelle je compte les jours depuis plus d'un mois. Crois-tu que papa y pense?

Mme JULES. — Qu'il y pense ou qu'il n'y pense pas, il n'en sera pas moins satisfait des efforts que vous avez faits, ton frère et toi, pour lui être agréables. Tu joues bien gentiment ton petit morceau de piano, tes pantoufles sont très-bien faites; elles sont montées; tu ne récites pas mal du tout ta pièce de vers, et je crois que ton bon père trouvera des progrès dans ton écriture.

HENRI. — Et moi, maman, penses-tu que j'aie eu une heureuse idée de faire un cahier de ce que j'ai retenu des explications que papa a la bonté de me faire. J'espère que ce petit extrait lui fera plaisir, en lui prouvant que je l'écoute avec attention. Je m'y suis pris à l'avance; il y a longtemps que j'ai commencé ce cahier; vois donc, maman, il a trente-six pages. Papa seul m'a fourni ce qu'il y a dedans. Quand je faisais mon brouillon, si je n'étais pas bien sûr de ce que je devais mettre, je lui demandais un mot par-ci, par là, et je complétais mon extrait.

Mme Jules. — Je crois, mon cher enfant, que ton père sera très-satisfait. Ce travail si soigné ne peut que lui faire grand plaisir, d'autant plus que c'est une preuve qu'il ne perd pas son temps avec toi.

Juliette. — Maman, es-tu bien sûre que mon oncle et ma tante viennent aujourd'hui ? S'ils avaient oublié que c'est demain la Saint-Jules !

Mme Henri. — Oh ! s'ils l'avaient oublié, ce que je suis loin de croire, Charles le leur aurait rappelé. Il a si bon cœur ! il nous témoigne tant d'affection !

Juliette. — Et Victorine donc ! Il n'y aurait eu qu'elle pour y faire penser, qu'elle n'y aurait pas manqué.

Mme Jules. — Je suis persuadée que tout le monde y a pensé, et que nous les verrons arriver par le train de midi ou par celui d'une heure ou plus tard.

Juliette. — C'est encore quatre ou cinq heures à attendre ; ils devraient bien venir plus tôt.

Henri. — Pour que le temps nous paraisse moins long, il faut travailler comme si c'était un jour ordinaire.

Juliette. — C'est difficile ; moi, je crois toujours apercevoir ma tante à la grille, et je lève la tête pour m'assurer si c'est elle ; jusqu'à présent, je me suis trompée.

M. Jules s'était absenté pour ne pas voir quelques petits préparatifs qui devaient lui faire une surprise. Lorsqu'il rentra pour le second déjeuner, il trouva madame Edmond et ses deux enfants et leur fit, comme d'habitude l'accueil le plus affectueux ; mais il ne fut pas question de fête, chacun avait caché ses petits présents, et on dissimulait sa joie de son mieux. M. Edmond ne devait arriver que pour le dîner, et ce n'était qu'au dessert qu'on offrirait ses vœux bien sincères à celui dont c'était la fête. Ce moment tant désiré arriva enfin ; madame Jules posa sur la table un superbe biscuit de Savoie, surmonté d'une fleur, c'était le signal. Alors les baisers, les vœux, les mille tendresses, toutes ces bonnes choses du cœur qui font tant de bien au cœur, vinrent rappeler à M. Jules que c'était sa fête, s'il n'y pensait pas. Après la mère, et le frère et la belle-sœur, on écouta les enfants. Juliette d'abord présenta ses pantoufles et son cahier, et récita un gracieux compliment, d'autant plus touchant qu'il n'exprimait que ce que la famille éprouvait en ce moment. Il avait été composé par madame Jules. Un puriste en versification y aurait peut-être trouvé quelque défaut, la famille le trouva parfait, et M. Jules en fut visiblement ému. Henri présenta son cahier, son père fut vraiment charmé du travail de son fils, et lui en témoigna toute sa satisfaction.

— Cher papa, je n'ai pas de mérite, dit Henri, j'avais un si grand désir de te faire plaisir !

M. Jules. — Tu y as bien réussi, mon cher enfant ; je trouve une grande délicatesse de cœur dans ton application à ce travail, qui devait certainement me flatter beaucoup.

Victorine offrit un coussin pour remplacer celui qui était sous le bureau de son oncle ; le dessin en avait été choisi en rapport avec les pantoufles de Juliette. Enfin Charles, tout rayonnant, offrit son cahier à son oncle, en lui disant de l'air le plus sincère : Tu sais, mon bon oncle, comme nous t'aimons tous, comme nous sommes tous heureux de te le dire et de t'en donner des preuves. J'ai prié M. Duvaloir de me permettre de copier pour toi ces morceaux, que j'ai entendu réciter aux grands, et qui ne sont dans aucun livre. J'écoutais ces morceaux avec grand plaisir ; Georges Sainville aussi a demandé à les copier, et nous nous sommes fait une fête de les apprendre ensemble, moi pour toi, lui pour son parrain. Ce ne sont pas des compliments, mais il m'a semblé qu'il y a dedans quelque chose qui te plaira.

M. Jules. — Ce qui me plaît surtout, mon bon petit Charles, c'est de voir que tu penses à moi, et que tu te préoccupais de ce jour bien à l'avance.

Charles. — Mon bon oncle, papa et maman parlent si souvent de toi et de ma tante, ils nous répètent si souvent combien vous êtes bons tous deux, qu'il nous serait bien impossible de vous oublier, de ne pas vous aimer.

M. Jules embrassa tendrement son neveu et serra affectueusement la main de son frère. — Est-ce que tu sais par cœur tous ces morceaux, mon cher enfant.

Charles. — Sans une faute. Papa me les a fait réciter bien souvent.

M. Jules. — Et tu serais content de me les dire ?

Charles. — Ce serait peut-être un peu long à écouter tout de suite ; mais je pourrai me reprendre à deux ou trois fois.

M. Jules. — Nous t'écoutons.

Charles *récitant*. — « Je suis le compagnon de l'humanité dans sa course à travers les siècles ; je lui ai été imposé comme un châtiment, mais la divine bonté m'a revêtu de tant de charmes pour ceux qui m'acceptent avec résignation, avec amour, que je deviens, après la vertu, leur plus véritable ami. Chaque matin, je remets entre les mains de tous l'instrument avec lequel chacun doit remplir la tâche que la Providence lui a donnée. Que ce soit l'humble outil de l'artisan, le pinceau ou le ciseau de l'artiste, la plume de l'écrivain, la lyre du poète, Dieu bénit tout ce qui veut accomplir la loi, tout ce qui veut contribuer au bien de tous. Si, bien souvent, je couvre de sueur les membres fatigués de l'homme, c'est moi qui, pour le plus grand nombre, amène en sa demeure ce qui est nécessaire à ses besoins et même à ses plaisirs. J'éloigne les pensées folles ou coupables ; je préserve l'esprit de l'ennui, le cœur, des désirs insensés. Je suis le père de l'ordre, de la paix, de la richesse ; je suis la fortune du pauvre, le gardien de la vertu du riche, l'honneur de tous : je suis le TRAVAIL. »

M. JULES. — Je t'assure, mon cher enfant, que ce morceau me plaît fort, parce qu'il présente des choses vraies. Oui, c'est le travail qui maintient l'ordre et la paix dans les sociétés et dans les familles. J'aime surtout beaucoup ce mot : *je suis l'honneur de tous.* Oui, c'est véritablement un honneur de consacrer à quelque chose d'utile les forces de son intelligence, ou celles de ses bras. Le vieillard seul a droit à des jours de repos, et il en jouit d'autant mieux qu'ils ont été mérités par de longs jours de travail.

HENRI. — Papa, voudras-tu me dicter ce morceau, je serai bien aise de l'apprendre par cœur?

M. Jules. — J'y pensais. — Voyons le second, si tu veux.

Charles *récitant*. — « Je suis l'intelligence active et laborieuse, toujours sur la route du progrès, élaborant avec ardeur ce que la pensée a conçu ; sans cesse en éveil pour recueillir les paroles tombées des lèvres de la science, j'appelle à moi toutes les forces de la nature, pour façonner ces engins puissants, ces machines étonnantes, avec lesquelles l'homme centuple ses propres forces. Tout se transforme en passant par mes mains ; j'emploie le brin d'herbe aussi bien que le plus précieux des métaux. Tous les éléments me sont tributaires ; l'air enfle les voiles des vaisseaux que j'envoie, au travers de l'océan, échanger mes produits contre les richesses d'un sol lointain. La vapeur emporte mes wagons sur la route de fer que je leur ai préparée ; l'eau fait mouvoir mille rouages ingénieux dont j'ai donné les plans, et qui travaillent pour l'alimentation de l'homme, pour ses besoins, pour ses plaisirs. Le feu même est contraint de m'obéir et de faire servir à mes desseins sa redoutable énergie. Je suis la mère de la richesse et du bien-être ; je suis la reine du monde, je suis l'INDUSTRIE. »

M. Jules. — Ce morceau est plus brillant et non moins vrai que le premier. L'industrie est la reine du monde, en ce sens que c'est pour elle que la plupart des têtes et des bras sont en activité. Il fai bien suite à ce que tu as dit sur le travail.

Charles assurant qu'il n'était pas fatigué, continua ainsi.

— « Je suis la pensée grave et réfléchie, attentive à tout bruit qui passe, à toute aube qui se lève, à toute nuit qui se fait, penchée vers l'atôme le plus près du néant aussi bien que vers l'astre qui inonde le firmament de ses feux. Je pénètre dans les entrailles de la terre, j'en interroge les couches diverses, sur lesquelles, comme sur les pages d'un livre, les grands jours de la création ont laissé leurs empreintes successives ; je leur ravis des trésors qu'elles semblaient vouloir tenir cachés aux regards de l'homme ; je sonde le bassin des mers ; je pèse la masse d'air qui enveloppe le globe terrestre; je mesure les sommets les plus élevés qu'un diadème de frimas couronne sans cesse ; je descends dans les nécropoles fameuses pour y interroger la mort au profit de la vie ; je plonge dans les espaces incommensurables où roulent des mondes de flammes ; je leur arrache leurs merveilleux secrets ; je les suis sur la route que le Créateur a tracée à chacun d'eux ; je prédis le moment de leur apparition; je fixe la place qu'ils doivent occuper dans l'éther, et pas un ne manque de se présenter au rendez-vous que je lui ai donné. Jamais je ne m'arrête, car l'horizon ne cessera de s'élargir devant moi jusqu'au jour où Celui qui a tout fait, laissera tomber les voiles que je soulève avec tant de labeurs, et m'introduira lui-même dans ses sanctuaires ; alors je me reposerai dans la vérité. Je suis une des gloires de l'homme : je suis la SCIENCE. »

M. JULES. — Très-bien récité. Ton débit s'est élevé à la hauteur de ton sujet; tu nous as montré la science dans ses plus nobles travaux, et tu semblais avoir pris des ailes d'aigle pour la suivre.

HENRI. — J'aime beaucoup la fin : alors je me reposerai dans la vérité.

M. Jules. — Oui, cette pensée a de la noblesse.

Henri. — Oh ! je suis content que tu aies copié ces morceaux ; je me ferai un vrai plaisir de les apprendre. — Tu nous as parlé du travail, de l'industrie, de la science, que vas-tu nous montrer maintenant ?

M. Jules. — Un peu d'eau sucrée, cher orateur, cela t'aidera à continuer.

Charles. — Merci, mon oncle, je ne suis pas fatigué pour si peu.

Récitant. — « Je suis la pensée toujours en travail pour enfanter des œuvres qui résistent aux coups du temps, et devant lesquelles les générations passent en s'inclinant, en poussant le cri de l'admiration et de l'enthousiasme. La médiocrité n'a rien de commun avec moi, j'exprime tous les sentiments dans ce qu'ils ont de plus doux, de plus fort, de plus grand, de plus terrible. Un idéal sublime est toujours devant moi, et je ne suis satisfait que lorsque je parviens à rendre quelque reflet de sa beauté, quelque rayon de son ineffable lumière, soit que je donne un langage à la pierre froide et inerte, que je la lance dans les airs en dômes majestueux, en flèches élégantes et légères ; soit que je la contraigne à prendre sous le ciseau, mille formes gracieuses ou puissantes, que je montre l'ange penché sur le berceau de l'enfant, ou le héros debout, tenant encore dans sa main la forte épée qui faisait signe à la victoire ; soit que, broyant les couleurs, je verse la vie sur la toile inanimée ; que, faisant vibrer la corde harmonieuse, je lance l'âme dans l'infini, ou que je prête à la parole humaine un charme, une grâce, une force, une puissance, que nul charme, nulle grâce, nulle force, nulle puissance ne puisse surpasser. Je suis un des plus beaux fleurons qui décorent le front de l'homme. Je suis grand, je suis saint ; je travaille toujours d'après un divin type ; je suis l'art. »

M. Jules. — Voilà bien le portrait de l'art, tel qu'on doit le prendre, c'est-à-dire dans sa plus noble acception. Tout ce qui s'écarte de ce divin modèle de grâce, de force, de puissance, qui charme et fait du bien, n'est que la débauche de l'art, mais n'est point l'art lui-même ; car, comme tu viens de le dire, l'art est grand, l'art est saint.

Henri. — Oh ! certainement que je vais apprendre cela. Mais voyons donc le dernier, car il me semble que, dans chaque morceau, il y a des choses de plus en plus belles.

Charles, *récitant.* — « Je suis la plus véritable et la plus constante amie de l'homme ; mon nom a une douceur incomparable. Au ciel et sur la terre, il n'y a rien de plus fort, de plus puissant, de plus suave, de plus tendre que moi. Je verse un baume pour toutes les douleurs dans le cœur où j'habite, et j'y fais surabonder la plus ineffable joie. Je triomphe, là où toute force est venue se briser ; je découvre des secrets qu'aucune science ne soupçonnera jamais ; je possède la plénitude de cette grâce que l'art poursuit sans cesse, et dont il n'offre jamais que de pâles reflets ; j'ai des trésors que la plus active industrie ne pourra jamais amasser, et mes œuvres les plus simples laissent loin derrière elles, toutes celles que peut enfanter le travail le plus persévérant conduit par la plus haute intelligence. Je porte dans la demeure du riche, un éclat devant le-

quel pâlit toute la splendeur du luxe et de l'opu-
lence, et je lui fais une gloire devant laquelle s'in-
cline toute autre gloire. Je jette sur les haillons du
pauvre un honneur qui le couvre et le protége contre les dédains de celui qui ne me connaît pas. J'a-
joute un charme à toutes les fêtes ; je ne suis déplacée dans aucun lieu, car j'ai une majesté qui ravit
et qui attire, et je me fais toujours tout à tous. On
me rencontre sur les sommets neigeux des montagnes, comme sous la zone de feu, sur les champs de
bataille, dans les asiles que j'ai ouverts à toutes les
douleurs, à toutes les infirmités, à toutes les misè-
res, auprès du grabat du vieillard, auprès du berceau de l'enfant sans mère. Tout finira ; le travail
connaîtra le repos ; l'industrie s'arrêtera sur sa
route brillante ; la science cessera ses investiga-
tions ; comme l'éclat d'un joyau de la nuit s'efface
devant les rayons de l'astre du jour, l'art s'éclipsera
devant l'idéal infini qu'il aura enfin rencontré ; moi
seule, je demeurerai toujours ; seule, je serai toujours
jeune, toujours belle, toujours reine, parce que je
suis sortie du cœur de Dieu : je suis la CHARITÉ. »

HENRI. — Ah ! voilà le bouquet du bouquet ! la
couronne de tout l'édifice, la charité ! Je suis content.

M. JULES. — Et moi aussi ; d'autant plus que tu
as récité tous ces morceaux avec intelligence, c'est-
à-dire d'une manière qui prouve que tu les comprends. Une grande leçon est renfermée dans ces
quelques lignes. Sans doute l'industrie, la science et
l'art jettent un grand éclat sur la vie des peuples, et
certainement ils entrent dans les desseins de Dieu,
mais les deux choses indispensables, celles qu'on

doit rencontrer au commencement et à la fin de tout, à la base et au sommet, c'est le travail et la charité ; ces deux choses font l'homme grand et très-grand, à quelque degré de l'échelle sociale que la Providence l'ait fait naître. Le travail, c'est le noble emploi des forces physiques et intellectuelles de l'homme ; la charité, c'est l'accomplissement parfait de tous ses devoirs envers son Créateur et envers ses semblables ; c'est, comme tu l'as dit, ce qu'il y a de plus doux et de plus fort.

CHARLES. — Oh ! comme M. Duvaloir va être content, quand je lui dirai comme ces morceaux t'ont fait plaisir.

M. JULES. — Ne manque pas en même temps, je te prie, de le saluer de ma part, et de lui dire, quoique ceci soit bien secondaire, que je trouve des progrès dans ton écriture.

CHARLES. — Ceci est pour M. Lechel. Ah ! il se donne assez de mal après moi.

M. JULES. — Heureux les maîtres qui comprennent leur noble tâche et la remplissent avec amour ! heureux les élèves qui comprennent le dévouement et la tendre affection que leur portent leurs maîtres, et qui y répondent par la docilité et l'affectueuse reconnaissance !

— Nous ajouterons : Heureuses les familles où les enfants sont élevés dans le respect et dans l'amour de toutes les grandes et bonnes choses ; c'est la plus sainte gloire de la patrie, et la plus solide espérance de l'avenir.

FIN.

TABLE DES MATIÈRES

TABLE DES MATIÈRES

VERSAILLES. — IMPRIMERIE CERF, 59, RUE DU PLESSIS.